江苏商务发展

2018

主 编 ◎ 马明龙

南京大学出版社

图书在版编目(CIP)数据

江苏商务发展．2018／马明龙主编．—南京：南京大学出版社，2019.7

ISBN 978-7-305-22288-7

Ⅰ．①江…　Ⅱ．①马…　Ⅲ．①商业经济—经济发展—研究报告—江苏—2018　Ⅳ．①F727.53

中国版本图书馆CIP数据核字(2019)第104332号

出版发行　南京大学出版社
社　　址　南京市汉口路22号　　邮　　编　210093
出 版 人　金鑫荣

书　　名　江苏商务发展2018
主　　编　马明龙
责任编辑　府剑萍　　编辑热线　025-83592315

照　　排　南京理工大学资产经营有限公司
印　　刷　南京玉河印刷厂
开　　本　787×960　1/16　印张22　字数350千
版　　次　2019年7月第1版　2019年7月第1次印刷
ISBN　978-7-305-22288-7
定　　价　81.00元

网　　址：http://www.njupco.com
官方微博：http://weibo.com/njupco
官方微信号：njupress
销售咨询热线：(025)83594756

《江苏商务发展 2018》编委会

第一部分　全省商务发展情况

第二部分　全省设区市及直管县(市) 商务发展情况

第三部分　学习贯彻习近平新时代中国特色社会主义思想和党的十九大精神

第四部分　领导讲话与重要文件

第一部分
全省商务发展情况

2018年江苏省商务运行情况

2018年，江苏省商务运行总体平稳、稳中有进、进中提质，高质量发展取得积极进展。

一　消费品市场运行平稳

2018年，全省实现社会消费品零售总额33 230.4亿元，同比增长7.9%，增幅低于全国平均水平1.1个百分点。全省社会消费品零售总额占全国比重为8.7%。

(一) 限额以上消费增速低于全省平均

全省实现限额以上零售总额13 833.2亿元，同比增长3.6%，较上年同期下降5.6个百分点，低于全省平均水平4.3个百分点。其中，限额以上批零业实现社会消费品零售总额12 915.7亿元，同比增长3.5%，低于全省平均水平4.4个百分点。限额以上住宿和餐饮业实现社会消费品零售总额917.5亿元，同比增长4.7%，低于全省平均水平3.2个百分点。

（二）消费升级类消费保持较快增长

以智能手机、平板电脑等为代表的通信器材类商品零售额同比增长30.8%，比2017年同期提高12.2个百分点，书报杂志类同比增长15.9%，家具类同比增长11.8%。基本生活类商品增速放缓，全省限额以上粮油、食品、饮料、烟酒类商品零售额同比增长4.4%，较2017年同期下降5.1个百分点；服装、鞋帽、针纺织品类同比增长7.6%，较2017年同期下降2.6个百分点。

表1　2018年全省主要行业限额以上社会消费品零售总额

金额单位：亿元

指　标	2018年		
	绝对值	同比	比重
全省限额以上社会消费品零售总额	13 833.2	3.6%	100.0%
限额以上批发和零售业	12 915.7	3.5%	93.4%
汽车类	3 618.0	−2.9%	26.2%
粮油、食品、饮料、烟酒类	1 901.3	4.4%	13.7%
石油及制品类	1 558.9	12.2%	11.3%
服装、鞋帽、针纺织品类	1 330.0	7.6%	9.6%
家用电器和音像器材类	898.5	0.6%	6.5%
日用品类	529.6	9.5%	3.8%
建筑及装潢材料类	503.9	2.9%	3.6%
通信器材类	432.3	30.8%	3.1%
文化办公用品类	364.9	5.3%	2.6%
中西药品类	363.1	2.7%	2.6%
金银珠宝类	318.3	1.8%	2.3%
家具类	219.6	11.8%	1.6%
化妆品类	201.1	3.0%	1.5%
五金、电料类	171.0	−6.3%	1.2%
限额以上住宿和餐饮业	917.5	4.7%	6.6%

（三）消费新业态增长较快

全省实现网络零售额 8 567.0 亿元，同比增长 24.3%，较 2017 年同期增幅下降 3 个百分点，比全国平均水平高 0.4 个百分点。全省网络零售额占全国比重为 9.5%，居全国第 5 位，与上年持平。2018 年，全省限额以上批发和零售业通过公共网络实现零售额同比增长 25.0%，住宿和餐饮业通过公共网络实现餐费收入同比增长 49.4%，分别领先限额以上消费品零售总额 21.4 个、45.8 个百分点。

二 货物贸易平稳增长

2018 年，全省货物贸易进出口 6 640.4 亿美元，同比增长 12.4%，其中，出口 4 040.4 亿美元，同比增长 11.3%；进口 2 600.0 亿美元，同比增长 14.2%。进出口规模连续 16 年保持全国第 2 位，占全国比重为 14.4%，与 2017年同期持平。其中，出口增幅高于全国平均水平 1.4 个百分点，增量位居全国第一。全年进口占进出口比重为 39.1%，较 2017 年提高 0.6 个百分点，进出口结构更加平衡。

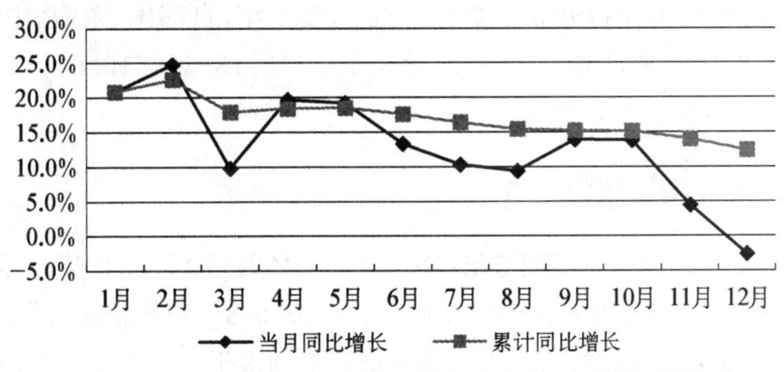

图 1　2018 年全省月度进出口增长走势图（按美元计价）

（一）一般贸易占比进一步提高

全省一般贸易进出口 3 238.3 亿美元，同比增长 13.9%，占全省比重为 48.8%，占比较 2017 年提升 0.7 个百分点。其中，出口、进口分别增长 15.7%、11.0%。加工贸易进出口 2 605.1 亿美元，同比增长 7.0%，占全省比重为39.2%。其中,出口、进口分别增长2.4%、14.7%。保税监管场所进出境货物进出口同比增长7.6%,海关特殊监管区域物流货物进出口同比增长40.5%。

(二)机电和高新技术产品出口总体增势良好

全省机电产品出口2 671.0亿美元,同比增长11.7%,快于全省平均水平0.4个百分点。占全省比重为66.1%,占比提高0.2个百分点;高新技术产品出口1 498.6亿美元,同比增长10.5%,占全省比重为37.1%。

(三)国际市场布局更趋多元化

全省对四大传统市场出口2 344.4亿美元,同比增长10.7%,占全省比重为58.0%。其中,对美国、欧盟、中国香港、日本出口分别增长8.7%、9.6%、20.8%和8.3%。对新兴市场出口1 696.1亿美元,同比增长12.2%,占全省比重为42.0%,占比提高0.4个百分点。其中,对东盟、非洲、拉美、大洋洲出口分别增长16.2%、14.9%、12.8%和5.9%。对"一带一路"沿线国家出口增长12.0%,快于全省平均水平0.7个百分点,占全省比重为24.3%,占比提升0.2个百分点。2018年,自韩国、东盟、中国台湾、欧盟和日本五大来源地进口分别增长23.2%、13.3%、10.6%、10.9%和5.4%,合计占比为70.5%。

(四)苏北增速领跑全省

苏南、苏中地区分别实现进出口额5 592.7亿美元、653.1亿美元,同比分别增长11.9%、11.5%,占全省比重分别为84.2%、9.8%。苏北地区实现进出口额394.5亿美元,同比增长22.3%,快于全省平均水平9.9个百分点,占全省比重为5.9%,占比提高0.4个百分点。13个设区市进出口全面实现正增长。

(五)民营企业进出口占比进一步提升

全省民营企业实现进出口额1 894.0亿美元,同比增长19.1%,快于全省平均水平6.7个百分点,占全省比重为28.5%,占比提高1.6个百分点。其中,出口、进口同比分别增长18.0%、21.9%。国有企业实现进出口额682.6

亿美元，同比增长 20.5%，快于全省平均水平 8.1 个百分点，占全省比重为 10.3%。其中，出口、进口同比分别增长 19.8%、22.1%。外资企业实现进出口额 4 063.8 亿美元，同比增长 8.3%，占全省比重为 61.2%。其中，出口、进口同比分别增长 6.1%、11.2%。

三 服务贸易增势平稳

（一）服务贸易增势平稳

2018 年，全省服务贸易进出口 682.6 亿美元，同比增长 10.4%。其中，出口 239.6 亿美元，同比增长 7.2%；进口 443.0 亿美元，同比增长 12.2%；逆差 203.4 亿美元。服务贸易占对外贸易比重为 9.3%。

（二）服务外包规模全国领先

2018 年，全省服务外包业务合同额 598.3 亿美元，同比增长 10.6%，其中离岸合同额 284.4 亿美元，同比增长 6.3%，在岸合同额 313.9 亿美元，同比增长 14.8%。服务外包业务执行额 498.8 亿美元，同比增长 7.5%。其中，离岸执行额 234.1 亿美元，同比增长 3.1%，规模连续 10 年全国第一；在岸执行额 264.7 亿美元，同比增长 11.8%。系统登记服务外包企业 12 931 家，从业人数 1 798 806 人。

（三）餐饮业占比提升

2018 年，全省餐饮业实现零售总额 3 430.5 亿元，同比增长 9.7%，占社会消费品零售总额的 10.0%，高出 2017 年 0.1 个百分点。全省餐饮消费对社会消费品增长贡献率达 12.1%。全省限额以上餐饮企业实现零售额 917.5 亿元，同比增长 4.7%。

四 利用外资持续提质增效

2018 年，全省新设立 3 348 个外商投资项目，同比增长 2.9%；新增合同外资 605.2 亿美元，同比增长 9.2%；实际使用外资 255.9 亿美元，同比增长 1.8%，总体规模保持稳定。根据商务部口径，2018 年，全省实际使用外资 222.7 亿美元，同比增长 5.3%，占全国实际使用外资比重为 16.5%，位居全国第一。

（一）服务业利用外资占比进一步提升

全省服务业实际使用外资 128.2 亿美元，同比增长 17.5%，占全省实际使用外资比重 50.1%，首次超过半数，占比较 2017 年同期提高 7.2 个百分点。现代服务业实际使用外资 51.2 亿美元，占全省服务业实际使用外资比重 39.9%。其中，教育、信息传输及计算机服务和软件业、现代物流业、租赁和商务服务业实际使用外资分别同比增长 48.5%、37.5%、13.9%、6.7%。

（二）战略性新兴产业占比提升

全省制造业实际使用外资 111.7 亿美元，占全省实际使用外资比重 43.7%。以先进制造业为主的十大战略性新兴产业实际使用外资 124.0 亿美元，同比增长 13.9%，占全省实际使用外资比重 48.4%，占比较 2017 年同期提高 5.1 个百分点。其中，高端软件和信息服务业、高端装备制造产业、新一代信息技术产业实际利用外资同比分别增长 71.2%、47.4%、36.7%。

（三）来自"一带一路"沿线外资快速增长

来自"一带一路"沿线的实际使用外资 15.7 亿美元，同比增长 19.8%。来自欧盟、东盟的实际外资同比增长 21.9%、19.6%。主要投资来源地中，来自中国香港、中国台湾、新加坡、韩国、德国的实际外资分别增长 3.0%、24.5%、17.4%、12.4%、11.5%，来自美国和日本的实际外资分别下降 35.6%和 7.6%。

（四）苏北地区实际使用外资增速全省领先

苏南地区实际使用外资 153.6 亿美元，同比下降 0.2%，占全省比重为 60.0%；苏中地区实际使用外资 52.6 亿美元，同比增长 3.6%，占全省比重为 20.6%；苏北地区实际使用外资 49.7 亿美元，同比增长 6.5%，高于全省平均水平 4.7 个百分点，占全省比重为 19.4%，占比较上年同期提高 0.8 个百分点。2018 年，全省各地区使用外资情况见表 2。

表 2　2018 年全省各地区使用外资情况

单位：万美元

地　区	实际使用外资			协议利用外资		
	本期累计	同比	占比	本期累计	同比	占比
全省	2 559 248	1.8%	100.0%	6 052 216	9.2%	100.0%
苏南地区	1 535 933	−0.2%	60.0%	3 540 010	21.3%	58.5%
苏中地区	525 912	3.6%	20.5%	1 246 349	0.7%	20.6%
苏北地区	497 403	6.5%	19.4%	1 265 857	−8.6%	20.9%

五　“走出去”有效有序发展

2018 年，全省新增对外投资项目 786 个，同比增长 24.4%；中方协议投资额 94.8 亿美元，同比增长 1.7%；中方实际投资额 52.4 亿美元，同比增长 0.6%。全省对外承包工程完成营业额 83.3 亿美元，同比下降 12.6%。劳务人员实际收入总额 8.0 亿美元，同比增长 10.4%。2018 年，全省境外投资累计增长情况见图 2。

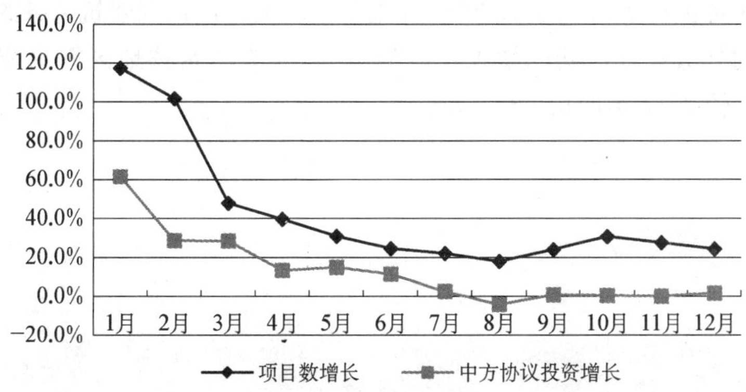

图 2　2018 年全省境外投资累计增长情况

（一）投资大项目占主导地位

全省超 1 000 万美元以上对外投资项目 175 个，新增中方协议投资额 87.4 亿美元，占全省总量的 92.2%。超 5 000 万美元以上项目 63 个，新增中方协议投资额 63.7 亿美元，占全省比重为 67.2%。

（二）“一带一路”沿线国家市场不断拓展

全省对“一带一路”沿线投资项目 235 个，同比增长 46.8%，中方协议投资额 23.1 亿美元，分别占全省比重为 29.9%、24.5%。截至 2018 年年底，江苏省投资国别增至 56 个，投资行业门类增至 71 个，全省企业赴“一带一路”沿线 50 个国家开展对外承包工程业务。

（三）国际产能合作取得新进展

全省对外投资流向制造业 41.2 亿美元，同比增长 17.6%，占全省比重为 43.4%，比 2017 年提高 5.6 个百分点。对外投资流向第三产业 47.1 亿美元，同比增长 7.6%，占全省比重为 49.7%。其中交通运输仓储和邮政业、批发和零售业同比分别增长 225.6%、92.2%。

（四）外派劳务结构持续优化

全省向以色列派出劳务人员 2 298 人，较 2017 年增加 2 102 人；向日本派出各类劳务人员 4 744 人，较 2017 年增加 692 人。以色列建筑劳务的外派成为全省对外劳务合作新的增长点。2018 年，全省从帮扶地区派出劳务人员 1 917 人，较 2017 年增长 1 457 人。

2018年江苏省消费品市场运行和促进情况

2018年，江苏省消费品市场总体运行平稳，总量持续扩大，零售业态进一步融合，但受汽车类商品增速下滑、石油及制品类增长放缓、网上零售拉动力减弱等因素影响，全省零售额增速有所放缓，消费品市场下行压力加大。

一 消费品市场运行平稳

（一）限上增速逐步趋缓

全省社会消费品零售总额增幅自2018年5月开始逐步趋缓，全年零售总额为33 230.4亿元，同比增长7.9%。与全国及其他主要省份相比，2018年，全省社会消费品零售总额增幅比全国低1.1个百分点，与上海市持平，比广东省和山东省均低0.9个百分点，比浙江省低1.1个百分点。

（二）零售业占主导地位

分行业来看，2018年，全省批发业、零售业、住宿业和餐饮业分别实现零售额为 3 719 亿元、26 082.4 亿元、249.8 亿元和 3 179.1 亿元，同比分别增长为 9.4%、7.5%、6.0%和 10.0%。2018 年，全省分月零售额累计增幅见图 1。

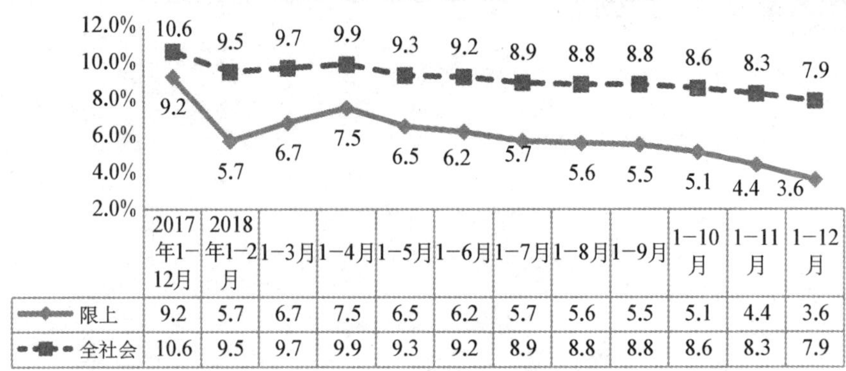

	2017年1—12月	2018年1—2月	1—3月	1—4月	1—5月	1—6月	1—7月	1—8月	1—9月	1—10月	1—11月	1—12月
限上	9.2	5.7	6.7	7.5	6.5	6.2	5.7	5.6	5.5	5.1	4.4	3.6
全社会	10.6	9.5	9.7	9.9	9.3	9.2	8.9	8.8	8.8	8.6	8.3	7.9

图 1　2018 年全省分月零售额累计增幅

（三）餐饮收入增速高于商品零售

从消费形态来看，2018 年，全省实现商品零售额 29 852.6 亿元，同比增长 7.7%；实现餐饮收入 3 377.8 亿元，同比增长 9.7%，增速比商品零售高 2 个百分点。

（四）农村市场快于城镇

全省城镇消费仍占据市场主导地位，而在农村基础设施不断完善、商贸环境不断优化、乡村旅游渐受欢迎等因素的带动下，农村市场消费增速快于城镇。全省城镇市场实现零售额 29 600.3 亿元，同比增长 7.8%，占零售总额的 89.1%；农村市场实现零售额 3 630.1 亿元，占零售总额的 10.9%，同比增长 9.0%，增速快于城镇市场 1.2 个百分点。

（五）重点商品分类情况

1. 汽车类商品增速出现负增长

受市场趋向饱和、竞争加剧，以及之前车辆购置刺激政策取消和进口汽车关税下调政策等因素影响，2018 年 5 月以来，汽车市场持续低迷，连续负增长。汽车类零售额占限上批零业零售额的 28%，占比居于各类商品首位，拉动率持续下滑，从一季度的 1.9%下滑到二季度的 0.8%，到三季度的 0.2%，再到四季度的－0.9%。2018 年，全省限上汽车类商品零售额增速与拉动情况见图 2。

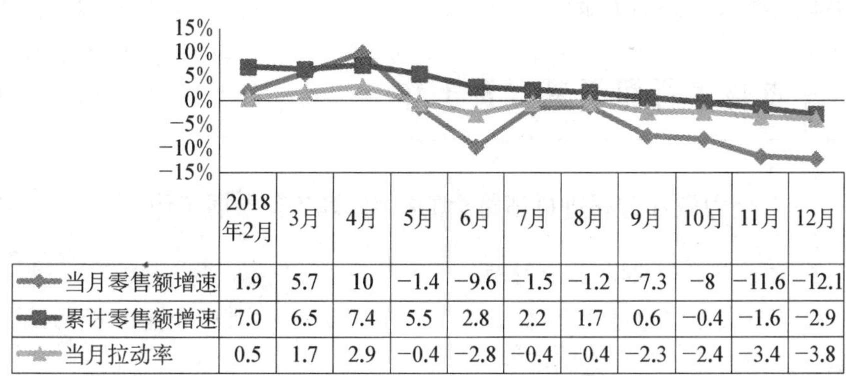

	2018年2月	3月	4月	5月	6月	7月	8月	9月	10月	11月	12月
当月零售额增速	1.9	5.7	10	−1.4	−9.6	−1.5	−1.2	−7.3	−8	−11.6	−12.1
累计零售额增速	7.0	6.5	7.4	5.5	2.8	2.2	1.7	0.6	−0.4	−1.6	−2.9
当月拉动率	0.5	1.7	2.9	−0.4	−2.8	−0.4	−0.4	−2.3	−2.4	−3.4	−3.8

图 2　2018 年全省限上汽车类商品零售额增速与拉动情况

2. *石油制品类商品拉动力减弱*

2018 年下半年，石油及制品类零售增速放缓。主要原因有两方面：一是受近期国际市场油价变化影响，2018 年 12 月国内成品油价格继续下调，经历了“五连降”，国内汽、柴油价格每吨分别降低 495 元和 475 元；另一方面，从成品油价格走势来看，2017 年上半年成品油价格一直处于下降态势，下半年成品油油价开始上涨。因此，在同期基数上涨和近期成品油价格下调双重影响下，石油及制品类对全省消费品市场的拉动作用有所减弱。

3. *基本生活类商品平稳增长*

网络购物的方便与快捷化较大的分流了传统零售企业服装类、日用品、饮料烟酒等基本生活类商品的销售。2018 年，全省限上粮油、食品类商品零售额同比增长 5.6%；饮料类下降 1.2%；烟酒类增长 2.3%；服装、鞋帽、针纺织品类增长 7.6%；日用品类增长 9.5%。这 5 类商品合计占限上批零业零售额的 29.1%，拉动限上零售额增长 1.9 个百分点。

4. *消费升级类商品增速销售良好*

2018 年，除全省限上体育娱乐用品类同比下降 24.8%外，其余商品全部正增长。中西药品类增长 2.7%，化妆品类增长 3%，金银珠宝类增长 1.8%。

而以智能手机、平板电脑等为代表的通信器材类商品零售同比增长 30.8%，书报杂志类增长 15.9%，家具类增长 11.8%。

5. 家居类商品销售放缓

全省限上建筑及装潢材料类商品零售额同比增长 2.9%，家用电器和音像器材类增长 0.6%，五金电料类下降 6.3%。

二 市场运行和消费促进工作

（一）全力做好首届进口博览会的组织、筹备和参展工作

1. 组织实施“1 246”招商行动

江苏参会单位超过 2 万家，专业观众超过 5 万人，其中企业占 85%，报名总数及企业占比均位列全国第一。

2. 注重展前精准对接

积极组织江苏 100 多家重点采购商参加进口博览局组织的智能装备、汽车、消费电子及家电等供需对接会。并在苏州、南京自主举办智能制造及高端装备、消费品展前对接会，共有 60 多家参展商与 240 多家江苏采购商开展了配对洽谈。

3. 全力协调做好会务保障工作

认真做好后勤保障、错峰观展、成交统计等工作，服务各交易分团。配合协调做好外事会见、现场活动、远端安检等工作。

4. 宣传工作力求先声夺人

在博览局的大力支持下，成功开展进口博览会媒体江苏行活动，交易团负责人先后接受 20 余家中央媒体、财经专业媒体、知名网络媒体采访，发稿百余篇。组织举办了 4 场新闻发布会、通气会，宣传工作逐步递进。

（二）实施商务领域消费升级行动计划

1. 实施全省商务领域消费升级行动计划

全省商务领域消费升级行动计划方案包括工作思路、主要工作目标、重点工作措施、完善保障机制。打造城乡便民消费服务中心、实施商圈消费引领示

范、推动绿色循环消费、构建现代供应链、积极扩大网络消费、建设放心消费环境等6个方面内容，涉及的23项重点工作全部完成。

2. 开展“消费促进月”活动

2018年10月至12月，在全省商务系统开展“消费促进月”活动。成功举办第二届中国国际糖酒食品交易会、江苏国际餐饮博览会、首届中国(江苏)老字号博览会、2018中国(淮安)国际食品博览会和第六届老年产业暨康复福祉博览会，扩大江苏产品、江苏品牌影响。

(三) 做好市场保供工作

1. 做好预警、预测和信息发布工作

加强市场运行的监测分析工作，组织人员定期、不定期深入全省各大型超市、农贸市场以及蔬菜批发市场进行调研，与各相关企业、蔬菜批发市场建立畅通的信息联络机制，及时做好预警预测和信息发布工作。

2. 做好节假日保供工作

为切实做好元旦、春节、中秋、国庆节市场保供工作，落实专人节日值班值守制度，加强对节日期间粮、油、肉等居民重要生活必需品市场价格、销售等情况的监测，密切关注市场动态变化。

3. 做好监测工作

做好对市区农产品批发市场日监测、农贸市场及超市周监测，“黄金周”均启动了对全省434家生活必需品监测样本企业每日监测制度。

(四) 加强省级猪肉储备监管和应对非洲猪瘟疫情工作

1. 落实监管检查制度

按照《江苏省省级猪肉储备管理暂行办法》，储备采取“政府委托、部门监管、财政补贴”的原则，严格落实监管职责，坚持每季度到企业，入库逐垛清点，核实库存；认真落实检查制度。

2. 进行情况督查

下发了《省商务厅关于加强非洲猪瘟疫情防控工作保障市场稳定的紧急通知》(苏商运传〔2018〕378号)，并会同省农委、省林业局、南京海关、省动物疫病预防控制中心等部门，分别对无锡、常州、苏州、南通市非洲猪瘟防控和市场保供及储备工作情况进行督查。

3. 做好专项检查

认真落实《江苏省"菜篮子"市长负责制考核实施细则》(苏农市〔2017〕8号),强化地方储备和保供职能,按照文件要求,各设区市自行确定耐贮蔬菜、猪肉的储备品种和数量。对南通和扬州两市的猪肉储备情况进行了专项检查。

(五)不断完善城乡市场信息监测体系

1. 进一步优化样本结构

按照"总量不变、动态管理、有进有退、有增有减"的原则,优化样本结构,使监测领域更广、行业更多、品种更全。同时,调整淘汰了近百家代表性不强,报送情况较差的企业,提高了监测的准确性。

2. 努力保证数据报送质量

加强工作联系与交流,督促企业做好数据报送工作完善考核制度,定期通报各地运行监测工作情况,不断提高监测数据报送的及时性和准确性。不断提高监测智能化水平,督促安装信息泵的企业,增强数据采集连续性和稳定性,提高数据报送质量。

3. 加强监测成果转化

加强市场重要商品监测分析,做好商贸流通行业统计分析工作。商务部、省委、省政府均在第一时间采用省商务厅撰写的春节和国庆黄金周等市场分析和报告。

4. 不断提升公共服务水平

充分利用网站等平台,发布"江苏商务预报",扩大"江苏商务预报"影响,提升公共服务水平。

(六)加强成品油行业监管和服务

1. 提升专业监管水平,落实"放、管、服"要求

成立了安全管理、工程勘验、计质量检定等三个方面的专家库。制定了《江苏省商务厅关于成品油批发、仓储经营许可初审转报事项提高审批透明度和可预期性改革措施》《省商务厅关于优化成品油批发、仓储经营许可初审转

报事项的改革措施》《成品油经营企业资格年度检查事项办事指南》。

2. 帮助解决农村群众需求和经营企业困难

一是赴南通、宿迁两地 7 个村镇，就农村加油点升级为加油站的有关问题进行专题调研，完成调研报告，起草了《省商务厅关于解决部分农村偏远地区加油难、加油远问题的指导意见》。二是下发了《省商务厅关于明确江苏高速公路服务区加油站发展中有关事项的通知》(苏商运〔2018〕668 号)文件。三是积极帮助民营成品油经营企业"南京金翔石油化工有限公司"解决实际困难。

3. 开展日常监管和专项检查整治两手抓

认真开展成品油经营企业的年检工作。下发了《省商务厅关于贯彻落实省政府主要领导批示的通知》(苏商运传〔2018〕394 号)，并对省"12345 在线"反映的情况进行了梳理，对淮安、苏州 2 个设区市，南京江宁区、盐城东台市 2 个区县的流动加油情况，以及 6 个大型施工工地的工程车加油方式等进行了督查和调研。

(七) 提升茧丝绸管理水平

1. 推进蚕桑基地建设工作

联合省财政下发《江苏省商务厅　江苏省财政厅关于开展规模化集约化蚕桑基地建设工作的通知》(苏商运〔2018〕516 号)。确定支持睢宁、海安、东台和射阳 4 个市(县)建设优质茧丝基地，全面提高蚕桑生产科技含量和劳动效率。

2. 组织企业积极参展

组织企业参加"中国丝绸·联结世界"——2018 中国丝绸整体宣传展及 2018 中国国际丝绸博览会。帮助企业积极应对市场变化，让企业更了解市场，使产品更贴近市场，加大丝绸企业品牌的展示与宣传，扩大丝绸品牌的影响力。

3. 促进产业的传承与创新

鼓励企业通过传承与创新，促进丝绸企业技术创新和产品的更新，设计开发出具有传统特色又不失时尚的丝绸产品，拓展丝绸产品应用领域，推动丝绸产业的传承、发展和提升。

2018年江苏省商贸流通情况…………

2018年，江苏省商贸流通深化流通体制机制改革，加快零售业创新转型，推进流通现代化发展，积极发挥流通服务经济社会发展全局的功能和作用。

一 商贸流通总体情况

（一）批发零售业平稳增长

2018年，全省批发和零售业实现零售额29 801.4亿元，同比增长7.7%。全省批发和零售业限上企业实现商品销售额58 584.4亿元，同比增长7.1%。其中，批发业46 271.6亿元，同比增长7.8%；零售业12 312.8亿元，同比增长4.5%。

（二）拍卖行业尚在起步阶段

截至2018年年底，全省共有拍卖企业473家，拍卖师766人。其中，13家企业处于关停休眠状态，460家企业中有436家企业进行月度申报，93家无业务零申报，实际有业绩的企业为343家。2018年,全省拍卖行业共举办各类拍卖会4 665场,比2017年增加784场,同比增长20.2%;全年总成交额218.4亿元,同比下降3.7%,整体稳中略降。从标的构成来看,房地产成交额最大,为9.6亿元,占比45.6%,同比增长3.7%;其次是股权债权,成交额58.5亿元,占比26.8%,同比下降27.2%。成交额超亿元的企业58家,成交额是159.8亿元,占总成交额73.1%。佣金收入3.1亿元,其中,21家企业佣金收入超过300万元,合计1.5亿元。总体上,全省拍卖业务市场化程度还比较低,依赖政府部门与机构委托的格局依然没有根本性的改变,业务的增减受政策影响还比较大。

(三)特许经营

规范开展商业特许经营备案,2018年,全省开展商业特许经营备案企业49家,截止到2018年底,全省备案企业共有211家。

二 推动商贸流通改革发展工作

(一)推动内贸流通体制改革

1. 明确改革任务

下发《关于印发内贸流通体制改革工作方案的通知》(苏商流通〔2018〕177号),明确了23项改革任务,深化全省国内贸易体制机制改革,力争实现商贸流通信息化、标准化、集约化水平明显提升,流通产业跨界融合、全渠道经营、供应链体系建设进一步发展。

2. 抓好典型引路

召开全省商贸流通创新转型经验交流会,交流全省各地商贸流通创新转型典型做法,实地观摩学习新业态、新模式。印发了《关于复制推广商贸流通创新转型典型经验的通知》(苏商流通〔2018〕471号),梳理总结"以精准服务保障为核心的实体商业转型促进机制"等21条可复制推广经验。

3. 开展课题研究

对全省中心城区主要商业业态发展的空间载体以及为业态发展提供服务

的相关产业进行研究，找出全省商贸流通业在转型中存在的问题，提出对策建议。

（二）推动零售业创新转型

1. 开展高品位步行街建设工作

对全省步行街（商业街）现状及发展情况进行摸底调查，筛选出 20 条较为成熟的商业街。结合江苏发展定位和现有工作基础，以南京为重点，组织申报商务部重点培育的高品位步行街。目前，商务部已选择南京市夫子庙步行街为全国首批步行街改造提升试点。

2. 加快现代商圈建设

培育一批示范商圈、智慧商圈，加快名品、名店、名街、名区联动和品牌消费集聚区创建。完善全省重点零售企业联系制度；加强对实体零售创新转型的政策支持；推动“新零售”发展，加快零售企业创新转型；加快流通企业“走出去”步伐，推动国内流通渠道向境外延伸；推广利用综合保税区功能开设进口保税商品直销中心，吸引境外消费回流，促进内外贸一体化。

（三）推进商贸物流发展

1. 开展物流标准化试点工作

积极推广南京、徐州市物流标准化试点经验。积极推进无锡市物流标准化试点工作。

2. 推进苏州市供应链体系建设

指导苏州市开展供应链体系建设试点。苏州市重点围绕物流标准化、供应链平台，打基础、促协同、推融合，推广物流标准化，促进供应链上、下游衔接，探索供应链平台集成模式，提高供应链协同效率。

3. 推进南京、徐州开展流通领域现代供应链体系建设试点

指导和督促南京、徐州市制定试点实施方案、项目和资金管理办法，确定试点企业和重点建设项目。

4. 推动城乡高效配送发展

印发《关于开展城乡高效配送专项行动的通知》（苏商流通〔2018〕115号），指导各地结合实际制定城市实施方案，遴选典型骨干企业并制定培育指

导方案，推进各项工作的落实。确定南京、无锡、徐州为城乡高效配送省级试点城市，苏宁物流有限公司等30个企业为骨干企业。

（四）支持老字号传承保护与创新发展

1. 参加“2018中国香港江苏文化嘉年华”活动

组织江苏老字号企业参加“2018中国香港江苏文化嘉年华”活动，展示和宣传江苏博大精深的水韵文化。分别以“苏之味、苏之韵、苏之趣、苏之创”为主题，展示江苏老字号美食、非遗精品、传统手工艺、信息技术和文创产品，将传统文化与现代科技相结合，让中国香港市民充分感受江苏博大精深的水韵文化，体会江苏精益求精的工匠精神，了解江苏高质量发展的丰硕成果。

2. 推进老字号集聚区建设，促进商文旅融合发展

出台《江苏省老字号集聚街区建设规范（试行）》，确定综合评分前3名的苏州市观前商业街、扬州东关街—国庆路街区、南京门东历史文化街区作为首批江苏省老字号集聚街区。积极支持集聚街区商文旅融合发展，弘扬中华老字号精益求精的工匠精神和诚信经营的传统商业文化。

3. 组织和鼓励老字号企业参加品牌展销和宣传活动

组织全省老字号企业参加全国性的老字号博览会、长沙食餐会等。会同有关部门指导举办第二届中国（江苏）老字号博览会，其间指导举办“中国大运河与中华老字号”高峰论坛。

（五）做好商贸流通节能减排工作

1. 推进再生资源回收利用

印发《关于做好2018年绿色回收工作的函》，征集回收方式创新案例、经营管理方式创新案例、分拣加工先进技术及设施案例，加大创新模式宣传和引导力度。贯彻落实《省政府办公厅关于全面推进“多证合一”改革的实施意见》（苏政办发〔2017〕122号），配合做好回收经营者备案相关改革，将备案事项整合前置，引导回收企业登录再生资源信息管理系统填报相关数据。

2. 推进流通领域节能减排工作

引导流通企业按照《企业绿色采购指南(试行)》,借助实体店、网店及互联网平台,与绿色低碳商品生产企业建立战略合作,推动线上线下企业对接,提高绿色产品采购比例。印发《省商务厅关于开展 2018 年绿色商场创建工作的通知》(苏商流通〔2018〕206 号),深入推进绿色商场创建工作,将绿色商场创建范围扩大至超市业态。

2018年江苏省商务系统市场体系建设情况

2018年，江苏省商务系统市场体系建设条线积极推动供应链创新与应用，强化农产品流通体系建设，大力推进汽车流通体制改革，持续推动商品交易市场转型升级，加快推动区域市场一体化，取得较好成效。

一　供应链创新与应用顺利开展

（一）率先出台实施意见，建立联席会议制度

在全国率先出台《关于推进供应链创新与应用培育经济增长新动能的实施意见》（苏政办发〔2018〕35号）。建立了以省商务厅为召集人、由26个省相关部门组成的“江苏省供应链创新与应用联席会议制度”，研究制定了联席会议议事规则，组织召开了联席会议成员第一次全体会议。

（二）组织申报国家试点，试点企业数全国领先

在商务部等国家8部门确定开展全国供应链创新和应

用试点后，积极组织、精心指导城市和企业申报国家试点。南京市、张家港市及 33 家企业入列全国首批试点城市和企业名单，入列企业数仅少于央企集中的北京市，排名全国第二。牵头会同省工信厅等 8 部门部署落实全国试点工作。

（三）积极开展理论知识培训和创新模式经验交流

举办了多场供应链创新与应用专题讲座、供应链试点政策解读，会同省人社厅联合举办了供应链创新与应用高级研修班，指导张家港市政府以及部分企业组织开展了多场供应链创新与应用高峰论坛。支持悦达集团及伊斯特威尔公司举办了供应链高峰论坛，并成立了省内第一家企业供应链研究院。开展供应链理论研究和实践调研，合作完成《打造流通主导的智慧供应链》调研课题。

二　农产品市场体系建设稳步推进

（一）推动公益性农产品批发市场建设

开展国家公益性农批市场建设试点，督促指导南京、无锡、南通、泰州的 4 家大型农产品批发市场加强基础设施建设，规范公益性运营保障机制。

（二）继续开展农贸市场公益性改革试点工作

启动 2018 年省级农贸市场公益性改革试点，认定南京、无锡、常州、连云港、扬州、盐城、宿迁等 7 个市为试点地区。推动农贸市场进行标准化升级改造，建立健全公益性机制，共建成公益性农贸市场 73 家。

（三）创建全国公益性农产品示范市场

积极引导企业创建全国公益性农产品示范市场，培育了一批公益性强的农产品流通骨干企业。根据商务部公布的 2019 年全国公益性农产品示范市场名单，获评的 61 个企业中江苏省占 8 个（见表 1 和表 2），示范市场总数及新增示范市场数量均居全国第一。

表1 全国公益性农产品示范市场(批发)名单

序号	地区	市场名称
1	南京	南京农副产品物流配送中心有限公司
2	南通	南通农副产品物流中心
3	常州	江苏凌家塘市场*

表2 全国公益性农产品示范市场(零售)名单

序号	地区	企业名称
1	无锡	无锡天惠超市股份有限公司
2	连云港	江苏家得福投资集团股份有限公司
3	常州	江苏新怡华超市连锁有限公司*
4	苏州	江苏随易信息科技有限公司*
5	盐城	江苏雅家乐集团有限公司*

(注:标"*"号为新增示范市场)

(四)深入推动农产品产销对接工作

落实商务部农商互联和产销对接工作要求,先后组织省内50多家农产品流通企业参加全国农商互联暨精准扶贫产销对接大会、农产品产销对接行、对口支援和东西部扶贫产销对接以及长三角地区的产销对接会等活动。2018年7月,组织南京众彩等5家企业赴青海省海南州开展农牧渔产品产销对接工作。

(五)推动农产品流通现代化工作

联合中国农业发展银行江苏省分行向商务部和中国农业发展银行总行推荐流通领域重点合作项目,苏州、南通、盐城、扬州的5个项目被列为拟支持项目。积极复制推广国家农产品冷链流通标准化示范典型经验模式,引导省内冷链流通标准化试点企业创建国家示范企业。全省鲜活农产品直供社区示范工程工作被商务部列入了"加快内贸流通创新推动供给侧结构性改革扩大消费专项行动"的典型经验和做法,向全国推广。

(六) 开展农产品流通领域相关考核工作

对 13 个市 33 个城区的标准化菜市场达标率情况进行考核,并组织各市开展互检互查。从考核情况来看,监测城区的标准化菜市场的数量比 2017 年有明显提升,南京的鼓楼区,徐州的鼓楼区、泉山区,泰州的高港区,宿迁的宿城区标准化菜市场达标率超过 95%。

三 汽车流通体制改革引向深入

(一) 进一步贯彻《汽车销售管理办法》

继 2017 年省商务厅组织开展宣贯活动和全省商务综合行政执法培训班后,继续指导各地开展宣贯培训,同时对镇江、扬州等地举办汽车销售政策宣讲培训班进行现场授课。

(二) 出台汽车销售管理实施细则

在全国率先研究制定了规范性文件《江苏省关于贯彻〈汽车销售管理办法〉的实施细则(试行)》,在市场监管与服务、规范销售行为、维护销售市场秩序等方面,进一步细化了操作办法和规程。

(三) 获批全国汽车平行进口试点

2018 年 2 月,张家港保税港区正式获批商务部组织的第三批汽车平行进口试点。之后,省政府成立张家港保税港区汽车平行进口试点协调小组及协调小组办公室,发布《张家港保税港区汽车平行进口试点实施方案》,确定了 1 家试点平台和 4 家试点企业。截至 2018 年年底,保税区口岸累计完成进出口超8 万台,吸引 300 余家各类进口汽车贸易商入驻。

(四) 提升二手车市场管理和服务水平

积极推进二手车交易信息化管理。无锡市开发的"二手车交易信息系统"实现了与税务、公安等部门的联网,并加入影像资料采集功能,实现了对二手车交易的实时监控，在全省率先与商务部信息系统实现无缝对接，落实二手车交易"实物、实名、实情、实时"登记制度。南京大公二手车交易中心研发的知君车二手车专业市场信息化服务系统，通过自主知识产权的ERP系统的智能管控，实现交易信息全采集和车商库存动态统一管理功能。强化二手车市场服务功能，全省有14家二手车市场引进第三方检测机构提供的TUV车辆检测技术，为二手车交易提供真实、准确的检测报告。

（五）强化事中事后监管

一是指导各地做好辖区内汽车流通企业在全国汽车流通信息管理系统中的备案工作，督促企业及时将企业经营和汽车交易信息上传系统。与原省工商局的市场监管信息平台对接，及时掌握全省汽车流通企业登记注册信息。二是继续推动回收拆解企业开展升级改造，提升精细化、绿色拆解水平，推动昆山报废汽车破碎示范中心按期建成并投入生产。三是加强对"报废汽车回收证明"的管理，严格执行证明的发放登记制度。四是开展对汽车销售市场专项执法检查。据不完全统计，2018年全省累计开展各类专项检查20余次，随机检查的销售企业163家，接待汽车消费类投诉234起，出具警告书和处罚决定书35份。

（六）二手车省内限迁政策得到调整

针对江苏省现行人大条例规定制约国四及以下排放标准车辆省内流通的问题，一方面积极反映企业诉求，通过专题请示报告、"两会"议案提案、省政府常务会等多种渠道和方式，积极提请省人大法制委做出适度政策调整；另一方面，认真做好二手车经营市场与商户的教育和安抚工作，引导他们创新经营模式，积极开拓省外市场。2018年11月23日，省人大常委会公告第11号发布，正式修改了《江苏省机动车排气污染防治条例》的第九条第二款，从制度层面解决了省内二手车流通问题。

四 商品交易市场转型升级持续推动

（一）继续开展转型升级示范创建工作

持续推动全省商品交易市场转型升级工作，培育南京大公等新一批次的 6 家转型升级示范市场。截至 2018 年年底，已分 4 批累计认定 26 家省级转型升级示范市场（2018 年转型升级示范市场名单见表 3）。完成 12 家列入全国百家百亿市场的绩效评价工作。

表 3 2018 年转型升级示范市场名单

序号	地区	市场名称
1	南京	南京大公二手车交易中心有限公司
2	无锡	无锡金桥国际食品城有限公司
3	无锡	无锡国联金属材料市场有限公司
4	无锡	江苏省华东石材市场有限公司
5	常州	常州长贸中心市场发展有限公司
6	连云港	连云港农副产品批发市场有限公司

（二）复制推广转型升级示范经验

指导徐州云龙区以制度创新为核心，在区域交易市场的顶层设计、资源整合、业态提升、功能拓展、平台搭建、服务优化和品牌打造等方面积极探索，深入开展商品交易市场转型升级创新示范区创建工作。与云龙区共同总结形成七个方面可复制推广的经验和做法，并将先进经验向全省复制推广。江苏省商品交易市场转型升级工作被商务部列入了“加快内贸流通创新推动供给侧结构性改革扩大消费专项行动”的典型经验和做法，向全国推广。

五 区域市场一体化协调推进

（一）长三角合作发展与市场一体化工作

一是牵头研究提出商务口长三角区域市场一体化年度工作要点，并跟踪落实，做好信息报送。二是配合省长三角联席办修改完善《长三角地区一体化发展三年行动计划（2018—2020）》。参加在上海举办的长三角地区主要领导座谈会，三省一市商务部门负责人签署《长三角地区协同做好中国国际进口博览会服务保障工作合作协议》。三是配合安徽省商务厅修改完善《2018长三角区域市场一体化年工作要点》。配合上海市商务委提出《长三角地区市场创新发展三年行动计划》修改意见。四是支持省蔬菜协会和南京众彩农批市场、苏州南环桥农批市场等企业作为联盟发起单位成立长三角农产品产销联盟，推动区域内农产品生产和流通龙头企业深化合作。

（二）长江经济带市场一体化工作

贯彻落实国家和省关于推动长江经济带发展相关指示和精神，经征求和吸取海关、发改委意见建议，制定并印发《江苏省深化市场体系一体化建设三年行动计划》。

2018年江苏省对外贸易情况

2018年，面对错综复杂的国内外形势，江苏省商务系统狠抓政策落实，积极应对中美经贸摩擦，坚持不懈推动外贸稳增长、调结构、转动能，全省外贸稳中向好的态势进一步巩固，高质量发展取得积极进展。

一 全省外贸稳中向好

据海关统计，2018年，按人民币计价，全省累计进出口43 802.4亿元，同比（下同）增长9.5%。其中，出口26 657.7亿元，增长8.4%；进口17 144.7亿元，增长11.3%。按美元计价，全省累计进出口6 640.4亿美元，同比增长12.4%。其中，出口4 040.4亿美元，增长11.3%；进口2 600.0亿美元，增长14.2%。

（一）外贸规模再上新台阶，出口好于全国平均水平

全省进出口规模突破6 000亿美元，出口规模突破4 000亿美元，进出口、出口、进口均创历史新高。在全国沿海主要省市中，进出口、出口、进口增幅均位居第二，仅次于浙江。

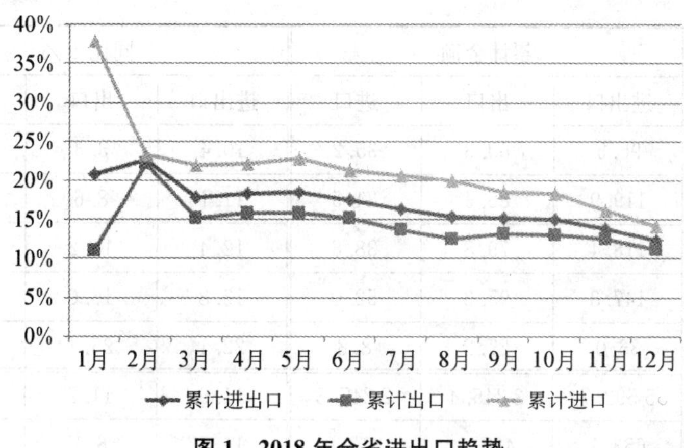

图 1　2018 年全省进出口趋势

（二）各市进出口全面正增长，苏北增速快于全省

13 个设区市中，11 个市进出口增幅达两位数；9 个市进出口规模超百亿美元。2018 年，全省各市进出口情况见表 1。

表 1　2018 年全省各市进出口情况

单位：亿美元

地　区	累计金额			同比±%		
	进出口	出口	进口	进出口	出口	进口
全省	**6 640.4**	**4 040.4**	**2 600.0**	**12.4**	**11.3**	**14.2**
南京	654.9	378.8	276.1	7.6	10.8	3.4
无锡	934.4	567.8	366.6	15.0	14.7	15.5
徐州	117.4	97.1	20.4	50.6	53.3	38.8
常州	343.9	250.7	93.1	10.0	9.3	11.9
苏州	3 541.1	2 068.3	1 472.8	12.0	10.5	14.2
南通	385.9	254.5	131.4	10.8	2.1	33.0
连云港	95.5	41.5	54.0	16.3	6.3	25.4
淮安	50.1	33.7	16.4	8.1	12.1	0.6

（续表）

地　区	累计金额			同比±%		
	进出口	出口	进口	进出口	出口	进口
盐城	95.5	60.3	35.2	10.4	3.3	25.1
扬州	119.9	85.4	34.5	11.1	8.6	17.7
镇江	118.4	79.8	38.6	12.4	14.2	8.7
泰州	147.3	95.3	52.0	13.8	16.0	9.9
宿迁	36.0	27.2	8.8	22.1	25.1	13.8
苏南地区	5 592.7	3 345.4	2 247.3	11.9	11.2	12.8
苏中地区	653.1	435.3	217.9	11.5	6.1	24.2
苏北地区	394.5	259.8	134.8	22.3	22.2	22.6

（三）重点行业进出口增势良好

占比 3/4 的八大重点行业出口“七升一降”：占比超三成的 IT 产品出口增长 10.8%，其中，笔记本电脑、集成电路出口分别增长 1.5%、37.7%，手机出口下降 9.8%；交通运输设备出口增长 8.6%，其中，船舶出口下降 4.3%；机械设备、化学品、钢材、轻工产品和纺织服装出口分别增长 18.1%、15.4%、12.4%、9.9%和 7.0%；光伏产品出口连续 5 个月单月负增长，累计出口微降 1.0%。2018 年，全省主要出口行业的分布见图 2。

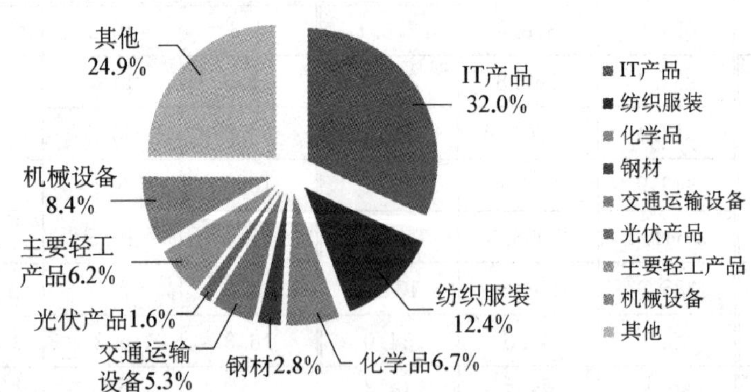

图 2　2018 年全省主要出口行业分布

2018年，高新技术产品进口1 102.9亿美元，同比增长16.2%，快于全省平均水平2.0个百分点，占比42.4%。其中，集成电路进口增长29.5%。占比近二成的20种大宗原辅材料进口增长10.2%，进口数量、价格分别增长3.6%、6.4%。其中，17种商品进口价格上涨，11种商品进口数量增长。占比一成的机械设备进口增长14.8%。

（四）有进出口实绩的企业数超过6万家

2018年，全省有进出口实绩的企业67 742家，比2017年增加5 454家。企业平均进出口规模980.3万美元，同比增长3.3%。年进出口规模超1亿美元的企业847家，比2017年增加43家。三星电子（苏州）半导体有限公司、名硕电脑（苏州）有限公司、苏州得尔达国际物流有限公司、世硕电子（昆山）有限公司进出口超百亿美元，其中三星电子（苏州）半导体有限公司进出口规模达257亿美元。

二　积极推进外贸高质量发展

（一）多元开拓国际市场

1. 发挥展会主渠道作用

完善2018年贸易促进计划，推动优势行业、优势产业开拓“一带一路”、拉丁美洲、非洲等市场，进一步优化展会市场布局、产业布局，充分体现国家外贸发展战略和全省产业发展导向。全年共执行境内外展会项目125个，境外展组展超过6 000个展位，参展企业超过3 000家次。其中，传统市场货物贸易展会和“一带一路”市场展会占比均达42%；华交会、广交会、进交会和高交会等境内重点展会组展规模超10万平方米。

2. 推动中欧班列发展

加强与省发改委、交通厅、财政厅等部门的协调联动，推动建立全省中欧班列统一协调机制，推进实施《江苏省中欧班列建设发展实施方案（2017—2020）》。

（二）加大进口促进力度

1. 聚焦政策扶持

推动省政府出台《关于促进进口的实施意见》（苏政办发〔2018〕83 号），从优化商品结构等方面共制定 20 条举措。修订省级鼓励进口技术和产品目录，促进先进技术设备和关键零部件等进口。

2. 推动载体建设

积极参与中国国际进口博览会，牵头做好全省招展及现场活动组织工作，加强横向联动和纵向协调，建立健全工作机制，加大宣传推介力度，组织 8 场现场配套活动，进一步扩大投资、贸易与合作。成功举办 2018 中国（昆山）品牌产品进口交易会，共有 15 个国家和地区的 327 家企业参展，累计到会采购商 3.7 万人次，展会国际化、市场化和专业化水平进一步提升。推动张家港汽车平行进口试点政策落地，出台实施方案，认定了 4 家试点企业和 1 家试点平台，稳步扩大汽车平行进口规模。

3. 用好机电产品国际招标平台

2018 年，完成 2 679 个机电产品国际招标项目审批，委托金额 36.78 亿美元，中标金额 32.8 亿美元，节资率 10.8%。加强招标机构管理，召开部分招标机构工作座谈会；新增 26 家招标机构，目前全省共 72 家机电产品国际招标代理机构。

（三）推进外贸转型升级

1. 推进出口品牌和基地建设

完善外贸品牌培育、评价、宣传和保护机制，利用广交会、华交会等展会平台对省级出口名牌领军企业开展宣传推介，不断提升全省出口品牌和领军企业的国际影响力。推动广交会等优质资源向品牌企业倾斜，全省广交会品牌展位净增 31 个。推动出口基地提档升级，2018 年全省 18 家出口基地被认定为国家外贸转型升级基地。截至 2018 年年底，全省共有省级以上各类基地 78 个，其中国家级基地 30 个。

2. 推动加工贸易创新发展

加快推进苏州工业园区综保区、昆山综保区等 7 家一般纳税人资格试点。

推动全球检测维修业务和再制造试点工作，南通华夏飞机再制造试点、飞利浦医疗（苏州）等全球保税检测维修业务进展顺利。进一步梳理保税检测维修业务诉求，帮助常州轨道交通等行业争取关键零部件入境检测维修业务试点。落实省政府《关于引导加工贸易有序转移的意见》文件精神，推动加工贸易向苏中、苏北有序转移，进一步优化区域布局。

（四）积极培育外贸新业态

1. 大力发展跨境电子商务

召开全省跨境电商工作座谈会，与阿里巴巴联合举办全省跨境电子商务培训。稳步推进中国（苏州）跨境电子商务综合试验区建设，加快创新政策落地、经验总结推广。截至目前，苏州跨电综试区累计实现跨境电商 B2B 出口约 160 亿元。推动南京、无锡成功入选第三批国家跨境电子商务综合试验区，推动两市尽快研究出台实施方案和政策创新清单。支持 15 家省级跨境电商产业园和 4 家公共海外仓加快集聚经营主体，打造完善跨境电商产业链。支持各地开展业务培训，助力传统企业利用跨境电商拓市场、塑品牌。2018 年，全省纳入海关监管的跨电零售进出口 6 438 万美元，增长 2.9 倍。

2. 深入推进市场采购贸易试点

推动海门、常熟两个试点市场完善监管体系、外贸服务体系、金融载体、物流体系等，增强市场外贸功能，提升国际化发展水平。实地走访、调研市场采购贸易试点，协调解决困难问题。自试点落地以来，市场内外贸融合更加紧密，跨境电商、外贸综合服务等多种业态并行发展，与“一带一路”沿线市场贸易规模稳步扩大，两地贸易主体持续增加，市场活力进一步激发，市场备案商户数超过 2 000 家，专业机构基本完善，各项管理政策基本落实。截至2018 年年底，两个市场采购贸易试点累计出口 85.2 亿美元。

（五）优化外贸服务管理

1. 做好进出口商品管理

组织全省符合条件的企业向商务部申报各类商品资质和配额，做好贸管商品的业务指导、政策咨询和调研服务工作，为企业解决实际困难。根据国家有关规定，对全省 5 家机电产品国际招标投标代理机构、24 个招标项目开展了“双随机一公开”监管工作，敦促招标投标代理机构加强行业规范，促进全省机电产品国际招标投标事业健康稳定发展。进一步推进简政放权。

2. 持续开展“放管服”改革

持续关注对外贸易经营者备案和原产地企业备案“两证合一”等自贸区改革试点经验复制推广工作。积极配合做好国家级开发区赋权工作，组织全省符合条件的省级以上开发区向商务部申请对外贸易经营者备案登记权限，南京江北新区及南通市经济技术开发区等 7 家国家级新区、开发区成功获批，进一步便利了基层企业开展外贸业务。2018 年共办理省级企业备案登记变更 37 家，新受理企业 2 家。

2018年江苏省服务贸易运行情况……

2018年，江苏省服务贸易、服务外包均保持稳健增长势头，呈现出服务贸易创新加快发展，服务外包提档升级的良好局面。

一　服务贸易增势平稳

（一）传统服务总体稳健，新兴服务增长加快

传统服务贸易中，运输服务进出口总额332.0亿美元，同比增长12.4%；旅行服务进出口总额157.6亿美元，同比增长14.2%；加工服务进出口38.8亿美元，同比下降12.0%；建设服务进出口9.5亿美元，同比增长26.5%。传统服务在全省服务贸易中占比达到78.8%。新兴服务进出口特别是新兴服务出口增长较快。保险服务、金融服务进出口在各门类中增速最高，同比分别增长86.8%、56.2%，其中，保险服务出口同比增长121.0%，金融服务出口同比增长1 381.3%。电信计算机和信息服务进出口14.9亿美元，同比增长15.2%，其中出口9.9亿美元，同比增长26.2%。其

他商业服务进出口 80.3 亿美元，同比增长 11.5%，其中，出口 34.0 亿美元，同比增长 12.5%。知识产权使用费进出口 37.7 亿美元，同比增长 8.3%。

（二）区域发展较为集中，苏南处于领跑地位

13 个设区市服务贸易均保持正增长。苏南五市中，苏州服务贸易进出口 329.4 亿美元，同比增长 9.3%；南京服务贸易进出口 121.1 亿美元，同比增长 12.4%；无锡服务贸易进出口 88.2 亿美元，同比增长 11.5%；常州同比增长 11.7%；镇江同比增长 14.3%。苏南五市占全省比重为 85.9%。苏北的徐州、宿迁在全省增速最快，同比分别增长 25.8%、27.8%。盐城、淮安、连云港同比分别增长 3.4%、2.5%、14.65%。苏中三市中南通体量最大，进出口 31.9 亿美元，同比增长 7.9%，占全省比重为 4.7%。泰州、扬州同比分别增长 5.7%、5.3%。

（三）服务贸易主要市场保持稳定，对德国、新加坡、美国贸易增长明显

中国香港、美国、德国、日本、韩国是全省前五大服务贸易市场，合计占全省服务进出口比重达 50.9%。其中，对德国服务贸易增长最快，同比增长 108.8%，占比为 9.3%；对美国、日本、中国香港服务贸易进出口同比增长分别为 28.5%、18.5%、13.0%，占比分别为 12.3%、9.0%、12.7%。对韩服务贸易同比下降 11.2%，降幅较上年扩大 8.5 个百分点。对中国台湾服务贸易同比下降 18.6%，回落至第 6 位。在全省排名前十的服务贸易市场中，新加坡、荷兰、英国、瑞士分列第 7 至第 10 位，同比增长分别为 38.9%、16.8%、29.6%、35.4%。德国、荷兰、美国分别为全省服务贸易前三大逆差来源地，逆差额分别为 16.2 亿美元、8.2 亿美元、4.3 亿美元。中国香港、中国台湾、韩国是江苏省服务贸易最大顺差来源地，顺差额分别为 11.4 亿美元、8.0 亿美元、6.3 亿美元。

二 服务外包规模全国领先

（一）规模继续保持全国领先

全省服务外包离岸执行额占全国的比重稳定在 1/3，连续多年保持全国领先地位。

（二）在岸业务发展迅速

全省服务外包业务在岸合同额、在岸执行额增速分别高出离岸合同额、离岸执行额增速 8.4 和 8.7 个百分点，在岸业务发展迅速。

（三）示范城市集聚引领作用不断增强

全省 5 个国家级服务外包示范城市离岸执行额占全省比重达 94.6%，集群引领效应明显。其中，无锡、南京和苏州离岸执行额分别为 92.2 亿美元、62.8 亿美元和 48.3 亿美元，占比分别为 39.4%、26.8%和 20.6%。新增国家级示范城市南通和镇江离岸执行额分别为 11.2 亿美元和 7.1 亿美元，占比分别为 4.8%和 3.0%，南通成为全省第 4 个离岸执行额突破 10 亿美元的城市。省级示范城市中，徐州离岸执行额 6.8 亿美元，成为全省第 8 个离岸执行额破亿美元的设区市；泰州和常州离岸执行额分别为 3.1 亿美元和 2.6 亿美元，占比分别为 1.3%和 1.1%。

（四）主要发包市场合作加强

美国、中国香港、欧盟牢牢占据江苏离岸发包市场的前 3 位，服务外包执行额分别为 48.4 亿美元、36.8 亿美元、33.4 亿美元。日本、中国台湾、韩国分列四至六位。

三 主要工作及成效

（一）有序推进服务贸易创新发展

1. 积极开展国家级服务贸易创新发展试点

做好苏州、江北新区试点总结评估工作，11 条试点经验上报商务部向全国推广。推动南京、苏州深化服务贸易创新发展试点，指导两地制定深化试点实施方案，做好绩效目标评价工作。做好试点经验推广工作，联合 11 个省级部门召开试点经验推广工作会议，联合行文印发通知做好试点经验推广。会同省科技厅做好落实技术先进型服务企业所得税优惠政策工作。

2. 大力推进文化贸易

组织实施 2018 年省级文化贸易项目支持申报审核工作。积极组织企业申报 2018 年度国家文化产业发展项目,其中有 7 家企业获得项目支持。全省有 24 家企业、7 个项目入选 2017—2018 年度国家文化出口重点企业和重点项目目录,数量上升到全国各省级第 3 位(仅次于北京、上海)。无锡市入选由商务部、中宣部、文化和旅游部、国家广播电视总局共同认定的首批国家文化出口基地名单(全国仅 13 家)。

(二) 加快推进服务外包结构进一步优化

1. 加强服务外包产业发展研究

加强对全省服务外包产业发展特点及发展趋势的研究,形成《服务贸易(服务外包)高质量发展政策报告》,为下一步优化完善政策,提升服务外包工作成效,起到重要促进作用。

2. 推进服务外包示范城市集群化发展

发挥南京、苏州、无锡、南通、镇江五个国家级服务外包示范城市的龙头作用,支持常州、徐州创建国家级示范城市。通过政策引导、示范区综合评价等措施,在促进国家级示范城市产业基本平稳发展的同时,推动产业向苏中苏北地区梯度转移,推动徐州实现跨越式发展,使全省示范城市集群产业发展更加均衡。

(三) 积极推进展会品牌建设

1. 打造江苏展会品牌

按照省委省政府《江苏省关于打造展会品牌的工作意见》要求,结合全省各地区域特色和产业发展情况,重点打造世界智能制造大会、中国(南京)国际软件产品和信息服务交易博览会、世界物联网博览会、中国(昆山)品牌产品进口交易会、中国苏州电子信息博览会、中国(泰州)国际医药博览会和中国(连云港)丝绸之路国际物流博览会,以此推动全省展览业更高水平发展。

2. 建立江苏省展会评估体系和展览业统计监测机制

通过政府购买服务方式,依托省会议展览业协会,出台了《江苏省会展业专家库管理办法》,建立展览行业专家库。出台《江苏省展会评估标准》《江苏省展会评估办法》,建立江苏省展会综合评估体系和展览业统计监测工作机制，开展重点展会年度绩效评估工作。

3. 积极推进展会市场化进程

积极推动一批展会由政府举办向市场化运作转变，鼓励市场主体自主办展和承接政府举办展会，逐步形成办展政府“退”、市场“进”的良性循环模式。

（四）大力推进生活服务业提档升级

1. 抓标准

鼓励龙头企业和行业协会积极向上争取标准立项。2018 年，起草的《家政 O2O 服务规范》已列入商务部流通行业标准计划。省餐饮、洗染行业协会起草的《餐饮业安全厨房通用规范》《公用纺织品清洗服务规范》已列入全省地方标准项目计划。同时，鼓励行业协会加强团体标准工作。

2. 抓项目

积极扶持培育龙头企业做大做强，中小型企业做专做精。积极扶持行业协会发展会展平台、大赛平台和网上平台。2018 年，省商务厅共立项 43 个项目，重点扶持餐饮、家政两个行业和八个省级行业协会。

3. 抓平台

发挥行业协会了解行业，熟悉企业的优势，扶持行业协会成为政府促进行业发展、规范行业管理有效的平台。鼓励省级行业协会搭建运行江苏餐博会等行业展会平台，江苏家政节等行业峰会平台和全省烹饪、家政服务、美发美容、摄影、家电维修等多个职业技能大赛平台。

4. 抓专项

根据商务部专项工作部署要求，结合全省实际，认真制定贯彻实施意见，出台了《关于贯彻落实全面推进“百城万村”家政扶贫工作的通知》《关于贯彻落实推动绿色餐饮发展若干意见的通知》和《关于加快城乡便民消费服务中心建设的指导意见》，推动工作有序开展。

5. 抓安全

认真落实部门安全生产管理职责，牵头组织省级有关部门研究制定《全省餐饮场所燃气使用安全专项治理实施方案》，部署开展专项整治，进一步落实企业安全生产主体责任，发挥行业协会的自律作用，强化政府部门的监管力度，有效消除事故隐患，努力确保不发生较大以上安全生产事故。

2018 年江苏省电子商务发展情况

2018 年，江苏省电子商务发展呈现“总体平稳、稳中有进、增幅趋缓”的态势。电子商务继续发挥引领经济增长的作用，带动整个互联网加速与实体经济融合，促进实体行业的创新转型。

一 电子商务运行总体平稳

据相关统计监测，2018 年，全省实现网络零售额 8 567 亿元，同比增长 24.3%，较上年同期增幅降低 3.1 个百分点，增幅高于全国平均 0.4 个百分点。网络零售额占全国比重为 9.5%，与上年持平。全省网络零售额列广东、浙江、上海、北京之后，居全国第 5 位。

（一）电商龙头企业持续发力

一是苏宁全渠道零售布局逐步呈现。苏宁采取线上线下融合发展，高速推进智慧零售大开发战略，苏宁小店、苏鲜生全面铺点开店，实行线上反哺线下。据苏宁数据显示，2018 年，苏宁销售规模同比增长 38%，其中线上增长 68%，服务用户规模超过6亿户，物流面积达870万平方米。二是阿里巴巴全力打造江苏总部建设。不断拓展总部功能，在制造业转型升级、大数据应用、新零售发展、智慧物流枢纽建设、综合金融服务等方面，与江苏省展开全方位战略合作。2018年，投资180亿元开工建设南通云计算中心，将建成华东地区最大的云计算中心。三是省内电商示范企业也不断发力。汇通达形成"家电、农资、物流、酒水、建材、新能源"六大板块的农村电商服务生态体系，全年销售规模突破350亿元。孩子王在全国建成270家大型数字化门店，经营面积达70万平方米，中国母婴童行业龙头的领先优势明显。常州"红眼兔"、无锡"远东买卖宝"、徐州徐工等一批行业细分领域垂直电商持续保持行业领先地位。

（二）网络消费品质不断升级

天猫小店、盒马生鲜、超级物种等线上线下融合新零售业态发展迅猛，电商平台提供物美价廉的商品及送货到家的服务。网络零售额排名前列的行业分别为家居家装、家用电器、服装服饰及手机数码。网销产品中，手机、平板电脑、笔记本电脑、扫地机器人、智能电视、冰箱等数码家电类增长幅度较大，智能化、品质化的家电产品交易规模突出。住宿和餐饮业通过公共网络实现餐费收入增长49.4%，分别领先限上消费品零售额增速21.4个和45.8个百分点，发展势头强劲。

（三）农村电商继续保持领先水平

全省农村电商网络零售额达到2 075.6亿元，仅次于浙江，位居全国第2位。全省农产品网络零售232.5亿元，较2017年增长50%以上。在阿里研究院发布"2017—2018年电商示范县百佳县"排行中，全省7个国家级示范县全部进入百强，其中，常熟位居榜首且遥遥领先，宜兴、沭阳、睢宁分别名列第5、第6、第8位。

二　逐步推进电子商务高质量发展

（一）优化支撑环境，夯实发展基础

1. 积极推进电子商务与快递物流协同发展

贯彻落实国家《关于推进电子商务与快递物流协同发展的意见》，出台《关

于推进电子商务与快递物流协同发展的实施意见》(苏政办发〔2018〕56 号),提出加强基础设施网络建设等 20 项举措。

2. 积极开展电商诚信工作

谋划电子商务信用信息平台建设。广泛开展电商诚信教育宣传,在江苏电商大会上,邀请电商司领导对《电商法》进行解读,组织省内电商代表企业做诚信经营倡议。以南京市为试点,开展"第三方信用评价标准体系方案"研究工作,选择 2～3 家第三方信用服务机构拟制对电商平台、入驻商家和上下游企业组织第三方综合信用评价的方法、标准和组织实施机制模拟试行。

3. 积极推进电商大数据建设

参与商务部电商大数据共建共享工作方案,推进数据资源共建共享。开展电商大数据建设调研,加强与北京欧特欧等大数据公司的合作,探索以政府购买服务的形式开展电商大数据统计、分析和应用,指导行业健康发展。

(二) 服务市场主体,引领电商高质量发展

1. 加强电子商务示范基地(园区)、示范企业等市场主体的服务管理

根据商务部工作部署,组织全省 7 个国家电子商务示范基地、20 家 2017—2018 年度国家电子商务示范企业参加综合评估,并在全省择优推荐 6 家省级电子商务示范基地参加综合评估,评估结果总体情况良好。同时,按照相关程序,引导和扶持示范基地、示范企业加强电子商务示范的推广和创新。

2. 开展首批江苏省电子商务众创空间创建工作

制定《江苏省电子商务众创空间确认规范(试行)》,并启动电子商务众创空间创建工作,首批确认 53 家江苏省电子商务众创空间。

3. 推动电商服务业发展

研究制定《关于加快发展电商服务业的指导意见》,着力打造适应全省电子商务发展的服务体系,推动电子商务高质量发展。

(三) 建强农村电商服务体系,促进富民增收

1. 积极推进农村电商示范体系和标准化体系建设

2018 年分 2 批次,创建了 108 个农村电商示范村,营造了良好的发展氛围,有效促进了农村产业转型和农民增收致富。在阿里研究院对全国 2014—

2017 年 750 余个电商进农村综合示范县进行评价中，江苏省 7 个示范县均列入“电商示范百佳县”，前 10 名中占 4 席。制定《江苏省农村电子商务品牌确认规范（试行）》，推动电商服务品牌、运营品牌、产品品牌等建设。

2. 积极推进农村电商集聚发展

确认了 53 个乡镇电商特色产业园（街）区，支持鼓励特色产业园（街）区集聚和共享信息、人才、仓储物流、代运营等各类服务资源，促进地方特色产业集聚和提档升级，目前，省级乡镇电商特色产业园（街）区达到 103 个。

3. 积极推动农商互联互动

落实省政府与阿里、京东等电商平台的合作协议，鼓励电商平台企业渠道下沉，推进有实力的企业深入农村地区发展电商，引导农产品生产、加工企业对接电商平台，取得积极进展。截至 2018 年年底，汇通达在江苏地区已实现 100％的乡镇覆盖，服务会员店超 20 000 家，年销售规模超 100 亿。

（四）突出扶贫导向，积极开展电商精准扶贫

以电商精准扶贫为抓手，因势利导、精准施策，大力推进 12 个省级扶贫开发重点县和“6＋2”扶贫开发重点片区电商发展。召开以电商扶贫为主题的农村电商工作推进会，传达全国电商扶贫工作会议精神，邀请省扶贫办同志对中央和省有关扶贫政策进行了解读，确立以电商扶贫为重点的农村电商工作推进策略。鼓励贫困地区发展农村电商，加大对贫困地区项目和资金倾斜，结合落实《江苏省“十三五”电子商务人才发展规划》，对帮扶对象分层次、分类别集中组织开展了以电商精准扶贫为主要内容的系列培训 7 个班次，参训总人数近 1 200 人。

（五）推进社区电商发展，促进便利消费

印发《关于推进电子商务进社区促进居民便利消费的实施意见》，鼓励引导社区商业线上线下融合发展，推动社区商业转型升级、创新发展，完善社区商业综合服务体系。组织开展省级电商示范社区创建试点工作，确认了 30 个社区为省级电子商务示范社区创建试点单位。制定《江苏省电子商务示范社区确认规范（试行）》，在示范社区创建试点的基础上，确认了 21 个省级电商示范社区。

(六) 推进垂直电商发展，打造错位竞争优势

把推进垂直电商发展作为 2008 年一项重点工作，提出充分运用全省制造业发展优势，推进垂直电商发展，努力形成江苏错位发展电商的新优势。研究摸索适合江苏垂直电商发展的有效途径。各地依托钢铁、化工、纸浆、有色金属、纺织面料、工程机械等工业制造业产业的良好基础，推动省内大宗商品电子商务交易平台和垂直类电商平台发展，并取得了一定成效，涌现出了一批竞争力强、发展势头好的专业化垂直电商平台。

(七) 认真履行服务联络职责，推进阿里巴巴江苏总部项目建设

制定阿里巴巴江苏总部项目推进工作方案，成立工作专班，建立挂钩联系工作机制。加强与阿里集团、省有关部门、南京市建邺区以及相关项目单位的联系沟通。深入现场开展调研，跟踪掌握重点项目进展情况。召开工作专班协调会，研究梳理阿里巴巴江苏总部项目合作需求清单和项目推进计划，切实推进总部项目建设和功能拓展。

2018 年江苏省利用外资情况

2018 年，江苏省全力贯彻落实把引进外资作为促进高质量发展的重大举措，强化问题导向和改革导向，努力创新工作思路和方式方法，坚持引资引技引智并举，重点引进功能性机构，积极发展总部经济，不断提升利用外资质量和水平，带动江苏企业嵌入全球产业链、价值链、创新链。

一 利用外资持续提质增效

（一）大项目和增资项目增多

新设及净增资 3 000 万美元以上企业 1 074 家，同比增长 8.4%；新设及净增资 1 亿美元以上企业 304 家，同比增长 0.3%。全省增资扩股项目 1 293 个，增资合同外资 212.2 亿美元，占全省合同外资总额的 35.1%。

（二）服务业利用外资结构有所改善

全省服务业实际使用外资为 128.2 亿美元，同比增长 17.5%，占全省实际使用外资的 50.1%，占比比上年同期提高了 7.2 个百分点。现代服务业实际使用外资 51.2 亿美元，占全省服务业实际使用外资的 39.9%。其中，教育、信息传输及计算机服务和软件业、现代物流业、租赁和商务服务业实际使用外资分别同比增长 48.5%、37.5%、13.9%、6.7%。

（三）战略性新兴产业占比提升

以先进制造业为主的十大战略性新兴产业实际使用外资 124 亿美元，同比增长 13.9%，占全省实际使用外资的 48.4%，占比比上年同期提高了 5.1 个百分点。其中，高端软件和信息服务业、高端装备制造产业、新一代信息技术产业实际利用外资同比分别增长 71.2%、47.4%、36.7%。

二　促进外资提质增效工作

（一）加强外资工作政策导向

推动省政府出台《省政府关于促进外资提质增效的若干意见》（苏政发〔2018〕67 号）。紧密结合全省外资工作实际需要，聚焦外资准入政策、招商选资、创新环境、用地保障、投资贸易便利化等外商和外企重点关注的问题，聚焦提高利用外资质量和效益，有针对性地提出实在管用的 12 条措施。举办了促进外资提质增效新闻发布会和政策说明会，对政策进行详细解读。国发 19 号文出台后，为进一步落实中央提出的“六个稳”工作要求，积极参与研究起草《关于推动开放型经济高质量发展的若干政策措施》。

（二）开展系列重点投资促进活动

继续实施重点投资促进“111”工程，瞄准欧美发达国家引资引技引智，配合省长出访欧洲，举办江苏—挪威高新技术产业交流会、江苏—德国开放创新合作论坛等投资促进活动。研究规划各区域重点外资产业布局，组织有关市商务局及开发区赴瑞典、英国、日本、韩国、芬兰、俄罗斯、美国、巴西等国家开展投资促进活动，引导各地加强招商主导产业和重点外资项目信息沟通，提高项目招引成功率。组织 13 个设区市共 340 多人参加厦门国际投资贸易洽谈会，充分利用投洽会平台积极举办双向投资促进活动，继续加大对苏北和沿海地区宣传和支持。组织跨国公司和世界500强企业参加进口博览会、世界智能制造大会等大型活动，充分利用会展平台开展招商引资工作。

（三）持续推进服务业扩大开放工作

申请复制北京市服务业扩大开放综合试点经验，联合省相关厅局加强与对口的国家部委加强沟通对接，推动全省服务业扩大开放。

（四）积极推进江苏省与SK集团的战略合作

2018年5月，省委娄勤俭书记会见SK集团崔泰源会长，双方表示将在半导体、新能源电池、医疗、基金、论坛等五个领域开展深度战略合作，探索合作模式，携手实现更高质量的发展。会同省有关部门、无锡市和SK集团拟定研究小组框架，拟定战略合作方案。召开"江苏省与韩国SK集团战略合作研究小组启动会议"，全面启动五个领域研究小组的工作。开展无锡SK海力士半导体二工厂项目推进工作，制定了工作方案、成立了工作专班。

（五）大力发展外资总部经济

学习借鉴兄弟省市总部政策主要内容和经验，同时征询并全部采纳了省公安厅、省人社厅、南京海关等11个部门的意见，对总部政策进行了修订和完善。报请印发《省政府办公厅转发省商务厅省财政厅关于鼓励跨国公司在全省设立地区总部和功能性机构意见的通知》（苏政办发〔2018〕86号）。开展第九批跨国公司地区总部和功能性机构认定工作。经审核，共有19家企业被认定为跨国公司地区总部，6家企业被认定为跨国公司功能性机构。

（六）积极应对中美贸易摩擦冲击

积极做好应对工作，完成340亿元、2 000亿元、2 500亿元清单的涉税外资企业经贸摩擦专项分析，建立外资应急联络机制，完成外资经贸摩擦应急处置预案。密切跟踪企业动态，特别是受此次中美贸易摩擦影响大的企业和行业龙头企业。积极开展拜访外资总部企业的行动，深入了解总部的决策意向，探讨减弱影响的措施。完善外资应对摩擦预案，加强快速应对能力，出台外资相关政策，鼓励现有外资企业通过多种方式消减贸易摩擦的影响，同时进一步研究政策措施，不断促进外资稳定存量，扩大增量，提升质量。

（七）持续打造营商环境新高地

进一步简政放权，加快外资领域“放管服”改革，在全国率先实现外资企业设立商务备案与工商登记“一口办理”。2018 年，在全省部署开展了优化外商投资营商环境专项行动，认真查摆和整改营商环境建设中存在的突出问题。各地通过实地走访、座谈、问卷调查等形式，梳理出一批外资企业发展中的实际困难和服务需求。各级政府和部门及时采取整改措施，强化工作协同，合力推进问题解决。

2018年江苏省对外经济技术合作情况

2018年，江苏省以"一带一路"建设为引领，加强规划和引导，推动重大项目实施，进一步规范经营秩序，做好安全工作，全省对外经济技术合作健康有序发展。

一 "走出去"有效有序发展

（一）对外投资逐步实现增长

国家对外投资审核备案制度实行常态化管理后，江苏省对外投资止住了2017年大幅下滑的态势，项目数、中方协议投资额和实际投资额均实现增长。截至2018年年底，江苏累计对外投资项目6 782个，中方协议投资额706.2亿美元，实际对外投资额459亿美元。

2018年，我国非金融类对外直接投资分省市区情况见表1。

表 1　2018 年我国非金融类对外直接投资分省市区列表

单位:万美元

序号	省市区名称	直接投资额
1	广东省	1 380 011
2	上海市	1 303 505
3	浙江省	858 629
4	北京市	704 493
5	山东省	702 723
6	江苏省	524 077

表 2　江苏省境外投资分主体类型情况

金额单位:万美元

指　标	新批项目数			中方协议投资		
	1—12 月	同比	比重	1—12 月	同比	比重
全部	786	24.37%	100%	948 423.919 6	1.65%	100%
国有及国有控股企业	72	−13.25%	9.16%	86 905.336 5	−37.33%	9.16%
集体企业	6	0%	0.76%	4 673	−83.13%	0.49%
民营企业	587	35.57%	74.68%	766 479.200 4	20.21%	80.82%
外资企业	121	10%	15.39%	90 366.382 7	−29.99%	9.53%

1. 中国香港重返对外投资首选目的地

2018 年,全省对外投资排名前 5 的国别和地区依次是中国香港、美国、西班牙、新加坡和开曼群岛。其中,江苏省流向中国香港的投资为 21 亿美元,同比增长 17.1%,占全省总量的 22.2%,中国香港重返对外投资地首选;对美国投资 12.8 亿美元,同比减少 34.3%,占全省总量的 13.5%;对西班牙投资 8.6 亿美元,较上年同期增长 1.3%,占全省总量的 9.1%。

2. “一带一路”沿线国家市场不断拓展

2018 年,全省对“一带一路”沿线投资项目 235 个,同比增长 46.8%,中方协议投资额 23.1 亿美元,同比下降 9.5%,分别占全省总量的 29.9%和

24.5%。江苏德龙镍业公司向印尼科拿威的项目分两次共增资2.25亿美元，是全省全年对“一带一路”沿线国家最大的投资。截至2018年12月，投资国别增至56个(2014年为38个)，投资行业门类增至71个(2014年为37个)。

(二)对外承包工程不断拓展

2018年，江苏省对外承包工程新签合同额65.9亿美元，同比下降39.1%，居全国第7位(位于广东、山东、湖北、上海、四川和北京之后)；完成营业额83.3亿美元，同比下降12.6%，居全国第3位(位于广东和山东之后)。工业制造、交通运输等新业态实现较好增长，其中，工业制造领域新签合同额8.7亿美元，交通运输领域新签合同额6.7亿美元，同比增长10倍。

表3　2018年江苏省对外承包工程和劳务合作情况

金额单位:万美元

指　标	12月		1—12月	
	绝对值	同比	绝对值	同比
对外承包工程新签合同额	62 345	−75.7%	659 004	−39.1%
对外承包工程完成营业额	88 501	−19.8%	832 664	−12.6%
新签劳务人员合同工资总额	6 686	−15.7%	44 034	−2.8%
劳务人员实际收入总额	6 081	7.8%	72 181	3.7%

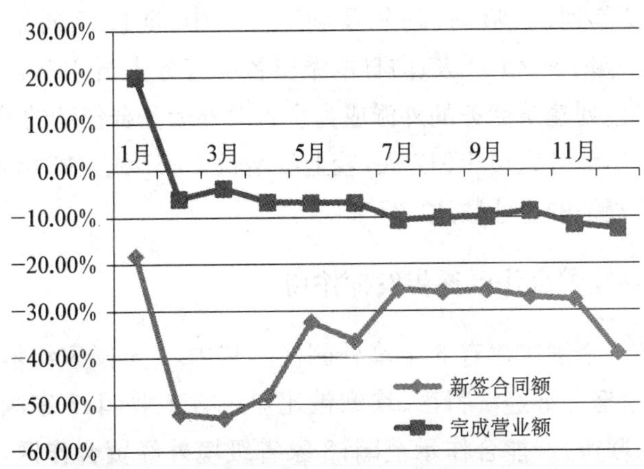

图1　2018年江苏省对外承包工程业务增长情况

2018 年,对外承包工程和劳务合作业务已扩展到世界超过 130 个国家(地区)。在 10 个国家(地区)新签合同额超过 1 亿美元。江苏省对外承包工程业务涉及建筑、交通、机电、纺织、电力、石化、水利、通信等多个领域。从经营业绩看,2018 年新签合同额超过 5 000 万美元的工程项目共有 33 个,较上年减少 5 个。在美国《工程新闻记录》评选的 2018 年度全球 250 强国际承包商中,江苏企业有中国江苏国际经济技术合作公司、江苏南通三建集团有限公司、南通建工集团股份有限公司、江苏南通六建建设集团有限公司、江苏省建筑工程集团有限公司和江苏中南建筑产业集团有限责任公司。全省在"一带一路"沿线国家新签承包工程合同额 32.8 亿美元,同比下降 51.4%,占比 49.8%(2017 年同期占比 62.5%);完成营业额 47.8 亿美元,同比下降 11.3%。全省企业赴"一带一路"沿线国家开展对外承包工程业务从 2014 年的 42 个上升到 2018 年的 50 个。其中,印度尼西亚、越南、巴基斯坦、新加坡、沙特阿拉伯为全省对外承包工程完成营业额前 5 位国别。

(三) 外派劳务结构持续优化

2018 年,江苏对外劳务合作新签劳务人员合同工资总额 5.4 亿美元,同比增长 23.1%;劳务人员实际总收入 8.0 亿美元,同比增长 10.4%;派出各类劳务人员 29 081 人(含海员),较上年增加 2 619 人;期末在外各类劳务人员 69 755 人,较上年增加 10 249 人。江苏省对外劳务派遣人员分布在新加坡、日本、安哥拉、以色列、巴哈马、阿尔及利亚。其中,向以色列派出劳务人员 2 298 人,较上年增长 2 102 人;向日本派出各类劳务人员 4 744 人,较上年增加 692 人。以色列建筑劳务的外派成为全省对外劳务合作新的增长点。全省从帮扶地区派出劳务人员 1 917 人,较上年增长 1 457 人。2018 年,江苏具备外派劳务经营资格的企业数达 127 家。

(四) 境外经贸合作区逐步发挥作用

江苏省在 5 个国家建有 6 个境外园区。其中,2 家国家级境外经贸合作区:柬埔寨西哈努克港经济特区、埃塞俄比亚东方工业园;1 家国家级产能合作园区:中阿(联酋)产能合作示范园;3 家省级境外经贸合作区:印尼东加里曼丹岛农工贸经济合作区、江苏—新阳嘎农工贸现代产业园、印尼吉打邦农林生态产业园。6 个境外园区累计占地面积 448.3 平方公里，投资 14.6 亿美元，入区企业 225 家，总产值 18.5 亿美元，上缴东道国税费 8 120 万美元，为当地创造就业岗位 3.2 万个，对江苏企业全球资源优化配置、转移产能，以及对促进东道国产业升级、经济社会发展和双边经贸关系发展发挥了积极作用。

（五）对外援助有序开展

截至 2018 年年底，共有 15 家企业获得对外援助成套项目总承包企业资格，7 家企业获得对外援助物资项目总承包企业资格。2018 年推荐了 1 家企业申请援外物资项目总承包资格。2018 年，江苏共计承担援外项目 11 个（5 个援外承包项目，3 个援外物资项目，3 个技术援助项目），援外培训机构共承担培训项目 45 个，培训各类援外技术和管理人员 1 000 余人。

二 积极推进对外经济技术合作

（一）积极应对中美贸易摩擦

一是深入企业调研，了解企业的情况和诉求。二是加强与商务部相关司局、省内重点对美投资企业、美国相关政府部门、世界知名中介机构和省社科院的密切联系，及时了解相关进展情况。三是制定工作应急预案，首次拟订了《江苏省企业投资美国应急预案》。四是研究通过优化走出去统保平台，重点引导出口市场在美国的江苏中小企业赴境外合作区投资设厂。

（二）进一步规范企业海外经营行为

贯彻国务院《关于规范企业海外经营行为的若干意见》（国发〔2017〕47 号），进一步规范走出去企业的海外经营活动。积极推进境外企业和对外投资联络服务平台江苏省分平台的建设。

（三）推动上市公司海外并购

加强与省证监局、金融办等部门的合作，建立企业与相关机构的对接机制，组织江苏上市公司赴美国、德国、以色列、墨西哥等国开展投资促进活动。

（四）健全“走出去”人才保障体系

推动全国首创的留学生“人才地图”工程建设，组织全省“走出去”企业与在江苏省高校就读的国际留学生注册对接，建立人才数据库。开展“走出去”专题系列培训，共完成 30 期、3 000 余人次的“走出去”专题系列培训。

（五）大力推进对外劳务扶贫

一是建立对外劳务扶贫联席工作会议机制。二是推荐全省对外劳务扶贫试点企业和重点帮扶县（区）名单。三是开展工作调研。四是出台对外劳务扶贫工作方案。五是召开对外劳务扶贫动员暨对接会。六是推动对外劳务扶贫试点企业开展扶贫工作。

（六）完善风险保障体系

截至 2018 年年底，全省共签发 5 899 份保单，总签保单费 2 899 万元，累计保额 543 亿元，68 420 名劳务人员从中获益，维护了外派人员的合法权益，有效减轻了企业负担，控制了劳务纠纷发生率。截至 2018 年年底，江苏企业走出去统保平台总共承保项目 488 个，总保额 136.2 亿美元。江苏省出国劳务管理与服务系统全年共审核对外劳务合作项目信息 1 612 条，备案人数 13 411 人。

2018 年江苏省开发区建设发展情况

2018 年，江苏省开发区紧紧围绕高质量发展这条主线，以“一特三提升”为工作指向和抓手，以开放促改革、以改革促发展，各项工作稳步有效推进，为全省稳增长、促转型作出了重要贡献。

一 基本情况

（一）开放型经济主阵地作用更加凸显

全省现有省级以上各类开发区 158 家，其中国家级 46 家，省级 112 家。全省海关特殊功能区数量共计 28 个，包括海关 21 个特殊监管区域（1 个保税港区、20 个综保区）、保税监管场所 7 个（保税物流中心 B 型）。全省开发区结构布局、功能配套更趋完善，构建了各类园区优势互补，海关特殊功能区内外资源共享，苏南、苏中和苏北区域联动的高质量发展新格局。开发区创造了全省 55％左右的经济总量、60％的一般公共预算收入，吸纳了近 90％的实际到账外资，完成了 83％的外贸进出口。全省开发区对经济社会贡献持续增强，改革开放排头兵、转型升级主阵地、创新驱动强引擎作用更加凸显，成为推动全省双向开放高质量发展的主力军。

（二）国家级经开区综合发展水平居全国前列

根据商务部 2018 年国家级经开区综合发展水平考核评价结果，江苏省国家级经开区取得丰硕成果。其中，3 家开发区进入前 10，苏州工业园区连续 3 年蝉联第一，昆山、江宁经开区分列第 5、第 8 位。在全国参评的 219 家经开区中，前 30 位、前 50 位和前 80 位中，江苏分别占了 7 家、14 家和 20 家。全省 26 家国家级经开区有 9 家实现位次前移，其中镇江、淮安、吴中以及宜兴经开区分别提升 20 位、20 位、55 位和 32 位。

表 1　2016—2018 年江苏省国家级经开区综合发展水平考核评价排名情况

序号	开发区名称	2016 年排名	2017 年排名	2018 年排名	进位情况
1	苏州工业园区	1	1	1	0
2	昆山经济技术开发区	4	6	5	1
3	江宁经济技术开发区	9	7	8	－1
4	南京经济技术开发区	17	10	11	－1
5	镇江经济技术开发区	29	42	22	20
6	连云港经济技术开发区	14	28	23	5
7	淮安经济技术开发区	32	49	29	20
8	徐州经济技术开发区	75	25	34	－9
9	南通经济技术开发区	44	33	39	－6
10	常熟经济技术开发区	25	26	41	－15
11	相城经济技术开发区	51	41	44	－3
12	吴江经济技术开发区	41	64	45	19
13	锡山经济技术开发区	136	58	46	12
14	吴中经济技术开发区	176	102	47	55
15	海门经济技术开发区	69	38	51	－13
16	宜兴经济技术开发区	167	87	55	32

（续表）

序号	开发区名称	2016 年排名	2017 年排名	2018 年排名	进位情况
17	海安经济技术开发区	66	50	56	—6
18	太仓港经济技术开发区	94	61	58	3
19	张家港经济技术开发区	43	45	70	—25
20	如皋经济技术开发区	45	32	79	—47
21	扬州经济技术开发区	55	69	89	—20
22	靖江经济技术开发区	131	74	94	—20
23	苏州浒墅关经济技术开发区	197	98	112	—14
24	宿迁经济技术开发区	106	92	122	—30
25	盐城经济技术开发区	71	79	125	—46
26	沭阳经济技术开发区	80	107	154	—47

二 主要工作与成效

（一）突出高质量发展

坚持目标导向、问题导向，深入调查研究，在梳理总结江苏改革开放经验的基础上，参与拟定并推动出台《关于推动江苏开放型经济高质量发展若干政策措施的意见》（苏发〔2019〕2 号），加快推进开发区向现代产业园区转型，打造各具特色的改革开放试验田，建设更高能级开放载体平台。

（二）强化五大抓手

1. 特色创新示范园区集聚发展

在深入调研基础上，有序推进全省开发区开展特色创新示范园区创建评定工作，突出特色主导产业定位、产业升级和创新发展有关指标，引导开发区走特色化、专业化发展之路。全年共评定首批 18 家开发区为省级特色创新示范园区。

2. 智慧园区创建工作有序推进

明确省级智慧园区的引导方向、申报条件、申报程序、申报材料和认定细则，组织全省有条件的开发区创建智慧园区，引导开发区向现代产业园区转型。苏州工业园区、南京高新区等园区获评认定为全省首批省级智慧园区。

3. 生态工业园区建设量质共举

着力加强与省生态环境厅等有关部门的对接合作力度，助推生态工业园区建设水平再上新台阶。目前，全省已有 21 家开发区获批国家级生态工业示范园区，60 家开发区获批省级生态工业园区，有力提升了全省开发区绿色集约开发水平。

4. 各类共建园区合作提档升级

一是推进南北共建园区建设。全省现已批准设立 45 家各类南北共建园区，其中苏北 38 家、苏中 7 家，先后共派出 300 多名各级干部和管理人员，各共建园区开发建设公司注册资本总额近 40 亿元。二是推进苏辽对口合作。与辽宁省商务厅、辽宁省经济合作局分别签订《商务重点领域合作协议》《江苏省海外经贸网络支持辽宁境外招商合作协议》，协助辽宁在昆山举办了两期县域经济发展专题培训班，互相派员参加中国（大连）软交会、“2018 中国（昆山）品牌产品进口交易会”等重大经贸活动。三是推进苏陕扶贫协作。苏陕合作共建“区中园”是省政府 2018 年度十大主要任务百项重点工作。2018 年，苏陕双方相继在南京、汉中组织召开了苏陕合作共建“区中园”江苏对接会、苏陕扶贫协作共建“区中园”联席会议，并派员互访交流，初步构建了信息通联共享、园区互动对接的良好格局。

5. 探索推进国际合作园区建设

一是组织专题调研。赴武进、海安实地调研中以常州创新园、中意海安生态园建设的总体情况，与地方共商探索国际合作开发新模式。二是坚持“引进来与走出去”并重。组织部分开发区和设区市商务局的同志赴欧洲开展专题推介交流，学习借鉴国内外先进合作园区建设的成功经验和做法。三是加大与海外经贸代表处的交流合作力度，充分发挥省商务厅 17 个海外经贸代表处的作用，为有条件、有意愿的开发区参与境外合作区和集聚区建设牵线搭桥，加快构建园区对外开放合作新格局。

（三）取得三个突破

1. 顶层设计取得新突破

一是做好《江苏省开发区条例》专题宣传解读，推动各地围绕贯彻落实条例相继采取配套举措；二是启动《全省开发区总体发展规划》编制工作；三是完善《江苏省经济开发区科学发展综合考核评价办法》，引导开发区走特色发展、创新发展和绿色集约发展之路。

2. 改革创新取得新突破

一是复制推广自贸试验区改革试点经验，第三批自贸试验区5项改革事项已全部落实，第四批30项改革经验的复制推广已落实20项。二是稳步推进区域评估，会同省有关部门制定实施方案，在全省开发区推行由政府统一组织对一定区域内土地勘测、矿产压覆、地质灾害、水土保持、文物保护等事项实行区域评估，切实减轻企业负担。区域评估工作的经验和做法被纳入中共中央办公厅、国务院办公厅印发的《关于深入推进审批服务便民化的指导意见》典型案例。三是推进苏州工业园区深化开放创新综合试验。园区11条最佳实践案例经商务部发文在全国推广，开放型经济新体制综合试点试验顺利通过国家发改委、商务部的评估验收。

3. 布局设点取得新突破

优化全省开发区的布局设点，在结合全省实际、充分掌握国家政策规定、梳理汇总兄弟省份有关动态的基础上，推动省级开发区建设。2018年，全省共有29家省级开发区获省政府批准设立（其中经开区10家、高新区19家）。连云港综保区、靖江保税物流中心（B型）相继获批设立，江阴综保区（一期）、徐州综保区（一期）先后顺利通过国家验收。

2018 年江苏省口岸运行和开放情况

2018 年，江苏省口岸管理工作以“一带一路”和长江经济带等国家战略为引领，着力推动全省口岸健康可持续发展，口岸建设、运行和开放等取得了新进展。

一 口岸的基本情况

（一）口岸概况

全省拥有海岸线 954 公里，分布在连云港、盐城和南通 3 市，约占全国海岸线的 1/10；长江江苏段全长 418 公里，素有长江“黄金水道”之称。丰富的海岸线和得天独厚的长江岸线，为江苏开设口岸、发展经济提供了优越的自然条件。目前，全省拥有各类口岸共 33 个，形成水、陆、空齐全配套的立体式口岸对外开放格局，不仅为全省大部分货物出入境提供服务，同时也为中西部地区对外贸易提供优良通道。

（二）口岸分布

截至 2018 年年底，全省一类口岸共 26 个，空运一类口岸 9 个，水运一类口岸 17 个，其中，海港一类口岸 5 个，河港一类口岸 12 个。水运二类口岸共 7 个。其中，海港二类口岸 2 个，内河二类口岸 5 个。

表 1　2018 年江苏省口岸分布情况表

<table>
<tr><td rowspan="4">一类口岸（26）</td><td colspan="2">空运一类口岸（9）</td><td>南京空运口岸、盐城空运口岸、无锡空运口岸、徐州空运口岸、常州空运口岸、淮安空运口岸、扬州空运口岸、南通空运口岸、连云港空运口岸</td></tr>
<tr><td rowspan="2">水运一类口岸（17）</td><td>海港一类（5）</td><td>连云港港水运口岸、大丰港水运口岸、如东洋口港水运口岸、启东港水运口岸、盐城港滨海港区水运口岸</td></tr>
<tr><td>河港一类（12）</td><td>南京港水运口岸、镇江港水运口岸、扬州港水运口岸、常州港水运口岸、江阴港水运口岸、南通港水运口岸、如皋港水运口岸、泰州港水运口岸、靖江港水运口岸、太仓港水运口岸、张家港港水运口岸、常熟港水运口岸</td></tr>
<tr style="display:none"></tr>
<tr><td rowspan="2">二类口岸（7）</td><td rowspan="2">水运二类口岸（7）</td><td>海港二类（2）</td><td>射阳水运二类口岸、响水水运二类口岸</td></tr>
<tr><td>内河二类（5）</td><td>无锡新区水运二类口岸、宜兴水运二类口岸、阜宁水运二类口岸、建湖水运二类口岸、淮安水运二类口岸</td></tr>
</table>

（三）口岸运行

2018 年，全省口岸共完成外贸运量 47 181.1 万吨，同比增长 0.4%；集装箱运量达到 7 990 205.5 标箱，同比增长 0.4%。空运口岸出入境旅客 5 755 690 人次，同比增长 22.1%；货运量 231 233.1 吨，同比增长 15.9%。

表 2　2018 年江苏省水运口岸外贸集装箱运输情况

口岸名称	外贸运输量(万吨)		集装箱运输量(标箱)	
	自年初累计	同比增长(%)	自年初累计	同比增长(%)
全省合计	47 181.1	0.4	7 990 205.5	0.4
连云港港水运(海港)口岸	11 884.3	5.7	2 763 015.8	2.8
南通港水运(河港)口岸	4 168.2	−3.3	350 788.5	−4.5
张家港港水运(河港)口岸	5 462.6	−11.2	664 551.5	15.8
南京港水运(河港)口岸	2 233.5	0.0	1 210 000	12.5
镇江港水运(河港)口岸	3 913.5	10.6	188 100	−1.1
江阴港水运(河港)口岸	4 397.4	28.4	47 000	−17.9
扬州港水运(河港)口岸	1 102.0	0.6	214 681	3.6
泰州港水运(河港)口岸	1 333.8	−9.6	115 588.0	9.4
靖江港水运(河港)口岸	1 014.7	5.4	无	无
太仓港水运(河港)口岸	7 184.2	−6.5	2 133 340.8	12.2
常熟港水运(河港)口岸	1 246.5	−23.6	113 180	−52.2
常州港水运(河港)口岸	950.0	37.3	168 286	4.3
大丰港水运(海港)口岸	660.9	−30.9	21 674	−14.2
如皋港水运(河港)口岸	837.9	−0.6	无	无
启东港水运(海港)口岸	127.6	67.9	无	无
如东洋口港水运(海港)口岸	663.9	51.3	无	无

表 3　2018 年江苏省空运口岸出入境旅客及外贸运输情况表

	出入境旅客(人次)	同比(%)	货运量(吨)	同比(%)
全省合计	5 755 690	22.1	231 233.1	15.9
南京空运口岸	3 600 000	16.4	212 000	8.6
无锡空运口岸	947 010	10.9	17 500	464.5

（续表）

	出入境旅客（人次）	同比（%）	货运量（吨）	同比（%）
常州空运口岸	417 615	103.1	331.2	28.1
盐城空运口岸	96 533	22.5	296.9	27.2
徐州空运口岸	170 328	37.0	425.8	31.4
淮安空运口岸	102 637	71.5	无	无
扬州空运口岸	222 087	14.9	无	无
南通空运口岸	165 613	63.4	679.2	34.1
连云港空运口岸	33 867	21 334.8	无	无

（四）口岸开放

江苏通过实施沿海开发战略，全面扩大口岸开放，提升完善口岸功能。全省 9 个机场均实现了对外国籍飞机开放。沿海、沿江有 17 个港口实现对外国籍船舶开放。2018 年，全省开放水域内共有 14 个新建码头、泊位获得江苏省政府批准对外开放。

表 4　2018 年获江苏省政府批准对外开放的新建码头、泊位

序号	码头、泊位名称
1	南通启东广汇能源综合物流发展有限责任公司 LNG 码头
2	南京大唐发电厂卸煤码头
3	江苏新民洲港务有限公司二期工程码头
4	大丰港三期通用码头内侧泊位
5	江苏扬子江海洋油气装备有限公司码头
6	太仓润禾有限公司码头
7	江苏金陵船舶有限责任公司舾装码头
8	南京港龙潭集装箱有限公司 806—810 泊位
9	江苏国信靖江电厂一期专用码头煤炭泊位
10	国电谏壁发电厂 5 万吨码头二号泊位

（续表）

序号	码头、泊位名称
11	无锡(江阴)港石利港区丽天石化码头改扩建泊位
12	江阴阿尔法石油化工码头
13	张家港海力码头有限公司奔辉码头
14	连云港港旗台作业区1号液体散货泊位

二　扎实有序地推进口岸协调、开放和管理工作

1974年，江苏建立口岸。1982年，全国人大常委会批准南通港、张家港对外籍船舶开放。随着口岸开放数量的增加和已开放口岸的功能不断挖掘、拓展，全省口岸管理工作更加规范和完善。各地口岸综合管理部门、口岸查验机构设立比较健全；建立了相应的口岸管理工作机制，强化对地方口岸工作的管理与协调；制定出台促进外贸发展的有效措施。

（一）推进口岸发展改革

1. 推进集装箱进出口合规成本专项治理工作

根据国家口岸办要求，对集装箱进出口环节合规成本专项治理行动电视电话会议后，全省对开展集装箱进出口环节合规成本治理专项行动情况进行了回顾，报送了专项治理行动组织领导和筹划部署情况、通关环节成本时间调查情况、治理措施和初步成效等情况。

2. 进一步抓好降低集装箱进出口环节成本工作

在调研各地口岸降低集装箱进出口环节成本工作情况基础上，形成了口岸收费目录、收费标准、集装箱进出口环节合规成本清单，涉及共4大类42项收费项目，列明了收费环节、收费项目、收费主体、收费标准及计费单位等要素，进一步规范口岸经营服务企业收费行为。

3. 加强对全省各口岸运营情况分析

掌握全省水运口岸、空运口岸航线开通等情况，梳理相关政策文件，及时做好运营情况分析，供省领导参考，切实发挥参谋作用。

（二）积极推进口岸大通关建设

1. 加快建设扬子江城市群

举办了2018年长三角口岸城市群大通关合作苏皖（皖苏）项目对接会，交流两省口岸大通关合作需求、推进干支线水水中转合作项目，内容涉及大通关建设协作、口岸物流多式联运、口岸港口基础设施建设，口岸经济区建设，船务、船代、货代企业引进，航线航班开通加密等。这已是两省第8次共同举办项目对接会。

2. 省际大通关项目对接取得实效

一是铜陵长江外贸码头有限公司与通州湾江海联动开发示范区经济发展局、太仓港以及江苏江阴港围绕口岸通关便捷、通关协作以及寻求船务、船代战略合作伙伴方面进行了对接；二是池州口岸与南京市口岸办、南通市口岸管理委员会、南京港集团龙潭集装箱公司、南通通沙港务有限公司、南通通海港口有限公司、江阴港口集团等就开展铜精矿、铅精矿、铁矿石、白云石、方解石、石灰石等大宗散货转关进出口以及一体化通关合作事宜进行了洽谈，达成共识，签署合作备忘录；三是太仓外轮代理公司拟在池州设立船代货代公司，太仓港港务集团拟新开池州—太仓—日本航线等等。

（三）推进全省口岸开放

1. 做好口岸（扩大）开放

一是积极推进盐城港响水港区和射阳港区对外开放，以及南通港水运口岸和连云港空运口岸扩大对外开放；二是指导并督促盐城港滨海港区对外开放和连云港港水运口岸扩大开放的相关工作。

2. 非开放港口水域范围内码头临时开放稳步推进

鼓励连云港港徐圩港区、赣榆港区和灌河港区，以及盐城港响水港区、射阳港区临时对外开放。2018年，上述港区均获交通运输部2次临时开放批准。

3. 开放港口口岸范围内码头对外开放稳步推进

按照《江苏省港口口岸码头开放管理规定》，组织省级查验部门对广汇能源综合物流发展有限责任公司LNG码头、大唐南京发电厂卸煤码头、大丰港开放水域内三期通用码头内侧泊位、国电谏壁发电厂 5 万吨码头(2 号泊位)等 14 个码头(泊位)进行了验收,并拟文报请省领导同意后以省政府名义批复同意其对外开放。

4. 进一步规范开放港口口岸范围内码头、泊位临时启用

为贯彻海关总署等部门联合下发的《非口岸区域和限制性口岸临时开放管理办法(暂行)》规定,出台了江苏省《关于明确水运口岸未开放码头临时启用办理程序的通知》,批复了南通港集装箱码头和泰州国际集装箱码头一期工程为期 6 个月的临时启用。

(四) 规范服务海关特殊监管区域建设

严格执行国家及海关总署关于特殊监管区域管理的相关文件规定,支持各地海关特殊监管区域的建设和发展。一是向上反映泰州综合保税区、吴中综合保税区和武进综合保税区关于调整规划面积的请求;二是积极配合海关顺利完成了对江阴综合保税区(一期)、徐州综合保税区(一期)的国家级验收。

(五) 扎实开展文明口岸建设

按照《国家口岸管理办公室关于印发恢复开展共建文明口岸活动相关文件的通知》和《江苏省共建文明口岸活动实施意见》要求认真落实,强化文明口岸建设,以优化通关环境、优化口岸服务、强化协作配合、提升口岸形象为目标,着力推动口岸单位之间的合作与互动。

2018年江苏省进出口公平贸易情况

2018年,江苏省主动适应新常态,科学谋划应对新思路,坚持横向协作、纵向联动,凝聚合力,有效应对外部环境变化的冲击,减缓了贸易摩擦对全省的影响。

一 进出口公平贸易情况

(一) 总体情况

2018年,江苏遭遇各类贸易摩擦案件152起(包括原审案件、各类复审案件和“337调查”),同比增长26.7%;涉案金额67.4亿美元,同比减少12.5%;涉案企业6 776家,同比增长19.3%。其中,遭遇国外新发起的案件92起(仅统计“两反一保”,即反倾销、反补贴和保障措施调查),同比增长46%;涉案金额59.2亿美元,同比增长18.7%;涉案企业4 984家,同比增长48.3%。截至2018年年底,全省40多家企业代表全行业申请贸易救济原审调查36起,复审调查30起;2018年,参与发起原审调查2起,复审调查5起。

（二）主要特点

1. 遭遇贸易摩擦特点。2018 年，传统产业仍然是国外对江苏贸易救济调查的重点，涉及冶金、金属制品、纺织、化学、机械、有色金属、建筑材料、汽车、造纸、食品等 10 个行业。24 个国家（地区）对江苏发起贸易救济调查，美国、印度和欧盟是对江苏贸易救济调查的主要发起方。经济相对发达地区涉案较多，苏州仍然是“重灾区”。

2. 贸易救济调查特点。江苏企业参与发起的贸易救济调查主要集中在化工和光伏、光纤等新兴产业。

二　积极谋划科学应对贸易摩擦

（一）贸易救济工作走在全国前列

1. 强化“四体联动”应对工作机制

坚持以企业为中心，加强与商务部、地方政府、中介组织的协作配合，全年累计 14 次组织省内近百家涉案企业参加行业应诉协调会，抱团取暖维护行业利益。

2. 完善贸易摩擦应对全过程指导服务机制

从预警到立案调查、行业抗辩、实地核查、终裁结案、产业评估报告给予全过程指导服务，全年累计自行组织 10 次预警通报及应对工作会，协调解决企业在应诉过程中遇到的困难和问题，强化应对指导服务全面到位。

3. 推进应对贸易摩擦联席会议制度

协调 8 个省直部门（单位）以及3 个设区市、1 个省直管县，高效完成了 10 起反补贴调查政府问卷的填答和证据材料的提报工作，为省内涉案企业争取有利结果打下了良好基础。

4. 加强进出口公平贸易工作站建设

组织专家组对进出口公平贸易工作站进行评审，合计 28 家确认通过，分布在南京、无锡、常州等 10 个市，涵盖了光伏、化工、紫菜、汽车、医药、冶金、纺织服装等 10 多个行业。这些工作站在预警监测、行业协调和应诉组织中充分发挥了积极作用。

5. 全力维护产业安全

针对美国光纤预制棒的反倾销期终复审调查以及澳大利亚大麦反倾销调查，主动配合商务部做好实地核查及调研工作，了解产业发展现状，维护企业合法权益。贸易救济措施的实施，一方面有效维护市场公平竞争秩序，优化市场竞争环境，企业经营状况得到了明显改善；另一方面也为企业发展赢得了宝贵时间，促使企业加大科技研发，进行产业升级，提高竞争水平，有效维护产业安全。

（二）创新做法受肯定

2018 年 9 月 6 日，商务部、国家机电商会在南京成功举办了欧盟对华光伏产品案件总结工作会。2012 年欧盟对我光伏产品发起“双反”调查，江苏涉及金额高达 94.7 亿美元，约占全国的 46%，对江苏光伏产业造成了很大的影响。在商务部统一部署和省委、省政府的坚强领导下，省商务厅主动指导光伏企业参加行业无损害抗辩、参与价格承诺谈判、配合做好复审调查准备、开展对外磋商交流等工作，寻找解决该案的最佳方案。欧盟对我光伏产品终止“双反”措施，是通过磋商成功解决贸易摩擦的典范，是“四体联动”应对机制的成功实践。此外，在 2018 年全国贸易救济工作会议上，江苏省商务厅作为唯一一家省级商务部门做典型交流发言。

三　稳步推进其他工作

1. WTO 事务方面

配合商务部开展地方补贴通报，切实履行我国在 WTO 项下的通报义务。加强对省直部门、地方合规工作人员的合规培训，提升能力水平。主动参与研究评估相关部门、地方贸易政策文件，及时反馈合规意见。根据新形势新要求，完善细化合规工作流程。

2. 进出口管制工作方面

配合商务部对 3 起出口管制案件进行核查，对 11 家单位进行了 12 项最终用户访问，督促用户严守规定，合法使用相关产品。会同审批处、法规处就商务部安管局《省级商务主管部门两用物项出口管制调查执法工作指南(征求意见稿)》研提意见并及时上报。

3. 公平竞争审查工作方面

一是完善厅内审查制度。根据省政府文件要求,正式出台了《江苏省商务厅关于做好公平竞争审查工作的通知》(苏商公平〔2018〕18 号),建立了公平竞争审查工作协调小组,统筹协调推进公平竞争相关工作。二是推动制度实效运作。迅速开展对存量文件清理及增量文件审查工作。共梳理 636 个存量文件,对其中的 49 个文件进行了审查,另对 43 个增量文件完成审查。三是开展落实情况督查。根据省政府和省公平竞争审查联席会议办公室部署,牵头第四督查组,完成了对省有关部门和苏州、南通两市的公平竞争审查制度落实情况实地督查。

2018年江苏省商务重点领域改革情况

2018年，江苏省商务厅紧紧围绕推动高质量发展要求，认真贯彻落实党中央和省委改革决策部署，细化工作举措，强化工作责任，完善工作机制，精心组织实施，全力推动改革任务落地落实。省商务厅6项改革任务列入省委《全面深化改革领导小组2018年工作要点》，得到有序推进，并取得了积极成效，商务领域体制机制改革创新不断取得新进展。

一 全面落实省委重点改革任务

(一)复制自贸试验区的改革创新经验

积极复制推广国家自贸试验区改革政策，第三批5项改革事项已全部在全省落实。发挥综合协调作用，会同相关部门，对第三批自贸试验区改革试点经验进行认真研究，制定切实可行的工作方案，积极推动自贸试验区改革试点经验在全省落实。扎实推动第四批30项改革试点经验复制推广，已经落实16项。推广苏州工业园区成功经验。商务部办公厅印发了《苏州工业园区开放创新综合试验最佳实践案例》，在全国推广“多规合一”管理平台、土地集约高效利用机制等 11 条经验。

（二）积极争取自贸港试点

积极开展建设自贸港相关改革工作前期研究，召集厅驻荷兰、新加坡、中国香港等境外代表研究国际自由贸易港政策经验，完成相关调研报告。开展《以“一带一路”倡议支点建设撬起连云港高质量对外开放格局》课题研究。实地考察荷兰鹿特丹港港口建设、临港产业、智能化管理等情况，推动连云港与鹿特丹市、鹿特丹港务局建立合作联系。跟踪国家关于自由贸易港的最新政策动向。

（三）落实外资企业设立“单一窗口”制度

落实外资企业设立“一口办理”制度。与相关部门密切协作，多措并举，以江苏政务服务网为支撑，2018 年 6 月 4 日在全国率先完成了系统对接，6 月 30 日在全国率先完成“一口办理”外企设立的工商登记和商务备案，获商务部通报表扬。在常州高新区试点，办理全省首家“一口办理”设立的外资企业依玛采暖设备（常州）有限公司的工商登记和商务备案。持续跟踪推进改革，逐月梳理统计“一口办理”情况，及时向商务部反映，并与省有关部门共同研究解决方案。举办培训强化指导，共培训一线审批人员 150 人次。

（四）推进中国（苏州）跨境电子商务综合试验区建设

着力打造线上综合服务平台，率先打通 B2B 出口申报通道和开展业务，全力推进平台与海关等部门系统无缝对接，已登记备案的 360 余家企业能充分享受“一点接入、一站式服务”。发挥现有各类综保区、电商园、物流园等载体功能，形成了线上线下双向互动、产业集群特色鲜明的跨境电商发展生态。突出发展 B2B 出口业务，印发实施 B2B 出口业务认定办法（试行），推出通关监管、检验检疫、税收管理等关键环节的便利化举措。鼓励企业通过海外仓等方式开拓海外市场，加强与一达通等外综服平台服务对接。

（五）深化服务贸易创新发展试点

总结苏州、南京江北新区在管理体制、促进机制、政策体系和监管模式等方面 11 条试点经验报商务部向全国推广。积极向上争取深化和扩大试点，南京、苏州于 6 月获批深化服务贸易创新发展试点（南京由原试点范围江北新区扩大到全市）。

（六）继续推进“区域环评＋环境准入”改革

第一批试点园区“区域环评＋环境准入”改革有序推进。第二批试点工作正在推进。根据省委办公厅、省政府办公厅《关于深入推进审批服务便民化的实施方案》（苏办〔2018〕45 号）文件要求，在全省开发区推行由政府统一组织对一定区域内土地勘测、矿产压覆、地质灾害、水土保持、文物保护、洪水影响、地震安全性、气候可行性等事项实行区域评估。

二　推进内贸流通体制改革

（一）推动国内贸易流通体制改革创新

印发《关于复制推广商贸流通创新转型典型经验的通知》（苏商流通〔2018〕471 号），梳理总结南京等 9 个城市开展国内贸易流通体制改革发展综合试点 21 条可复制推广经验。在全国率先建立“江苏省供应链创新与应用联席会议制度”。南京、张家港和 33 家企业成功入围全国供应链创新与应用试点，试点企业数全国领先。

（二）推进农产品市场公益性改革

开展全省农贸市场（菜市场）公益性改革试点，南京农副产品物流配送中心有限公司等 4 家企业获评全国公益性农产品示范市场。“商品交易市场转型升级”和“鲜活农产品直供社区示范工程”两项典型经验和做法在全国推广。

（三）持续开展商务诚信体系建设

商务诚信体系建设试点通过国家商务部等部门联合验收。指导各地进一步营造放心消费环境，11 个市县开展商务综合行政执法体制改革试点，推进商务领域监管执法扁平化、集中化、规范化、信息化。

三　推进外贸领域改革

大力培育贸易新业态新模式。着力推动海门、常熟两个市场采购贸易方式试点提升国际化水平。持续推进试点外贸监管服务体系建设，海门建设并运营叠石桥内陆港，实行提前报关制度，常熟运营综保区 B 区市场采购通关监管中心，两地进一步简化通关流程。拓展市场采购贸易"供应链"，海门推动试点向出口、进口及转口贸易同步发展，常熟建立外贸对接供求平台，实行供应商数据库管理。南京、无锡获批第三批国家跨境电商综试区试点城市。推动 15 家省级跨境电商产业园和 4 家省级公共海外仓加快集聚经营主体，打造完善跨境电商产业链。

四　推进开放平台载体建设

深化苏州工业园区开放创新综合试验。推进开放创新综合试验 42 项年度重点改革任务，已有 34 项重点改革任务提前完成或按计划推进，占比超 80%。开展开放创新综合试验 2.0 版总体方案编制和专项课题研究。积极发挥中韩（盐城）产业园建设工作联席会议制度作用，成功承办中韩产业园合作协调机制第二次会议和第一届中韩产业园合作交流会。

第二部分

全省设区市及直管县（市）商务发展情况

南京市

2018 年，南京市商务系统，坚持对标找差、创新实干、高质量发展，深化改革，扩大开放，稳增长、调结构、促转型、惠民生，商务经济稳中有进、运行质量效益不断提升。

一 主要商务经济指标完成情况

全市完成社会零售总额 5 832.5 亿元，增长 8.4%；实际利用外资 38.5 亿美元，增长 4.9%；外贸进出口 4 317.2 亿美元，增长 4.7%，其中出口 2 500.7 亿美元，增长 7.9%；服务贸易进出口额达 151.2 亿美元，增长 12%；对外投资总额实现 45.2 亿美元，居全省首位；机场出入境旅客 365 万人次，增长 15.8%；国际货邮吞吐量 5.6 万吨。

二 开展的主要工作

（一）创建一批国家级开放创新试点

2018 年 6 月 1 日，经国务院常务会议批准，南京为深化服务贸易创新发展试点城市。7 月 13 日，国务院常务会议决定新设一批跨境电商综合试验区，南京市列入 22 个城市之一。成功申报推进全国供应链创新与应用试点城市和全国流通领域现代供应链体系建设试点城市，全市共有 16 家企业入选全国供应链创新与应用试点企业，数量全国排名第三，仅次于北京、上海。

（二）招商引资工作取得新成效

成立招商引资推进办公室，统筹推进各项招商工作，组织市级重点招商活动 31 场。在北京、上海、深圳、中国香港、中国台湾、波士顿、硅谷等地召开系列招商推介会。成功举办中国南京金秋经贸洽谈会，"一把手"招商成为城市竞争的新品牌。全市签约项目投资总额约 8 550 亿元，实际使用内资约940 亿元；亿元以上签约项目 580 个，其中，10 亿元以上项目 210 个，50 亿元以上项目 55 个。

（三）加快推进城市国际化建设

成立城市国际化推进办公室，制定城市国际化考核办法，重点抓好国际社区试点、外籍人士服务协会等 10 个重点项目。成功加入"世界城市和地方政府联合组织"和"世界大都市协会"，举办了"新型全球城市国际研讨会暨南京城市国际化发展论坛"。GaWC（全球化和世界城市研究网络）发布的国际城市排名中，南京由 2016 年的 139 位跃升至 94 位，首次进入全球前 100 位。

（四）加快提升商贸流通业发展质量

聚焦商圈和高品位步行街建设，推进新街口、夫子庙街区加快功能集聚、业态互补、资源整合。加强老字号品牌建设，门东历史文化街区入选第一批江苏省老字号聚集街区。扶优扶强做大市场主体，南京市政府与苏宁签署战略合作框架协议，在科技创新、智慧零售、苏宁云、智慧物流和国际化等领域开展合作。7 家电商众创空间入选省级试点，孩子王、汇通达、运满满等一批新兴商业企业成为独角兽企业。

（五）对外贸易突出稳增长调结构

突出抓外贸主体，新增进出口破零企业 1 013 家，净增进出口企业 502 家。发展新业态培育新动能，认定 12 家外综服试点企业和 5 家培育对象企业，其中 3 家跻身省级试点。积极对接进口博览会，举办“跨境电商进口商品采购洽谈会”，签约总金额 40 亿美元。积极应对中美经贸摩擦，建立工作机制，指导帮助企业积极应对。

（六）着力提升利用外资质量水平

全面推进不涉及负面清单的外资企业新设事项实现商务备案、工商登记“一口办理”。加强招引外资总部企业和功能性机构，全年新增跨国公司地区总部、研发中心等外资功能性机构 18 家，年末累计达 208 家，初选 10 家申报省级地区总部。成功吸引一批境外资本投向南京市战略性新兴产业和高新技术企业，境外世界 500 强设立法人企业、分公司及分支机构数比 2017 年新增 10 个。

（七）服务贸易进出口快速增长

成功召开了全球服务贸易大会，与会嘉宾总人数超过 1 000 人；签订意向合作项目 21 个，意向金额超 150 亿元。会议发布的《全球服务贸易发展指数报告 2018》显示，南京位列全国服务贸易发展第二梯队。推动服务贸易结构进一步优化，新兴服务贸易进出口增长达 59.1%，超过 1 000 万美元企业达到 56 家。

（八）“走出去”发展向高质量转变

积极应对国内政策和国际形势变化，推动中小企业稳健“走出去”发展，全市新增对外投资备案项目数较 2017 年增长 50%。促进地方企业之间以及与央企合作对接，组织企业参与各类对外投资和经济合作对接活动，并首次在京举办“南京外经境况汇报会”及“对外承包工程企业业务辅导会”。

（九）扎实推进开发区创新转型

深入贯彻全省开发区改革创新大会精神，大力推进开发区“一特三提升”，推动全市开发区争先进位。国家级经济技术开发区综合发展水平考核评价，江宁经济技术开发区在全国 219 家国家级经济技术开发区中综合排名第 7，南京经济技术开发区第 10。全省经开区科学发展综合评价，江宁经济技术开发区、南京经济技术开发区分列全省 27 个国家级经济技术开发区第 3、4 位，南京化工园、浦口开发区进入省级经济技术开发区前 10。

（十）进一步优化提升口岸便利化水平

2018 年，新开通了南京至莫斯科、赫尔辛基、札幌国际客运航线和南京至纽约的国际货运航线，国际航线数达 33 条。提前实现“整体通关时间比 2017 年再压缩 1/3”的目标。建成禄口机场南京南站换乘体系、边检出入境自助查验通道。新增正式对外开放码头泊位 7 个。中欧班列累计发行 142 列6 495 车。国际贸易“单一窗口”全面推广，关检融合申报实现线上全覆盖。

（十一）坚持惠民生抓好“菜篮子”工程建设

完成农贸市场提档升级 101 家，肉菜流通追溯体系现已覆盖到屠宰、批发、配送、农贸市场、超市等重点企业 300 余家。

无锡市

2018年，面对复杂多变的国内外经济形势，无锡市商务系统围绕推进高质量发展和产业强市战略，狠抓重点指标和重点工作推进落实，攻坚克难，奋发进取，主要经济指标和重点工作均取得较好成效。

一　主要商务经济指标完成情况

全市外贸进出口再跨900亿美元新台阶，达到934.4亿美元，规模保持全省第二位，同比增长15%，增幅位于苏南首位，进出口、出口增幅高于全省平均水平2.6、3.4个百分点；完成到位注册外资37.1亿美元，总量位居全省第三，完成不含房地产的到位外资27.9亿美元；战略性新兴产业利用外资21.5亿美元，占比58.3%；实现社会消费品零售总额3 672.7亿元，同比增长9%，增幅位居全省第三。服务贸易进出口91.2亿美元，同比增长11.8%，占对外贸易比重达9.7%。

二 开展的主要工作

（一）对外开放走向高质量发展

建立 100 家重点企业跟踪监测服务机制，定期形成情况专报。发挥省、市两级公平贸易工作站的作用，组织企业应对各类贸易摩擦，无锡于氏家具和江苏森茂竹木业分别在反规避和反倾销调查中赢得零关税税率，江苏中基复合材料股份有限公司及江苏省高空机械吊篮协会工作站应对贸易摩擦经验做法被《人民日报》《无锡日报》先后报道。组织近 1 000 家外贸企业 1 500 个展位 4 000多人参展。在“2017 年中国外贸百强城市”排行榜中，无锡名列全国第 12 位，比 2017 年上升 1 位。

（二）开放创新试点取得突破

成功获批国家跨境电商综合试验区、全省唯一的国家文化出口基地。无锡高新综合保税区增值税一般纳税人资格试点成效较好；以研发设计企业为龙头的全产业链保税监管模式的创新试点落地，顺利核发全国首本电子化手册。全面实行外商投资企业商务备案与工商登记“一口办理”。深入推进不见面审批（服务）改革工作，30 个项目全部实现“网上办”和“不见面”审批。

（三）全方位开放格局加快形成

1. 积极融入“一带一路”建设

截至 2018 年年底，全市“一带一路”沿线投资累计备案项目 302 个，中方协议投资额达 19.6 亿美元，其中柬埔寨西港特区、埃塞俄比亚纺织基地集聚效应明显。全年累计对外投资总额 12.4 亿美元，总量居全省第四。柬埔寨西港特区二期开发建设加快，目前已有来自世界各地的 153 家企业入驻园区，为当地 2.2 万人提供了就业机会；“无锡—西港”直航已经通航近 100 班次，运送旅客近 2 万人。阳光集团、一棉集团、金茂集团在埃塞俄比亚投资兴建的纺织基地进展顺利。

2. 加快推动服务贸易创新发展

组织参加京交会、深圳服务贸易合作洽谈会等活动。全面开展国家文化出口基地建设,《无锡国家文化出口基地建设实施意见》已经市委常委会通过。落实服务外包3年行动计划,2018年新增服务外包企业75家、从业人员1.6万人。

3. 积极扩大进口

圆满完成首届中国国际进口博览会各项工作,采购成交金额9.9亿美元,位居全省第二。支持和鼓励企业加快引进先进技术和关键设备。

(四)现代流通稳步推进

1. 电子商务实现突破

跨境电商公共服务平台正式运作,新增15个各类电商示范项目,其中,省乡镇电子商务特色产业园(街)区2个、省级电商示范村8家、省首批电子商务众创空间培育试点5家。推动传统产业转型电商,组织召开智能制造电商创新发展大会、跨境电商沙龙系列活动、"亚马逊开店无锡专场""拼多多"无锡市场拓展等活动,组织21家重点园区和企业参加2018中国(义乌)国际电子商务博览会,2018年全市电子商务零售突破700亿元。

2. 着力提升流通行业水平

国家物流标准化试点城市经过2年推进,有效降低了社会物流成本,得到了商务部督导组肯定。省商务厅正式确认了商贸流通创新转型的无锡市4条经验,并在全省推广。积极开展城乡高效配送专项行动,申报成为江苏省城乡高效配送试点城市,11家物流配送企业成为省级城乡高效配送骨干企业。扩大绿色消费,大东方百货、宜家购物中心等成为国家级绿色商场,惠山万达创建为省级绿色商场。深化无锡美食推广,举办2018"真正无锡味"餐饮技能大赛活动。支持"老字号"创新发展,推荐报送12个省级"老字号"创新重点项目,完成第二批"无锡老字号"评选,新认定26个项目。做好安全工作,根据管行业也要管安全要求,在商务领域经常性开展安全生产督促检查,确保商务领域安全平稳。

3. 加强特种行业监管

对46家典当企业和分支机构、46家拍卖企业、25家成品油批发(仓储)

经营企业和480家成品油零售企业进行年检，对成品油经营市场、新车销售、二手车交易市场和报废汽车回收拆解企业开展检查，促进特种行业规范发展。推动传统市场转型提升。全年完成12家农贸市场改造，超额完成为民办实事的任务，合计改造面积4.12万平方米，带动社会投资8 000多万元，辐射周边市民30多万人。组织对各区政府及市区101家农贸市场长效管理进行4次综合考评。修改完善《无锡市市区农贸市场长效管理综合考评办法》。蝉联江苏省农贸市场公益性改革试点城市，15家农贸市场纳入改革试点。无锡金桥国际食品城等3家专业市场被评为“2018年度江苏省转型升级示范市场”。

（五）消费升级有效推进

1. 消费促进成效较好

举办2018无锡消费促进季、“金秋购物节”等多场活动，上线消费促进公众号“嗨购无锡”。

2. 市场供应平稳有序

做好肉菜储备，储备期间批发市场日供蔬菜总量不少于1 500吨，猪肉不少于3 600头，汽、柴油储油量不少于3天的供应量。

3. 消费环境优化提升

完成肉类蔬菜流通追溯体系二期项目验收，建立运维服务长效机制，由专业人员提供专业维护服务。在商务部对首批10个试点城市的考核通报中位居第三。发挥职能作用牵头推进“双打”工作，调整领导小组成员，在互联网领域、农村和城乡结合部市场开展侵权假冒专项治理，下发中国制造海外形象维护“清风”行动无锡市实施计划。加快建设信用评价标准体系，在天鹏副食品城、金桥批发市场新评出一批信用商户，“金桥市场开展商务诚信评级活动”被作为典型案例报送商务部。重要产品追溯体系建设进入新阶段，市政府下发《无锡市重要产品追溯体系建设实施方案》，推动六大类产品信息管理平台的互联互通和资源共享。积极开展商务执法工作，共处理举报投诉2 263件，其中12345工单2 246件，全部处理完结；一般程序查处案件11起，处罚近30万元。

（六）重大活动成功举办

1. 首届进博会无锡交易分团各项目标任务圆满完成

SK 海力士半导体（中国）有限公司签约 6 亿美元，作为全省的五大项目代表之一参加了主论坛期间的签约仪式。进博会明星展品“金牛座”龙门铣安家无锡，金桥国际食品城采购超 1 亿元人民币，无锡交易分团 30 家企业参加“2018 智能科技与产业国际合作论坛”。

2. 第九届大学生服务外包创新创业大赛规模和层次实现新提升

共吸引了来自全国及“一带一路”沿线国家 401 所高校 3 072 支代表队参赛，同比增长 139.5%，双一流高校参赛率同比增长 21.7%，创业组 92.5%的决赛作品获得软件著作权、实用新型专利、外观设计专利，阿里巴巴、华为、京东等全国 30 余家数字服务领军企业参与大赛命题，阿里巴巴等公司与 80 余支高校参赛团队在合作研发、科研项目等方面确定合作意向。

3. 成功举办第 19 届中国美食节

上千家全国餐饮和食品行业品牌企业参与，10 多万市民百姓现场参观，作为东道主的无锡展馆，推出了中国锡菜十大品牌展、十大名师展、十大名店展、十大新锡菜展，无锡获得了“中国太湖三白美食之都”的荣誉称号。

（七）口岸开放水平不断提升

积极支持推进药品进口口岸建设和申报进境冰鲜水产品指定口岸，药品进口口岸通过国家级评估验收，进境冰鲜水产品指定口岸已通过省预验收。成功开通欧美洲际货运航线，洲际货运航班每周 7 班。全年出入境货邮吞吐量 1.75 万吨，增长 457.9%。着力推进跨境贸易便利化，紧紧围绕“四个着力”（着力压缩通关时间、着力降低通关成本、着力提升信息化水平、着力提高口岸物流效率），进一步细化任务目标，压实工作责任，口岸提效降费工作取得阶段性成效，无锡口岸整体通关时间达到了压缩 1/3 的目标，进出口环节收费目录清单全部在水陆空口岸营运主体单位网上进行了公示。

三 改革举措

（一）健全开放型经济体制机制

1. 复制推广自贸区改革试点经验，开展全产业链保税研发和一般纳税人试点等工作

截至2018年，全市完成复制推广自由贸易试验区改革试点经验76项。配合无锡海关，以卡特彼勒中国研发中心为样本，积极推进“以研发设计企业为龙头的全产业链保税监管模式”的改革，已经获批试点。海关已为卡特彼勒中国研发中心办理加工贸易手册。无锡高新区综合保税区获批一般纳税人资格试点，佳利达电子、SK海力士半导体（中国）有限公司等5家企业开展试点。

2. 做好省级以上开发区赋权衔接工作，在省级以上开发区探索建立建设投资项目区域评估机制

根据《部分省级以上开发区赋权清单》，主动对接6家开发区，加强指导服务，确保开发区赋权工作有序实施、接住管好。根据《全市省级以上开发区开展区域评估实施意见》，协调各部门有序推进取代项目能评试点工作。

出台《2018年度全市开发区高质量发展考核评价实施意见》，按照高质量、开放度、合理性原则，在综合、对标、专项、重点等四方面进行考核，强化结果运用，推动开发区高质量发展。

3. 加快推动服务贸易创新发展

开展全市服务贸易专题讲座，加大对板块服务贸易工作的指导和督促，构建市区联动推动服务贸易发展的工作机制。研究出台《无锡市服务贸易提升发展三年行动计划》，完善全市服务贸易统计制度。入选首批13个国家文化出口基地，是江苏省唯一一个，也是名单中少数以全市均衡实力入选的基地。召开全市文化企业座谈会，对全市文化企业进行摸底调研。起草《无锡国家文化出口基地建设实施意见》和对文化出口的10条具体扶持政策。

（二）推进省级以上改革试点任务

1. 跨境电子商务方面

一是积极争创国家跨境电子商务综合试验区。两年来，无锡市先后出台《市政府关于大力发展电子商务加快培育经济新动力的实施意见》《无锡市政府关于促进跨境电子商务快速健康发展的实施意见》和《省级跨境电商试点城市专项资金管理实施细则》等政策意见，在引导扩大 9610 模式出口规模、培育壮大跨境电商企业、加快平台发展、支持公共海外仓建设、多渠道开拓国际市场等方面给予支持。二是加快推动公共服务平台建设。2017 年，跨境电子商务公共服务平台一期出口业务正式运行，二期已完成开发正在开展测试，旨在实现企业“一次备案、多主体共享、全流程使用”目标，打通“关”“税”“汇”之间的信息壁垒，提升数据管理服务能力。三是着力培育骨干企业。积极引导和推动传统外贸企业以及纺织服装、家纺、电线电缆等行业优势企业开展跨境电商业务。四是不断营造良好发展氛围。加大跨境电商宣传和推广力度，连续 3 年召开无锡跨境电商青创赛暨跨境电商创新发展大会，组织 500 余家企业参加亚马逊等平台的市场拓展活动。开展“无锡跨境电商沙龙”活动。探索成立跨境电商投资基金。

2. 物流标准化试点

无锡市物流标准化试点项目建设取得良好的成效：一是标准化托盘保有量和应用率大大提升；二是标准化托盘配套设施不断完善；三是有效推进物流成本降低；四是物流企业标准化水平大幅提升。

3. 省级商贸流通创新发展示范区建设

全市以省级商贸流通创新发展示范区建设为契机，加快商贸流通改革，复制推广国内贸易流通体制改革发展综合试点经验 15 条，逐步构建与无锡内贸流通发展相适应的体制机制，实体商业转型迈出坚实步伐。2018 年无锡市社会消费品零售总额增幅位居全省第三，为 10 年来首次进入全省前 3 名。

（三）推进农产品市场公益性改革

2018 年，无锡再次成功申报成为江苏省农贸市场公益性改革试点城市。全市 15 家农贸市场纳入改革试点。在总结公益性试点模式和经验基础上，进一步探索智慧农贸市场的建设，建立健全公益性保障机制和实现机制。积极推动江苏省公益性农批市场无锡苏南农副产品物流股份有限公司试点项目启动建设，督促企业修改公司章程，明确市场公益属性，与企业签订公益性改革试点协议书，明确市场在“保供、稳价、安全、环保”等方面的公益责任。

（四）有序推进机电产品自动进口许可证全流程无纸化

企业通过网上申领电子钥匙，填报机电产品信息，审核通过后即可报关。此次改革免去了企业需打印申请表到行政服务窗口领取纸质许可证的流程，减少了交通往返、排队取号等候时间，节约了企业经济、时间成本，还能随时查询机电产品通关作业进展情况，真正实现了“让数据多跑路，让群众少跑腿”，最大限度做到了利企便民。截至 2018 年底，全市已有 100 多家企业通过网上申办了进口许可证电子钥匙。

徐州市

2018年，徐州市商务系统紧紧围绕淮海经济区中心城市建设任务，紧扣高质量发展新要求，创新思路，真抓实干，落实中央、省市重大政策措施成效明显，全市商务工作取得新突破，商务经济实现持续快速增长。

一　主要商务经济指标完成情况

2018年，全市实现社会消费品零售总额3 102亿元，同比增长7.5%。实现外贸进出口773.7亿元，同比增长46.7%，其中，出口638.4亿元、同比增长49.1%，进口135.3亿元，同比增长36.7%，进出口、出口、进口增幅均位居全省首位。全市服务贸易进出口总额9.05亿美元，同比增长39.7%，增幅全省第一。全年全市新设外商投资企业263家，同比增长39.89%；实际使用外资18.98亿美元，总量居全省第6位，同比增长14.37%。全年全市"走出去"投资项目21个，境外协议投资额2亿美元。新签境外承包工程合同额2.17亿美元；营业额1.35亿美元，同比增长34.1%。

二 开展的主要工作

（一）聚焦高质量发展抓招商，不断提高招商引资实效

1. 创新招商理念，明确工作目标

围绕四大主导产业，以发展实体经济为着力点，注重引进“规模大、链条全、特色新”的龙头型、基地型、旗舰型产业项目，实现招商引资高质量发展；围绕“四个中心”建设，突出招引一批主导产业高端项目、新兴产业高质项目以及生产性服务业龙头企业，不断壮大产业集群，提升中心城市功能。

2. 优化招商方式，增强招商实效

成功举办北京、上海、中国香港、2018 中国徐州第二十一届投资洽谈会、第二届中国（徐州）国际服务外包合作大会、中国（徐州）—巴基斯坦商务合作大会等各类招商活动 320 多场次，对接重点项目 1 500 余个，接待来徐考察客商4 000 余人次，239 个项目签约，总投资额 2 827 亿元，其中利用外资 19 亿美元；全市引进投资总额 5 亿元人民币以上产业项目 127 个、3 000 万美元以上产业项目 59 个；投资领域涉及装备制造、新能源、新材料、节能环保和现代物流等产业。

3. 加强调度督查，狠抓项目落实

建立完善重大招商项目会办、考核督查等制度，加快推动项目落地。投资 121 亿元的天丝项目、投资 100 亿元的开沃新能源乘用车研发生产基地项目、投资 50 亿元的粤创集团液晶显示生产基地项目等一批重大产业项目成功落户，为徐州打造产业强市注入了强大动能。

4. 开展“守信践诺”专项行动，优化投资环境

全面梳理各级各类投资、贸易优惠政策，修改完善全市招商引资考核办法，将兑现招商引资优惠政策或履行签订合同作为重要考核内容。建立政策落地“回头看”机制，推动各地各部门严格兑现对招商引资、产业扶持做出的承诺。

（二）大力提升外贸综合实力，全力以赴稳增长

1. 大力推动外贸转型升级

徐州市工程机械、农产品及地坪地材三大外贸基地，积极参与国际国内标

准制定，构建完善国内外营销网络，成功获评首批国家级外贸转型升级基地。徐州成为淮海经济区拥有国家级外贸基地最多的城市。

2. 大力开展企业帮扶

开展“百家外贸企业大走访回头看”活动，统筹协调解决通关、减免税、贸易纠纷等制约企业发展问题。密切关注中美贸易冲突新动向，建立中美贸易摩擦追踪监测工作日报告制度，深入淮海集团、巴特机械、格利尔数码、云意电气等重点企业挂钩帮办，增强企业发展信心。

3. 大力培育外贸新业态

推动徐工集团关键零部件和工程机械跨境电商平台建设，开展垂直电商业务达 7 000 万元，“云起源”跨境电商公共服务平台项目落户铜山区；龙工场、鼓楼区跨境电商产业园在“一带一路”沿线国家布局 50 多家海外馆，服务小微企业百余家，贸易额达 3 亿元。

4. 大力推动企业开拓市场

精心组织徐州1 012家企业参加首届进口博览会，150 多家企业达成采购意向。在此期间，在国家会展中心成功举办 8 个采购项目集中签约活动，组织全市 68 家企业参展第 124 届广交会，累计意向成交 7 250 万美元。

（三）加快企业国际化步伐，不断提升对外经济合作水平

1. 加强服务引导

积极帮助徐工集团申报省级境外合作区，举办中泰投资说明会，为企业提供境外投资合作的商机和信息。引导 40 多家企业加入省商务厅人才地图工程，积极组织企业开展各类培训，提高境外投资和工程承包抗风险和赢利能力。

2. 加强国际产能合作

中煤五建在南非、波兰开展矿井施工项目承包，合同金额分别达 8 870 万美元和 1.1 亿美元；徐矿集团在土耳其开展煤电一体化项目，合同额达7 300 余万美元。

3. 加快开拓新市场和新领域

徐州云意科技发展有限公司对日本投资新能源项目 2 000 万美元，江苏新春兴再生资源有限公司向卡塔尔投资再生资源类项目 1 400 万美元，贾汪都市旅游投资发展有限公司向中国香港投资 675 万美元。

(四) 加快平台载体建设，增强发展支撑力

1. 开发园区主阵地作用凸显

全年开发园区公共财政预算收入占全市总收入的52%以上。主导产业规上工业总产值、实际利用外资、对外贸易分别占全市80%以上。全市95%以上的重大产业项目均落户开发园区，园区经济对经济增长贡献率达54.9%。各类园区的辐射带动能力得到显著增强。

2. 开发园区提档升级

徐州经济技术开发区在全国开发区考核评比中综合排名上升40位，跃居全国第25位、全省第5位；鼓楼高新区获批省级高新区，云龙经济开发区、沛北经济开发区获批省级开发区，2家筹建类经开区、2家筹建类高新区成功去筹。全市省级以上开发区达到16家，总数居全省第三。

3. 开放平台建设日臻完善

徐州综保区、新沂保税物流中心正式封关运营。中欧班列开行102列、常态化运行，电子口岸、无水港、观音机场一类航空口岸、河海联运平台、跨境电商公共服务平台运营平稳，业务量明显提升。

(五) 加快内贸创新发展，着力建设区域性商贸中心城市

1. 商圈功能日益提升

商圈功能区建设步伐加快，全市32个商贸物流重点项目累计完成投资116.5亿元，宜家、金鹰二期等重点商贸项目进展顺利。

2. 消费集聚力日益增强

开展"2018年秋季商旅文大联动'消费促进月'活动"，消费规模不断扩大，消费集聚能力持续增强，中心商圈年销售额120亿元，外来消费占比超过30%，辐射半径超过100公里，成为淮海经济区名副其实的零售第一商圈。

3. 改革试点日益深入

成功获批国家首批流通领域现代供应链体系建设重点城市；成功获批江苏省首批城乡高效配送试点城市，全市县域电商物流配送整合率达到70%以上。

4. 电子商务迅猛发展

全市电子商务交易额 1 500 亿元，增长 38%；电商零售额近 470 亿元，增长 40%。新增省级电子商务示范村 16 个，省级示范村数量全省第一，拥有 3 个省级电商示范社区试点，数量位居全省第二。成功举办淮海经济区电子商务发展大会，成立淮海经济区电子商务发展联盟，推动区域跨境电商和农村电商发展。

（六）惠民工程建设取得新进展

1. 加快推进农贸市场（街坊中心）建设和管理

列入市民生和重点工程的 4 个农贸市场改造和建设项目实施顺利，彭亮、苏山农贸市场已完成改造，奎园农贸市场、欣欣路街坊中心加速推进。着力健全市区农贸市场长效管理机制，大力推动主城区 55 家农贸市场标准化建设，市区标准化菜市场（农贸市场）达标率达到 85%。

2. 稳步实施公益性改革试点

筛选 15 个具备条件的农贸市场进行试点改革，并予以资金扶持。启动露天农副产品市场替代整治工作，继续推广云龙区江苏省商品交易市场转型创新区经验，启动建设“淮海经济区食品谷”，完成部分园区和中心建设。

3. 不断加强商务领域市场管理

扎实推进肉类蔬菜等重要产品追溯体系建设，不断加强成品油、单用途商业预付卡、二手车、再生资源回收、特许经营等行业管理，切实维护商务领域市场秩序。

常州市

2018年，面对复杂严峻的国内外宏观环境，常州商务系统认真贯彻落实中央、省市各项决策部署，主动作为、克难求进，创新服务、提高效能，全力推动商务经济平稳运行、质效提升。

一　主要商务经济指标完成情况

2018年，全市实际到账外资上报数26.11亿美元，其中产业类外资占比55.8%；商务部确认数为24.22亿美元，同比增长9.3%，增幅列苏南第一，其中战略性新兴产业占比达到57%，高于全省平均水平8.5个百分点，战略性新兴产业综合指数名列全省第一。实现外贸进出口总额2 266.4亿元，同比增长7%，其中，出口1 652.9亿元，增长6.3%，进口613.5亿元，增长9%；其中，一般贸易进出口1 789.3亿元，同比增长8.2%，占全市比重78.9%，占比列全省第四位，超过全省平均水平30.1个百分点。以美元计全年进出口总额达到343.9亿美元，增长10%，创历史新高。完成社会消费品零售总额2 613.2亿元，同比增长9.1%，增幅列全省第二位。

二 开展的主要工作

（一）推动外资稳中提质

1. 持续推进产业招商

紧紧围绕“重大项目增效年”活动，聚焦“十大产业链”2.0 版和现代服务业发展，持续深入推进产业招商，组织并参与上海经贸合作活动周、“518 展洽会”“928 科技经贸洽谈会”、香港深圳经贸活动以及德国、日本等各类境内外招商活动 15 场次，拜访和接待各类客商 422 批次，获取有效项目信息 57 条，其中 9 个项目成功落地。十大产业链实际到账外资 9.14 亿美元，同比增长 39.5%。全市 131 家外资企业实现增资扩股，累计增加协议外资 15.94 亿美元，同比增长 39.9%，占全市协议外资比重超过 30%。深入推进对德招商，全年新增德资企业 15 家，总投资 3.5 亿美元，科泰思、百菲萨、海因兹等德国知名公司纷纷落户。

2. 持续提升外资质效

全年新增协议注册外资 51.2 亿美元，同比增长 11.2%；新增总投资超亿美元项目 30 个，其中产业类项目 17 个，占比达到 56.7%；韩国 SK 集团投资的爱思开电池项目总投资达 3.5 亿美元，瑞声精密制造项目新增总投资 4.8 亿美元。全市制造业实际到账外资 12.18 亿美元，同比增长 58.2%，占全市比重达到 48.1%。新增世界 500 强投资项目 2 个、省级跨国公司功能性机构 1 家，累计已有 67 家世界 500 强企业在常州市投资 112 个项目，全市拥有省级跨国公司地区总部和功能性机构达到 17 家。

3. 持续优化外资服务

认真贯彻落实国家、省促进外资发展的政策措施，进一步深化外商投资领域“放管服”改革；编制新版《常州市产业链招引指南》，梳理和集成涉外政策体系，编制《扩大开放积极利用外资文件汇编》；面向全市外商投资企业开展营商环境调查，整合提升常州商务工作群、外企协会等服务平台，推动外资企业深耕本地、链式发展。

（二）促进外贸难中求进

1. 全力稳定外贸发展

积极组织企业参加国内外各类重点展会，“一带一路”重点展会占比超过30%。圆满完成首届中国国际进口博览会参展组织工作。开展各类外贸业务培训，帮助企业破解各类难题。进一步完善“贸易预警灯”平台，吸引来自32个省市、自治区的众多用户；优化国内首家外贸专利公共服务平台——“专品汇”，引导和帮助企业有效开拓国际市场。

2. 大力优化外贸结构

全年对“一带一路”出口537.2亿元，占全市出口的32.5%，占比超过全省平均水平8.2个百分点，对越南、印度尼西亚、孟加拉国出口分别增长27.8%、15.3%和14.3%。机电产品出口增长7.4%，占全市出口的58%；技术进出口2.53亿美元，同比增长18%。进口持续增长，进口与出口更加平衡。获评国家级外贸转型升级示范基地3家，新认定市级出口基地4家、进口交易中心2家。

（三）加快园区转型创新

1. 提档升级步伐加快

出台实施《常州市开发区高质量发展三年行动计划》和开发区高质量发展考核办法。江苏中关村获批省级高新区，全市各开发区排位稳中有升，武进高新区在全国高新区排位中提升6位，常州经开区省内排位提升13位，江苏中关村列省级高新区第2位。全市开发区实际到账外资、进出口总额、工业开票销售收入、公共财政预算收入占全市比重分别达到90.6%、76.4%、70.5%和57.2%，园区经济对经济增长贡献率达到62.3%。

2. 合作园区亮点纷呈

中瑞合作产业园挂牌运营，苏澳合作园区建设稳步推进、总体方案即将获批，金坛中德合作园区启动建设，一批高质量德资项目成功入驻。

3. 特色园区加快发展

常州高新区创成国家绿色园区，3家专题园区获评全省首批特色创新（产业）示范园区，江苏中关村区域评估改革被国务院办公厅作为地方优化营商环境典型向全国通报推广，创意产业基地、天宁文化创意产业园土地再开发项目被国家自然资源部作为典型在全国推广。

（四）提升开放发展水平

1. 境外投资稳步推进

深入对接和参与“一带一路”建设，认真举办和组织企业参加各类走出去推介活动，大力推进常州国际产能和装备制造“走出去”。全年新增境外投资项目 84 个，中方协议投资额 8.4 亿美元，比 2017 年有所增长。新增境外并购项目 19 个，中方协议投资额 5.8 亿美元，同比增长 110%，今创集团、恒立液压、远东文化等一批重点企业纷纷通过跨国并购整合全球资源、加快海外布局。新增国际产能和装备制造合作项目 41 个，中方协议投资额 5.7 亿美元。

2. 服务外包加快发展

全年实现服务外包执行额 6.71 亿美元，同比增长 20.9%，其中离岸外包执行额 2.62 亿美元，同比增长 40.3%。编制《常州市服务外包中长期发展规划》，检验检测认证产业园被认定为省级服务外包示范区，吟飞科技获评 2017—2018 年度国家文化出口重点企业。

3. 口岸开放功能提升

与东航集团签订战略合作协议，东航江苏公司常州基地正式启用。配合推进综合港务区建设，常州—宁波舟山港铁海联运国际专列正式开通。大力推进口岸提效降费，积极推广“国际贸易单一窗口”，进出口货物整体通关时间压缩 1/3。常州航空口岸获评“江苏省文明口岸”。全年机场旅客吞吐量突破 330 万人次，其中出入境人员 43.8 万人次，同比增长 102.81%。常州港实现货物吞吐量 4 861.8 万吨，其中外贸运量 949.8 万吨，同比增长 37.4%。

（五）优化内贸流通管理

1. 扎实办好民生实事

评定和发布“常州十大美味”，带领常州“老字号”走出去，积极打造“食美常州”品牌。积极提升农贸市场管理水平，全年新建和提升菜市场 20 家，常州再次成为农贸市场公益性改革试点地区。

2. 加快发展电子商务

加快电子商务在制造业、农业、生活服务等领域的深入应用，推进线上线下融合，完善人才引育、物流快递等支撑体系建设，获评一批省级电商特色园区、示范村(社区)和众创空间。全年电子商务交易额超过 3 600 亿元，同比增长 20%。

3. 提升商贸流通管理水平

积极申报供应链创新与应用试点，全市 4 家企业入围，试点企业数列全省第二。长贸中心获评省级商品交易转型升级示范市场，武进万达广场、五星欧尚超市获评省级绿色商场创建单位。强化成品油市场管理和安全生产监管，扎实开展大气污染防治攻坚工作。积极开展商务诚信工作，强化单用途预付卡日常监管。认真做好重要生活必需品应急保供和日常监测，安全生产以及汽车、酒类、茧丝绸等流通管理有序推进。

三 改革举措

(一) 着力创新外贸服务

针对中美贸易摩擦，开展外贸企业“大走访”活动，创新提出“九法联用”，有效指导企业应对摩擦，作为经验上报国办和省政府办公厅，得到国务院督查组、省政府领导以及省商务厅领导充分肯定，并在全省进行推广。创新开展中小微外贸企业“外贸贷”“退税贷”信贷风险补偿业务，帮助企业解决融资难融资贵问题。

(二) 大力发展外贸新业态

深入推进跨境电商、外贸综合服务平台、进口交易中心、全球进境维修等新型贸易发展。充分发挥国家级综合保税区功能效应，两个综保区累计引进加工制造企业 27 家，保税物流及服务类企业 72 家，涉及新一代信息技术、新能源、新材料、医疗器械等多种产业，注册外资 13 亿美元。2018 年，全市完成跨境电商 B2C 模式下直邮出口 9.43 万票，货物报关价值 749.1 万元，园区同类业务量居全省第三。大力支持企业建立国际营销服务网络体系。全市企业设立境外分支机构 113 家,海外仓 30 个。大力发展服务贸易和服务外包,促进服务贸易与货物贸易协调发展。

(三) 完善对外合作园区运作机制

中以常州创新园,中以两国政府共同发布“中以常州创新园共建计划”,以色列首次与中国地方政府针对创新合作园区共同建立合作机制,由双方共同筛选以色列高科技项目开展联合研发、技术转移与产业化合作;园区在以色列创新署设有联合办公室,深度挖掘创新资源。中德常州创新园,充分利用“中德产业创新与合作中心”这一平台核心载体,围绕深入务实中德合作,建立中德合作双向交流机制,积极推进企业“引进来,走出去”。中瑞(常州)国际合作产业园规划经工信部审核通过,2018 年 9 月 27 日正式授牌。园区将主动对接瑞士及德语国家优势产业,重点发展装备制造产业、碳纤维及复合材料、生物医药及医疗器械、生产性服务业,构建形成中瑞特色鲜明、具有国际竞争力的现代产业体系。苏澳合作园区,通过建立苏澳合作园区高级别联席会议等平台,积极推进苏澳合作园区筹建,推进合资合作、编制相关规划等重点工作。

(四) 创新机制整合提升口岸开放功能

综合港务区形成市区两级上下联动、齐抓共管的良好运转机制,“一城一港一集团”工作局面初步形成。形成《常州综合港务区发展规划》,突出重大工程对综合港务区建设发展的支撑作用,推动“三港一区”联动,全面提升涉港功能设施和发展能级。奔牛港中欧(中亚)班列工作加快推进,常州综合港务区公共服务平台上线,制定完成常州综合港务区国际物流发展政策。

苏州市

2018年，苏州市商务系统，积极主动应对严峻复杂的经济形势，坚持稳中求进工作总基调，按照高质量发展要求，狠抓开放创新、市场开拓、投资促进、环境优化和商贸惠民等核心任务。全市商务运行总体平稳、质效持续提升，主要指标继续保持全国、全省领先，对全市高质量发展做出的贡献进一步提升。

一 主要商务经济指标完成情况

2018年，全市实现社会消费品零售额5 746.9亿元，增长7.4%；外贸进出口总额3 541.1亿美元，增长12%，其中，出口2 068.3亿美元，增长10.5%，进口1 472.8亿美元，增长14.2%；新设外商投资项目1 013个，新增注册外资107.7亿美元，增长20.3%，实际使用外资45.2亿美元，增长0.47%；新增境外投资项目239家，增长52.2%，中方协议投资额26.8亿美元，增长15.7%。

二 开展的主要工作

（一）始终坚持优进优出，加快转变外贸发展方式

1. 积极开拓国际多元化市场

深耕美国、中国香港、中国台湾、日本等传统市场，积极加大南美、大洋洲、东盟等新兴市场开拓力度，发掘新的增长点。不断扩大与“一带一路”沿线国家和地区的贸易往来，实现外贸进出口额689.9亿美元，增长13.7%，占比提升至19.5%。充分发挥展会的主渠道作用，全年组织超过3 500家企业参加广交会、华交会、大阪展等国内外展会300余场，高水准举办苏州名品世界巡展（卡萨布兰卡站）。全面做好首届中国国际进口博览会苏州交易分团各项工作，采购商注册数量、采购商到会数量、成交额以及专业观众人数均居全省第一。

2. 加快转型升级步伐

持续推动加工贸易创新发展，做大做强一般贸易，加快对外贸易转型升级步伐，全年一般贸易进出口1 207.7亿美元，增长11.6%，增幅高于加工贸易5.1个百分点，一般贸易占比提升至34.1%。加快打造苏州出口品牌集群，拥有市出口名牌企业115家。加强进口载体和平台建设，建设省级试点进口中心，不断完善张家港整车进口口岸功能，2018年1月，正式获批深化汽车平行进口试点，全年实现整车进口6 000台。

3. 积极应对中美经贸摩擦

牵头研究制定全市及各板块中美经贸摩擦“1+7”应对预案，形成预案省级、市级、县级全覆盖。确立重点跟踪监测企业库，建立企业联络员制度，严格执行重点涉案企业库监测日报制度，对重大案情、企业重要诉求等以专题快报形式第一时间呈报。充分发挥贸易摩擦应对“四体联动”工作机制作用，调动企业作为应诉主体的积极性，提升行业商协会、中介组织服务功能。全年对美进出口保持稳定发展态势，实现652亿美元，增长6.9%。

（二）始终坚持稳量提质，确保利用外资平稳发展

1. 不断提升引资环境

制定出台《关于促进利用外资高质量发展的若干措施》。高效施行负面清单管理模式，全面落实外资企业商务备案与工商登记“单一窗口、单一表格”受理，持续优化事中事后监管，进一步提高投资便利化程度。起草发布《2018 年苏州市外商投资营商环境调查报告》。

2. 加大招商引资力度

成功举办 2018 苏州·全球跨国公司投资环境说明会，组织赴美国、日本、德国、芬兰、新加坡、韩国、印度、印尼等国家开展投资贸易促进活动。精心编制《苏州投资指南 2018 版》，认真做好各类招商服务工作。加大“一带一路”引资力度，全年新增沿线国家和地区来资项目 93 个、注册外资 5.34 亿美元，实际使用外资 2.11 亿美元。

3. 培育外资发展新动能

不断强化对外资总部经济的引进力度，全年共新设具有地区总部特征或共享功能的外资企业 30 家，累计超 300 家，其中经认定的省级外资地区总部和功能性机构 117 家，占到全省的 52%。成功引进光束汽车、通富超威高端处理器、镁格氢动能源技术、罗氏诊断亚太研发中心、毛豆新车全国总部等高端制造业和现代服务业优质项目，有效助力产业升级。

4. 拓展外资服务深度和广度

深化开展全市“走进外企服务月”活动，组织市级联合调研小组赴外商投资重点企业（项目）开展实地走访，助力外企深耕发展。精心组织开展外企联合年报工作，增强企业规范经营意识，共 1.5 万余家外商投资企业参加联合年报，年报审核通过率 99.9%。

（三）始终坚持积极稳妥，持续完善“走出去”发展格局

1. 积极融入“一带一路”

鼓励和支持企业响应“一带一路”倡议，扩大国际产能合作，建立境外加工工厂、营销网络，推进传统优势产业国际化布局。全年对“一带一路”沿线国家和地区新增对外投资项目 64 个、协议投资额 9.11 亿美元，占比分别提升至

26.8%、34%。深耕“一带一路”沿线国家对外工程承包市场，不断优化工程承包行业结构，龙头企业带动效应逐步显现，亨通光电、常熟风范等企业首次进入国际工程总承包领域。推动“苏满欧”国际班列市场化运行，将其打造成苏州对接“一带一路”的重要战略通道。

2. 促进境外投资创新发展

持续提升“走出去”质量效益，支持企业加强海外并购和市场开拓，高端制造业规模化并购不断涌现。实现海外高科技并购资金6.1亿美元，占比提升至23%，新增10家境外研发中心，累计总数达到82家。苏州胜利精密制造科技股份有限公司以6 918万美元收购芬兰JOT Automation Oy100%股权，有效促进了电子生产自动化发展。

3. 深入建设境外经贸合作区

境外经贸合作区建设稳步推进，埃塞俄比亚东方工业园二期列入中埃两国政府A类重点支持项目，完成基础设施投资1.08亿美元，入园企业达96家，累计实际投资4.3亿美元，总产值达10亿美元，上缴埃塞政府各项税超过8 000万美元，创造就业岗位1.8万个。印尼吉打邦农林生态工业园被正式确认为省级境外产业集聚区。

4. 提升境外投资服务力度

加强投资促进和保障平台建设，组织企业参加中国香港、马来西亚、美国、泰国等国别和地区的投资推介活动30余场。搭建银政企合作平台，为重要境外投资项目及对外工程承包项目提供政策性金融机构支持。深化跨国经营国际化人才培育，提升企业家全球互助成效。强化“走出去”风险预警，深入开展“走出去”企业对外合规经营排查，提高企业境外安全防范意识，引导企业建立境外安全生产制度。

（四）始终坚持创新发展，稳步增强载体平台功能

1. 深入落实“一特三提升”

出台《中共苏州市委　苏州市人民政府关于促进全市开发区改革和创新发展的实施意见》，推动开发区加快向现代产业园区转型。产业结构不断提升，其中电子信息、精密机械、生物医药、精细化工、新材料等新兴产业的产值占到全市的60%，其中电子信息产业占全国的10%。

2. 深化开发区改革创新

持续开展开发区体制机制改革，以“大部制”改革为重点的“放管服”改革不断深化，国家级开发区全链审批赋权改革向纵深推进，着力形成“五个一”的简约版地方政府管理新模式，全年已与 12 家开发区完成赋权对接。制定出台《苏州省级以上经济开发区高质量发展监测评价指标体系与实施办法》，适用于全市 10 家省级以上经济开发区综合考核的指标体系设定、信息收集、考核评定和结果运用。

3. 积极对接自贸区建设

深入学习对接上海等地自贸试验区，强化对自贸区经验的复制借鉴和功能落实，制定出台《苏州复制推广自由贸易试验区第四批改革试点经验工作方案》。2014 年以来，国务院和相关部委分多批次累计推广的 142 项自贸试验区改革试点经验中，有 114 项试点经验已在苏州落地并取得明显成效。依托中新合作、两岸合作等高层次开放载体，积极主动推进苏州自贸试验区申设工作，着力打造更高水平开放平台。

（五）始终坚持民生优先，千方百计释放消费潜力

1. 千方百计完成社零指标

支持和鼓励商贸企业开展各类消费促进活动，引导企业积极利用各类销售热潮契机，搭建更广的消费平台、开拓更宽的促销渠道。不断完善重点消费领域体制机制，认真开展文化消费试点工作，培育体验、旅游、网络消费等新热点，网络零售增长 20%。深入挖掘石油、电商、汽车三大消费主力军的市场潜力，充分发挥引领和带动作用。

2. 打造优质市场秩序

深入推进肉菜流通追溯体系长效机制建设，探索溯源新技术、新模式应用，不断提高数据质量和使用实效。启动重要产品追溯体系建设，建立健全组织机构和工作机制。加强商务领域信用体系建设，推进在商务行政管理中实行信用承诺信用审查信用报告制度。强化单用途预付卡等领域监管执法，全年共受理处置预付卡类投诉 3 345 件，开展执法检查 1 808 次，完成市 12312 热线并入 12345 各项工作。

3. 强化市场监测保供工作

认真落实猪肉储备年度检查和招标，积极应对非洲猪瘟疫情猪肉保供，圆满完成猪肉储备各项任务。围绕市委市政府对节假日市场和极端天气情况下的市场保供部署要求，加强产销链接力度，引导企业加大采购和供应，蔬菜、成品油等生活必需品均实现稳定供应。提前布置、周密安排节日市场监测工作，启动生活必需品日报和重点零售企业、餐饮企业的市场日监测，确保节日市场安全与稳定。

4. 加快发展电子商务

深入推进电子商务示范创建工作，加强优质项目挖掘、培育和储备，全市国家级和省级电子商务示范企业 27 家、示范基地 10 家。引导经营水平高、信誉好、实力强、模式新的电子商务龙头企业通过融资、上市等方式扩张发展，同程、食行生鲜、好孩子、科沃斯等苏州品牌企业网络零售额均实现快速增长。支持各地因地制宜打造电子商务平台经济集聚区载体，实现差异化发展，阳澄湖数字文化创意产业园、苏州创业园、金枫电商产业园等电商园区集聚效应不断凸显。

（六）始终坚持搞活流通，深入提升商贸惠民水平

1. 加强商贸载体建设

高标准开展《苏州市区商业网点布局规划》编制。重点商业项目建设超额完成，实际投资总额达 220.3 亿元。修订出台《苏州市中心城区农贸市场标准化建设规范（试行）》《苏州市中心城区农贸市场标准化管理规范与考核办法（试行）》，实施 2018 年政府农贸市场实事项目，全年新建 4 家、改造提升 2 家农贸市场。推进智慧农产品市场建设，提前超额完成新建 100 家智慧菜篮子工程网点的年度目标任务。积极促进商品交易市场转型升级，常熟服装城、张家港玖隆钢铁物流园、中国东方丝绸市场、江苏化工品交易中心、南环桥农副产品批发市场等 5 家成功创建江苏省转型升级示范市场。

2. 深化创新试点工作

扎实开展供应链体系试点建设，加强业务指导和培训，积极梳理项目经验成果，初步形成可复制推广应用的商业模式。开展供应链体系建设项目中期评估，组织供应链创新与应用试点示范创建工作，张家港获评首批供应链创新

与应用试点城市，沙钢集团、物润船联、食行生鲜、苏州物流中心获评首批供应链创新与应用试点企业。开展现代服务业综合试点绩效评价和全面总结，完成 145 个试点项目验收。做好现代服务业试点经验总结工作，形成 13 条试点经验成果，其中 4 条被商务部录用，在全国推广复制。

3. 推动商贸流通转型升级

深入挖掘老字号资源，出台《"苏州老字号"认定办法(试行)》，78 家"苏州老字号"企业获首批认定。推动流通体制改革创新发展，开展商业特色街区水平提升工程，观前街获评江苏省老字号集聚街区，姑苏区获评商旅文示范区。深入贯彻落实《汽车销售管理办法》，强化汽车流通领域行业管理，指导二手车市场转型升级。做好融资租赁、商业保理、典当等商贸流通特殊行业风险防范工作。贯彻落实省、市关于进一步推进物流降本增效的实施意见，充分发挥现有 32 个物流园区作用，形成第三方物流企业群。

三 改革举措

(一) 深化苏州工业园区开放创新综合试验，深入建设昆山深化两岸产业合作试验区

一是深化苏州工业园区开放创新综合试验方面：扎实推进开放创新综合试验 42 项年度重点改革任务，开放型经济新体制综合试点试验顺利通过商务部、国家发改委评估验收。金融创新试点稳步推进，信达生物、同程艺龙在香港联交所主板挂牌上市。扎实推进波士顿、新加坡等海外离岸创新创业基地建设，构建本土创新、离岸创新相呼应的"钟摆式"创新格局，发掘支持海外初创企业 19 个，其中 12 个项目已落户园区。产业用地二次开发机制不断完善，制定出台存量工业用地管理意见，2018 年以来完成土地转让 8 宗，面积 141.9 亩，亩均投资强度 354.1 万元、亩均承诺税收 102.9 万元。获批开展个人税收递延型商业养老保险试点，累计保单 1 300 多单。基层政务公开规范化标准化试点通过省级验收，"互联网＋政务服务"项目荣获 2018 中国政府信息化管理创新奖。统筹推进"放管服"改革，基本实现"2333"工作目标，园区营商环境得到进一步优化。2018 年 5 月，商务部发文在全国推广 11 项开放创新综合

试验改革经验，园区改革试验田的作用得到充分体现。二是深入建设昆山深化两岸产业合作试验区：昆山出台《推进昆台融合发展三年提升工程实施方案(2018—2020年)》。成功举办昆山试验区设立五周年座谈会及两岸(昆山)产业合作论坛。高质量筹备昆山试验区第六次部省际联席会议。召开昆山试验区政策事项研讨会，梳理出拟向上争取事项13项。全面落实第五次会议部省际联席会议改革事项。

（二）加快中德中小企业合作示范区建设

一是强化政策支持。太仓市出台《进一步深化对德合作三年行动计划(2018—2020年)》。二是载体建设稳步推进。中德先进制造技术国际创新园正式投运，中德智能制造合作创新园加快建设。三是强化产教融合与人才保障。继续优化现行"双元制"人才培养体系，积极实施与国际接轨的人才政策。四是全方位深度合作。举办2018中德智能制造解决方案供应商大会、法兰克福德国"太仓日"和"郑和杯"中德青年创新创业大赛等活动。与巴符州的莱茵内卡尔区建立区域友好关系。

（三）扎实推进中国(苏州)跨境电子商务综合试验区建设

一是平台功能不断提升完善。苏州跨境电商综试区线上综合服务平台实现与海关(国检)、税务、外管等相关部门系统的完全对接，打通B2B出口业务申报通道，为跨境电商企业提供高效的"一点接入、一站式服务"。二是B2B出口业务稳步增长。据线上综合服务平台统计，苏州跨境电商综试区自首票B2B出口业务启动以来已累计实现约160亿元。三是B2C出口业务快速发展。鼓励中小微跨境电商企业通过线上综合服务平台开展9 610模式B2C出口业务，推动邮包、快件数据向海关统计数据转化，并在常熟综保区、吴中综保区顺利启动9 610模式跨境电商B2C出口业务。四是网购保税进口业务增长迅速。网购保税进口业务已突破20万票，金额超5 000万元，其中"双11"当天网易考拉项目实现保税进口业务约3.8万票，金额超1 200万元。五是跨境电商发展生态持续优化。一达通、慧贸通等外综服平台帮助中小企业走向海外，中国银行、江苏银行、网银在线等金融机构积极为跨境电商企业提供跨境金融解决方案，江苏玄通、中能泰可在马来西亚等地建设海外仓，中外运、苏州邮政速递物流公司等企业提供多维跨境电商物流服务。

（四）深化苏州市服务贸易创新发展，积极争取更多的试点政策

2018 年圆满完成为期 2 年的服务贸易创新发展试点的各项试点任务，总结 70 条创新经验和举措，其中 9 条获国务院批准被全国推广。深化试点开展以来，制定出台《苏州市深化服务贸易创新发展试点实施方案》，并形成金融、文化等十大重点行业的深化试点行动计划。根据《苏州市服务贸易公共服务平台认定管理办法》《苏州市服务贸易创新发展试点园区管理办法》《苏州市服务贸易重点企业认定管理办法》，认定 1 家试点园区、6 家公共服务平台、8 家重点企业。完善市服务贸易统计系统，推进企业直报统计系统的数据采集工作，统计系统已能按时、按质产生全市服务贸易统计及分析。全年实现国际收支服务贸易进出口额 141.86 亿美元，同比增长 2.2%（不含转口贸易）。

（五）完善常熟服装城市场采购贸易试点配套政策，推进市场采购贸易与跨境电商出口的融合发展

建立与海关（含原国检）、税务、外汇等职能部门良好的沟通协调机制，初步形成适合市场采购特点的监管模式；建成市场采购贸易综合服务中心、呼叫中心、外贸对接供求平台等有形载体，加强运营管理，发挥各项服务功能；各监管部门坚持“包容审慎”原则，在简化通关流程、多途径外汇收结、境外贸易商入境管理等方面取得突破；投用 A PLUS 跨境电商众创空间和跨贸电商综合示范园，举办首届跨境电商峰会和多场卖家大会；设立广州展销运营中心，多样化举办各类外贸对接会 30 余场，引进外商约 1 000 人次；异国风情街等外商配套设施已建设完成；组织商户抱团参加广交会、义博会、摩洛哥展、加拿大展等境内外展会，促成直接订单超 1 000 万元，“宣传造势＋跨贸交易”同步推进；前往哈萨克斯坦、俄罗斯、阿联酋、越南等地考察推介，在迪拜举办经贸合作推介会，带领商户参加迪拜时装节，建立起海外关系网络；举办 20 余场外贸论坛和培训，并开展“橙风行动”，走访外贸商户，收集企业信息，协助企业参与市场采购；常态化开行中亚班列 22 列，累计出口 994 箱，发送运量约 2.5 万吨，出口货值超 9 700 万美元。试点区域内产品通过市场采购贸易方式在常熟服装城市场采购贸易联网信息监管平台出口报关 9 322 票，金额 8.79 亿美

元(57.14 亿人民币);历史累计出口报关 19 497 票,金额 21.72 亿美元(144.30 亿人民币)。

(六)深入推进昆山市、苏州工业园区、苏州高新区、吴江区等地综保区企业增值税一般纳税人资格试点

做好试点政策宣讲,释放政策红利,深化综保区企业增值税一般纳税人资格试点各项工作稳步推进。试点成功扩围,高新区综合保税区、吴江综合保税区纳入一般纳税人资格试点范围。截至 2018 年年底,园区、昆山、高新区、吴江四地共有 44 家综合保税区企业参与"增值税一般纳税人资格试点",共开具专票金额 70.26 亿元,税额 11.51 亿元。

(七)支持张家港市推进第二批非自贸区汽车平行进口试点

积极支持张家港市推进非自贸区汽车平行进口试点,试点各项工作齐头并进。一是试点政策平稳落地。首批 5 家试点对象完成公示,通过省商务厅报送至商务部完成备案,正式落地运营。结合 5 家试点实际需求,制定出台扶持政策。二是载体建设有序推进。国际汽车城展示交易中心、售后维修中心建成投运,且成功获批试点平台资质;改装基地一期项目入驻企业全部建成投产,二期项目按照规划设计方案启动实质性建设;码头西拓工程有序推进。三是汽车改装产业园资质申报取得突破。新增改装项目 2 个,累计入驻装潢装饰类改装项目 11 个,全年完成车辆改装约 1 800 余台,产值近 11 亿元,税收约 2 000 万元。全年进口整车数量达 6 000 台。

南通市

2018 年，南通市商务系统按照争当“一个龙头、三个先锋”的新定位新使命，以深化改革、扩大开放、创新机制为重点，努力释放和集聚发展新动能，扎实推动商务高质量发展，较好地完成各项目标任务。

一 主要商务经济指标完成情况

2018 年，全市实际使用外资 25.8 亿美元，同比增长 6.55%，总量居全省第 4 位，协议利用外资 70.06 亿美元，同比增长 30.7%。外贸进出口总值 2 542.9 亿元，同比增长 7.7%，其中，出口 1 676.9 亿元，同比下降 0.9%；进口 866 亿元，同比增长 29.6%。外贸进出口总额连续 6 年居全省第四位。新增境外投资项目 68 个，中方协议投资额 104 838 万美元，同比下降 22.92%，居全省第四。完成对外承包劳务营业额 177 942 万美元，同比下降 1.69%，总量仍保持全省第二。服务外包执行额 40.44 亿美元，同比增长 70.54%，其中，在岸执行额 29.25 亿美元，同比增长 68.55%，离岸执行额 11.19 亿美元，同比增长 75.98%。

全市服务外包从业人数超过 8.7 万人，本科以上人员占比超过 78%。实现社会消费品零售总额 3 088.77 亿元，同比增长 8.95%，高于全省平均水平 1.03 个百分点，增速列全省第 3 位。

二 开展的主要工作

（一）全力突破重大项目招引

通过实施重大项目每季度市委书记面对面“单挑”、市主要领导每月现场检阅招商成果的“招商周”、市领导高位协调的市县联动项目推进机制，全力突破重大项目招引。全年新引进超亿美元外资项目 38 个、超 50 亿元内资项目 8 个、新开工 10 亿元以上项目 100 个，恒科新材料二期、华峰超纤、金光纸业、中天精品钢、京东物流、宝能战略合作等一批重特大项目开工建设或成功签约。

（二）协同扩大对内对外需求

支持企业开拓国际市场，组织 1 000 多家（次）企业参加 50 多个境内外重点展会。积极应对中美贸易摩擦，通过引导企业海外建厂、组织企业参加公众听证会应诉等措施有效应对。全力化解中小外贸企业融资难融资贵问题，在推动省级“苏贸贷”的基础上扩大覆盖面，全年发放信保融资贷款 13.8 亿元。支持消费结构升级，推进流通体系创新，新增省级品牌消费集聚区 9 家，电子商务交易额增长 27.2%，通农物流获批全国公益性农产品示范批发市场试点，如皋港务集团、通富微电进入国家供应链创新与应用试点企业行列。

（三）深度融入“一带一路”建设

深化国际产能合作，推动投资领域向新兴行业拓展，投资目的地向欧美发达国家延伸。新增境外投资项目 68 个，中天科技 6 670 万美元并购土耳其得美电缆，梦百合投资 5 000 万美元建立美国生产基地。提升承包工程水平，南通三建等 4 家企业入选 ENR 全球国际承包商 250 强，中南建筑等 5 家企业入选江苏建筑外经 10 强，南通二建等 3 家企业成功开展以色列房建工程业务。不断完善走出去综合服务体系，依托世界通商总会设立境外经贸联络点、建立海内外警侨联动中心。

（四）拓展提升对外开放平台

新增省级经济开发区（高新区）5 家。通州湾扩大开放列入“2018 年度国家口岸开放审理计划”，海安保税物流中心（B）型正式封关运营，如东保税物流中心（A）型获南京海关批准。电子口岸与省“国际贸易单一窗口”实现互联互通，273 项业务实现无纸化办公。进口整体通关时间较 2017 年压缩 10.8%，出口较 2017 年压缩 56.45%；减免通关环节费用近 100 万元。自贸区海关监管创新制度首批 14 项和第二批 11 项在南通综保区已落地 18 项、检验检疫创新制度 8 项落地 4 项。

连云港市

2018年，连云港商务系统紧紧围绕"高质发展、后发先至"主题主线，以"一带一路"倡议支点建设为统领，突出抓好六大行动计划，各条线工作实现新发展、新突破，较好地完成了年初确定的各项目标任务，为全市经济社会发展和对外开放大局做出了新贡献。

一 主要商务经济指标完成情况

2018年，全市实现全社会消费品零售总额1 121.1亿元，同比增长8.3%。实际利用外资6.03亿美元。完成外贸进出口总额95.5亿美元，同比增长16.2%，增幅位居全省第三位，高于全省平均增幅3.8个百分点。完成服务贸易进出口额8.25亿美元，同比增长14.6%。全年新签合同工资总额1.06亿美元，同比下降18%；劳务人员实际收入总额1.7亿美元，同比增长53%；当年新派出人数4 761人，期末在外人数10 755万人，同比分别增长7%，27%。全市开发园区实现工业应税销售收入2 140亿元，占全市总额的80%；完成工业增加值736.3亿元，实际到账外资 4.58 亿美元，占全市比重均超过 75%；实现外贸进出口总额 59.1 亿美元，完成全社会固定资产投资 1 111.8 亿元，实现一般公共预算收入 143.6 亿元，占全市比重均超过 60%，全市经济“主阵地”、高质发展“火车头”的地位进一步凸显。

二 开展的主要工作

（一）对外开放成果显著

全省重大项目现场推进会在连云港市召开，盛虹炼化一体化等千亿项目集中开工。开放载体建设实现新突破，连云港综合保税区、两翼港区口岸扩大开放均获得国务院正式批复，“一体两翼”四大港区实现了开放全覆盖。连云港至日本邮轮航线正式开通运营，连云港市成为全省首个开通国际邮轮的港口。外贸基地建设迈上新台阶，连云港开发区新医药、东海县新材料成功获批国家级出口基地，连云港市国家级出口基地实现零的突破；连云港碱业公司获批省级公平贸易站，成为苏北地区首家公平贸易站。园区建设水平实现新提升，灌南经济开发区、东海高新区获省政府批复升格为省级开发园区，省级以上开发园区实现县区全覆盖。成功举办第五届连博会，共有来自 20 余个国家和地区的 300 余位重要嘉宾应邀出席展会，来自 27 个国家和地区的 420 家企业参展，观展人数累计突破 3 万人次。

（二）招商引资蓬勃开展

坚持“走出去”，牵头组织市级层面赴日韩、英法德以及上海、珠三角、青岛等地区开展经贸招商活动 10 余批次；立足于“请进来”，先后邀请顺丰速运、宝能物流、日本弘和纺织、韩国大象食品等境内外数十个批次的企业、商协会来连考察洽谈，储备一批客商和项目资源。落实市委市政府统一部署，累计接收市级机关部门单位招商引资有效信息 365 条，全员招商氛围更加浓厚。全市重点项目库在库项目 632 个，较 2017 年净增 181 个，其中 10 亿元以上项目 140 个，计划总投资 3 756 亿元，重点项目数量、质量均有明显提升。加强重点项目宣传推介，围绕港口物流、化工、冶金、战略性新兴产业、城建及服务业、现代农业，策划包装了100个重点项目，并翻译编印成中、英两种手册对外推介。

（三）对外贸易稳定增长

连云港市与"一带一路"沿线经贸往来日益紧密，与"一带一路"沿线国家地区贸易额超过全市总额的1/4。国际贸易"单一窗口"建设、整体通关时间压缩工作加快推进。跨境电商加快发展，累计拨付跨境电商专项扶持资金500万元，连云区跨境电商产业园签约入驻企业50余家，上合物流园海运快件运量约10万票，跨境电商发展呈现较好态势。深化与市外管局、电子口岸的业务合作，建立全市服务贸易企业信息数据库，入库企业达1 227家。展会活动亮点纷呈，市级层面先后举办第二届国际医药技术大会、第十九届农洽会、第十届文博会等大型展会、节庆活动，县区先后举办第七届东海花卉博览会、第十届赣榆樱桃旅游文化节等专业节会活动，连云港市会展业知名度显著提高。

（四）对外经合企稳回升

全市新批境外投资项目18个，完成中方协议投资额4亿美元，同比增长14.3%。赴"一带一路"沿线投资稳步发展，年内新增赴"一带一路"沿线国家投资项目3个，完成中方协议出资额9 963万美元。对外劳务合作平稳发展，落实劳务扶贫激励政策，鼓励企业累计派出来自贫困地区的劳务人员271人。对外工程承包实现转型再出发，与中国对外承包工程商会联合举办"金秋央企项目对接会"，搭建连云港市企业对外合作平台，积极寻求与央企大承包工程企业的合作，"借船出海"拓展对外工程承包业务。

（五）园区建设亮点纷呈

各开发园区坚持以提高发展质量和效益为中心，推进深化改革，调整产业结构，园区载体建设发展总体态势良好。加快打造特色产业基地，连云港经济技术开发区生物医药产业园获评首批省级特色创新示范园区；海州开发区获批省级知识产权示范区，5家开发区正在开展省级示范区试点。开发区重点领域改革试点加快推进，连云港经济技术开发区开展行政审批体制机制调整；

连云、赣榆经济开发区完成相对集中行政许可权改革试点，组建设立行政审批局，实行“一窗通办”和重大项目“全程代办”。

（六）商贸流通稳步发展

电子商务加快发展，产业模式不断创新，交易规模进一步扩大，全市网络零售额突破 300 亿元，增速达 42%。加强商贸领域规划修编，出台《连云港市城市商业网点规划（2017—2030 年）》《连云港市市区加油加气站规划（2018—2035）》，不断完善城市现代商业网点网络和成品油市场销售体系。扎实推进 15 个重点商贸设施项目建设，白虎山小商品市场选铺工作基本完成，港华综合体等 13 个项目序时推进。公开征集并发布市级“老字号”标识，认定公布连云港市首批 14 家“老字号”企业；先后举办连云港市首届海鲜餐饮烹饪大赛、市第二届家庭服务业技能大赛、市第三届餐饮博览会等活动。大力推进市区菜市场标准化建设，获批省级菜市场公益性改革试点城市，10 家菜市场基本完成公益性改革试点。市场保供、打击侵权假冒有序推进，各领域专项整治活动取得良好成效。

三 改革举措

（一）探索申报创建自由贸易港

按照省委、省政府统一部署，在省商务厅的正确指导和大力支持下，邀请智库科研机构参与，连云港市完成《江苏（连云港）自由贸易港建设方案》，并由市政府会同省商务厅联合行文上报省政府，省政府于 2018 年 3 月 3 日上报国务院。同年 11 月 7 日，市政府与商务部研究院签订了加强申建自贸港智力支持的《战略合作框架协议》。

（二）加快改革提升贸易便利化水平

出台《关于进一步支持连云港综保区加快发展的若干意见》《连云港口岸提升跨境贸易便利化水平工作方案》等政策文件。积极推动整体通关时间压缩工作。制定出台《连云港口岸压缩货物通关时间工作措施》，全面组织推进整体通关时间压缩工作；制定出台《2018 年度提升连云港中欧班列口岸大通关效率实施方案》，开发完成中欧班列口岸通关时效评估系统，实现海关转关放行与铁路发车并行，加快开发铁路审单电子化系统并上线试运行；多次会同连云港海关研究压缩海运整体通关时间措施，启动海运环节通关时效评估系统建设前期工作。

（三）开展园区相对集中行政许可权改革试点

赣榆经济开发区成立开发区行政审批局，下设 7 个内设机构。赣榆区政府赋予行政审批局 68 项行政审批权限，正式完成权力事项划转。市政府赋予连云经济开发区行政审批局 83 项市级审批权，实施首问负责制、限时办结制等举措，制定工作职责、窗口服务规范等 16 项制度措施。出台《对重大项目实行容缺预审的意见（试行）》，加快重点民生工程、重大产业项目审批进度，提高政务服务效能。

（四）以“区域能评、环评＋区块能耗、环境标准”取代项目能评环评试点

拟定“区域评”试点工作方案（征求意见稿），上报市政府。根据省改革方案，在连云开发区和徐圩新区选取特定区域，编制区域性专项评估评审报告，5 年内有效，落户区域内的项目免费共享。徐圩新区积极推行环境影响评价、地质灾害危险性评估等七个方面“区域评”工作，采取政府采购，统一购买服务方式，由新区委托第三方机构进行编制，极大提高了审批服务效能。连云开发区累计投入 150 多万元，完成地质灾害危险性评估、社会稳定风险评估、环境风险评估等报告，其中社会稳定风险评估在 5 个项目立项中已获得共享使用。全市 10 家省级以上开发区已实现“区域评”全覆盖，72 个产业项目获得改革“红利”，为企业累计节约资金 700 多万元。

淮安市

2018年，淮安市商务系统认真落实中央和省、市决策部署，迎难而上、奋力攻坚，商务运行总体平稳、稳中有进、进中提质，商务高质量发展成效显著。

一 主要商务经济指标完成情况

2018年，全市实际利用外资11.8亿美元(省口径)，增长0.3%。外贸进出口50.1亿美元，增长8.1%。境外投资中方协议投资额9 724.3万美元，对外承包工程和劳务合作营业额1.73亿美元，增长10.8%。社会消费品零售总额1 239.7亿元，增长7.8%。电子商务交易额650亿元，增长20%。高质量发展指标全面进位，共性考核指标一般贸易占比58.6%，提高8.7个百分点，综合指数列全省第三位，较2017年上升10位。新设及增资台资项目31个，利用台资1.82亿美元，完成台资集聚示范区建设个性考核指标。监测指标全面提升，战略性新兴产业利用外资占比35.2%，提高7.4个百分点；对外投资总额2.1亿美元，增长15.6%；园区经济对经济增长贡献率41.8%，提高8.3个百分点。

二 开展的主要工作

（一）着力提升外资质态

面对利用外资困难形势和下行压力，加大行政推动力度，建立周报、月报、专报等机制，强有力稳定外资增长。推动台资集聚示范区建设。参与“淮安58条”政策制定和台湾·淮安周等特色活动。狠抓项目推进和企业服务。组织调研推进外资工作，对所有开工项目月月到、个个到，加强外资存量项目的调研分析，加快项目到账和建设进度，开工项目到账外资占比70.6%。举办全市外资政策培训会，宣传解读国家和省利用外资利好政策。实现跨国公司地区总部零突破。江苏和兴汽车科技有限公司继2014年获省商务厅认定为跨国公司功能性机构后，2018年又被认定为跨国公司地区总部，是苏北2018年唯一获认定的地区总部。

（二）务实开展外资招商

组织专题特色招商。开展英国、瑞典产业专题招商，参加省商务厅组织的日韩、德国及中国台湾等小分队招商，与县区联动赴长三角、珠三角等重点区域招商，拜访一批知名企业和机构。主攻食品产业招商。成功举办首届食博会，主题展览、高端峰会、美食大赛三大版块成果丰硕，280家知名食品企业参展，其中还有通用磨坊、好时等一批世界500强、国际知名食品企业，现场参展参会10.35万人次，通过互联网平台线上观看8 680.8万人次，意向合作金额26.2亿元，签约食品产业项目31个。围绕食博会招商招展，研究食品产业扶持政策、目标企业、突破路径，推进食品产业项目。积极开展自主招商。新接洽企业510家，新城吾悦广场、置信智造谷、第三代隐形眼镜3个项目签约、开工。创新外资招商方式。制定委托招商细则，聘请专业招商代表，深化与专业机构的合作。落实昆山驻点招商，安排人员到昆山商务局挂职，提请市领导开展昆山小分队招商，推进福立旺电子项目落户。加强招商队伍建设。在重庆组织外资招商高级研修班，共80多名一线招商人员参加，到相关县区、园区开展“一对一”招商实务培训，提升招商队伍能力和水平。

（三）稳步扩大外贸规模

积极应对中美经贸摩擦，精准施策稳定外贸增长。多元开拓国际市场。制订贸易促进计划，组织 270 多家（次）企业参加广交会、大阪展等境内外展会，近千家企业和机构参加中国国际进口博览会。探索“互联网＋展会”模式，鼓励企业运用大数据精准宣传推介。开展应对中美经贸摩擦专题调研和座谈，形成有针对性工作措施。狠抓外贸企业培育。全市有进出口实绩企业 934 户，较 2017 年增加 71 户。动态完善重点外贸企业管理服务系统，跟踪重点项目建设情况，推动尽快形成进出口实绩，培育新增长点企业 150 户。引导外贸优进优出。支持先进技术设备和重要原材料进口，鼓励企业加大对品牌、商标、知识产权等“软实力”的投入力度。培育壮大外贸新业态。开展跨境电商出口十佳企业评选，引导 20 多家企业与 Google 淮安体验中心深化合作，完成综保区跨境电商监管中心建设。推动 60 多家企业纳入江苏一达通外贸综合服务系统。

（四）有序引导企业“走出去”

一是推动重点项目。帮助淮冶科技乌兹别克斯坦并购项目协调解决通关、外汇等难题。组织企业参加海外风险防范、“一带一路”市场拓展等培训，会同省中信保、中国银行等机构，加强“走出去”企业金融服务。促进经贸交流。组织企业参加“走出去”跨境金融论坛及哈萨克斯坦、乌兹别克斯坦投资推介活动，帮助企业加强与驻外使领馆经商机构、对外承包工程商会的联络，拓展走出去渠道。优化信息服务。对接省“走出去”公共服务平台，收集整理政策法规、投资环境、风险提示等信息，向“走出去”企业传递发布。二是规范行业管理。严格按照商务部要求进行投资项目申报，引导企业理性投资。开展“走出去”企业经营秩序专项督查，完善落实投资企业报到登记、海外工程项目报备等制度，妥善处理海外劳务纠纷。

（五）加快推动园区升级

一是明确发展导向。发挥载体建设引导资金作用，对载体提档升级、产业集聚度高、税收贡献大、改革成效明显的开发区给予资金支持。二是深化园区改革。淮安高新区、涟水、金湖开发区在区域整合提升方面，淮安高新区、淮安工业园区在人事薪酬制度改革方面，盱眙、洪泽开发区在投资促进机制改革方面，取得明显突破。三是加快提档升级。淮安经济技术开发区跻身全国30强，清河开发区创成省级经济开发区，5家共建园区获省通报奖励，7家省级以上经济开发区全省排名再次实现全面进位，平均上升3.43位，涟水、金湖开发区进入苏北省级开发区前10强。四是拓展口岸功能。协调优化机场航线，一类航空口岸全年旅客吞吐量突破150万人次，出入境旅客突破10万人次，荣获省"文明口岸"称号。引导进出口企业转驳淮安新港，减少运输时间。联合海关等部门，推动口岸提效降费，全市进口、出口整体通关时间分别比2017年压缩43.6%和68.6%。

（六）积极促进扩大消费

一是开展消费促进活动。组织企业参加省消费促进月活动，支持限额以上批零住餐企业稳定运营。推动"美食之都"申创。举办淮扬菜大师邀请赛、"一带一路"淮扬菜国际化高端研讨会等特色活动，参加淮扬菜国际推广交流活动，争取省政府致函向联合国教科文组织中国全委会推荐淮安申创美食之都。引导"老字号"传承创新。评选首批15家"淮安老字号"，组织老字号企业参加各类展销活动，在全市主流媒体进行品牌宣传，对技改投入、连锁经营等方面给予政策支持。二是全力优化消费环境。"淮安高质量推进打击侵权假冒工作"列入全省第二届放心消费创建惠民实事参评项目，扎实推动商贸流通领域诚信体系建设，开展单用途商业预付卡、药品流通专项检查。12312中心受理举报投诉件办结率、满意率均为100%。

（七）持续推进商贸转型

一是推进电商创新发展。研究制定电子商务扶持政策，推进淮安电子商务现代物流园等园区建立"互联网＋"营销服务基地，集聚优质电商资源。盱眙、洪泽、金湖等县区在淘宝、京东电商平台设立地方特色馆。全市新创成11个省级电商示范村、5个省级电商乡镇特色产业园（街）区，建成700多个电商服务站点。二是加快实体零售转型。推动核心商圈优质商业资源集聚，引导重点商贸企业和商品市场创新业态、转型升级。中央新亚通过国家级绿色商场示范创建验收。万达、金鹰通过省级绿色商场示范创建验收。提请市政府出台《关于推进供应链创新与应用培育经济增长新动能的实施方案》。三是狠抓商贸流通安全生产。严格落实商贸流通安全生产制度，组织消防安全管理工作培训，配合安监、消防等部门开展消防安全督查。

三 改革举措

（一）优化推进机制，外资质态显著提升

在全市范围内推广淮阴区外资“五个一”推进机制，提升外资工作实效。创新外资项目管理，落实《外商投资准入特别管理措施（负面清单）（2018 年版）》，制定《规范外资项目备案工作的通知》《外商投资企业设立及变更备案监督检查工作方案》，完善全流程外资项目管理系统。

（二）创新招商方式，重大项目实现突破

创新开展委托招商、园区招商、基金招商、展会招商、网络招商等方式，激发外资招商活力。制定优化委托招商细则，聘请置信产业园华东招商总经理、高力国际董事、深圳台协常务副会长等作为招商代表，探索与华夏幸福、东久国际等国内产业园区 50 强合作招商，与中国合伙人基金、小村资本等基金投资机构建立联系。全年新设总投资 3 000 万美元以上项目 72 个，其中 1 亿美元以上项目 16 个，总量苏北领先。

（三）深化改革创新，园区活力不断激发

加快推动开发园区在区域整合优化、人事薪酬制度、投资促进机制等重点领域改革。提请市委、市政府召开全市开发园区改革创新工作会议，出台《关于推进全市开发园区深化重点领域改革的实施方案》，制定 2018 年度全市开发区工作要点和载体建设扶持资金申报办法，对成绩突出的给予资金支持。目前，淮安高新区“一区六园”、涟水开发区“一区两园”格局基本形成，淮安高新区、盱眙开发区设立产业引导基金、股权引导基金等，金湖、洪泽开发区开展基金招商。开发园区利用外资、外贸进出口占全市的 75%、90%。

盐城市

2018年，面对错综复杂的国际环境，盐城市商务系统围绕“高质量发展走在苏中苏北前列”的目标定位，以加快推进中韩（盐城）产业园建设为统领，稳外贸、稳外资、抓招商、强园区、扩外经、惠民生，商务运行总体平稳、稳中有进、进中提质，重点经济指标全部完成，民生实事亮点纷呈，党的建设全面加强，商务经济高质量发展取得积极进展。

一 主要商务经济指标完成情况

2018年，全市社会消费品零售总额1 778.7亿元，同比增长6.8%。全年利用外资到账9.1亿美元，同比增长15.8%，增幅全省第一。全年对外投资中方协议投资额2.4亿美元。全年实现外贸进出口95.5亿美元，同比增长10.4%，一般贸易进出口占货物进出口总额比重为85.6%。

二 开展的主要工作

（一）全力推动开放型经济高质量发展

1. 利用外资“量质齐升”

高质量发展的战略性新兴产业外资到账占比全省第一。重大外资项目逆势增长，新设 3 000 万美元以上的项目 46 个，同比增长 4.6%。总投资超百亿美元的金光集团循环高科技产业园商务备案已经完成，一期总投资 4.6 亿美元的维信电子项目全面投产，全球 500 强摩根士丹利并购射阳海普润膜公司成为内资转外资“第一样板”。

2. 对外贸易“难中攀高”

积极推进整车出口业务，1 200 多台焕驰轿车远销埃及和菲律宾，东风悦达起亚成为全国第二家实现整车出口的合资车企。盐城跨境电商公共服务中心全年实现直邮进口业务量 2.5 万单，外贸发展注入了新动能。全市有进出口实绩企业 1 827 家，较 2017 年增加 140 家。其中超千万美元企业 173 家，外贸进出口 72.5 亿美元。

3. 对外投资“平稳有序”

江苏德龙集团参与投资的印尼苏拉威西岛镍铁项目一期已建成投产，总投资 9.3 亿美元。中港建设集团并购越南安庆电厂项目前期投资款已全部到位，总投资 10.8 亿美元，“走出去”的步伐更加稳健。有效化解中美贸易摩擦带来的风险和冲击。从美国公布第一组 340 亿美元清单开始，立即启动应对机制，提前预判、定期会商、积极施策，稳企业、稳订单、稳市场，有力缓解贸易摩擦对盐城市相关行业、企业的冲击。

4. 发挥园区“主阵地”作用

落实园区主导产业定位方案，引导重点园区聚焦 2～3 个主导产业，打造一批有竞争力的百亿级特色产业集群，新签约总投资超亿元项目 205 个，项目总投资 2 352.1 亿元。产业项目实现历史性突破，宝武钢铁 2 000 万吨级生产基地项目成功落户，成为盐城改革开放以来第一个单体千亿级特大产业项目。新获批省级开发区（高新区）4 家，总数量达 13 家，列全省第一。19 家开发园区对全市经济增长贡献率达49.2%，经济建设的“主阵地”作用进一步彰显。

（二）建市场、促消费、增收入、拉内需

1. 促消费，不断提升城乡居民的幸福感和获得感

积极开展消费促进月、名特优展销会等活动，搭建供需平台，培育消费热点，促进消费升级，满足了人民群众个性化、多样化消费需求。成功引进新城吾悦广场、城东宝龙广场等高端商贸业态，商业网点布局进一步优化完善，一批集吃、喝、玩、乐、购于一体的区域商圈正在形成。

2. 建市场，倾力写好人民生活高质量的民生答卷

农贸市场建设改造列入市政府为民办实事工程。10年来，累计新建（改造）农贸市场71个，辐射面积150平方公里，惠及120多万居民。人民南路、盐渎2个智慧农贸市场的建成，为盐城探索了一条升级传统农贸市场的“新路”。建成76家鲜活农产品社区直供店（点），农产品经营品种多达200个，“买菜难”的问题基本得到解决。

3. 增收入，农村电商正成为精准扶贫的中坚力量

探索精准扶贫新路径，印发《盐城市电商精准扶贫三年行动计划（2018—2020年）》，将发展电子商务与扶贫开发有机结合，不断推进电子商务扶贫工作。组织开展“电商扶贫镇村行”活动，共举办11次培训，参训人数达2 000人。整合各类电商资源，加强与阿里巴巴、京东、苏宁等平台合作，设立8个县（区）级运营中心、473个村级服务站、100个“天猫优品店”，培育300多名“淘帮手”，农村电子商务生态链正在加速形成。高标准打造电商平台载体，全市省级“电商村”总数已达36家，列全省第二。东台市入选中国电商示范百佳县（市），位列第37位。全年电子商务交易额2 220亿元，同比增长19.8%；网络零售额360亿元，同比增长25.4%。

三 改革举措

（一）破解单用途预付卡市场监管难题

建立单用途预付卡经营者数据库，做到“底数清、情况明”。牵头起草《关

于加强单用途预付卡联合监管的实施意见》，有效解决监管主体不明确、执法效率低的问题。

（二）推动商务领域深化改革工作

13 个行政许可事项“不见面”审批率 100%，外商登记备案从“一表制”升级为“一口办理”，货物自动进口许可证核准改革为“全流程无纸化办公”，方便了群众办事，节省行政资源。全力推进园区行政审批制度改革，市开发区全面推行“不见面”审批，实施“联合踏勘”改革，“三测合一”公共信息服务平台实现试运行，“2330”审批改革目标基本完成；其他开发园区结合“放管服”改革，积极推动大项目代办制、一般项目网上办理等，初步实现“3550”目标。

（三）加快盐城（中韩）产业园先行先试

一是加快复制推广上海等自贸试验区改革试点经验。重点研究国务院发布的 4 批改革试点经验和商务部等有关部委出台的自行复制推广的改革试点举措等 6 项政策文件，共 154 条具体内容，并结合自身现实条件，突出重点、统筹兼顾，从突破性举措争取和一般性改革落地两方面同时入手，全面加快复制推广进程。在全市有关部门的通力合作下，中韩（盐城）产业园在 154 项改革政策中已复制 83 项，在全市率先实施“三测合一”改革，建设开发区公共信息服务平台，实现了测绘事项“一次委托、按需测量、分编报告”的目标。二是创新中韩（盐城）产业园运营机制。成立各级工作协调机制和工作协调小组，建立了联席会议工作制度。管理体制上，实行“区区合一”模式，保障中韩（盐城）产业园建设发展各项工作顺利推进，形成了责权统一、精简高效的管理服务体制，并最大限度调动盐城经济技术开发区的积极性、主动性和创造性。三是在园中率先设立母基金 20 亿元的中韩（盐城）产业园发展基金，中国电子、阿特斯、硕禾、英锐、德纳等一批先进制造业项目顺利落户。新韩银行盐城分行作为苏北首家外资银行正式落户，为在盐投资的韩国和中国企业提供优质的金融服务。四是打造便利营商环境。成立行政审批局，实现了“一枚印章管审批”、审批服务“不出区”。组建综合行政执法局，成立综合执法大队，实现“一支队伍管执法”。在全省“3550”改革部署要求的基础上，全链承接220 项上级赋权，在全省率先实现“2330”改革目标。

扬州市

2018年，扬州市商务系统聚焦高质量发展要求，积极应对各种风险挑战，攻坚克难、真抓实干，全面完成各项目标任务，商务运行稳中向好、稳中有进、稳中提质。

一　主要商务经济指标完成情况

2018年，全市实现社会消费品零售总额1 557亿元，同比增长9.2%。实际利用外资12.2亿美元，增长12.3%，其中战略性新兴产业实际利用外资4.23亿美元，占全市实际利用外资比重34.7%，较2017年提高6.2个百分点。全市外贸进出口119.9亿美元，增长11.1%，出口85.4亿美元，增长8.6%，其中一般贸易进出口占外贸进出口总额比重为76%。全市对外投资总额11.2亿美元，其中外经营业额9.68亿美元，增长6%。

二 开展的主要工作

（一）坚持示范引领，有力推动商贸流通创新发展

1. 加快发展电子商务

积极推进示范创建，获批省级电商特色产业园（街）区 7 个、示范村 15 个、众创空间 3 个、示范社区 2 个，认定市级电商示范村 21 个。全年实现电商交易额 1 070 亿元，同比增长 30.5%。

2. 完善消费促进机制

落实年度工作会议、季度条线会议、月度数据预报、市县乡三级联动机制，全年净增限上法人企业 92 家。优化城乡流通体系，获批省级农贸市场（菜市场）公益性改革试点和 2 个国家农发行流通领域重点合作项目。开展第二批城区特色商业综合体认定工作，京华城 Living Mall 全生活广场获批国家绿色商场创建单位。牵头开展打击侵权假冒工作，扎实推进重要产品追溯体系建设和汽车流通、二手车市场、预付卡等行业执法监管。

（二）坚持市县联动，有力推进招商引资和利用外资

1. 牵头推进“6＋X”招商

成立“6＋X”招商办公室，建立工作平台、信息报送、督查推进、绩效评估 4 项机制。2018 年，市、县领导班子带队招商 1 113 批次，拜访企业 1 743 家，新签约产业项目 1 161 个。

2. 精心组织招商活动

牵头组织赴中国香港、北京、上海、深圳等地拜访推介活动，新落户赛夫—华兰德车辆零部件等世界 500 强及跨国公司项目 6 个、丹麦洛科威并购扬州科沃节能新材料等“510”外资并购项目 2 个。积极开展部门自主招商，重点推进香港远东康复医院、法国威立雅固废环保处理、德国舒驰散装容器等 7 个项目。

3. 着力优化促进机制

研究制定《关于促进外资提质增效推动开放型经济高质量发展的若干意

见》。首次开展外资双线考核，对县(市、区)、功能区和省级以上开发区同步下达外资任务并设定底线目标。

(三) 坚持主动作为，有力推动外贸稳增长

1. 高标准完成首届进博会组展参展

完成企业招展、宣传发动、活动对接、成交促进等工作，组织600余家企业参会，进口成交、消费促进、投资合作取得较好成绩。全年实现进口34.5亿美元，同比增长17.7%。

2. 妥善应对中美贸易摩擦

强化数据分析研判，深入50多家企业调研，向市政府提交外贸“八个加强”政策建议。完善应对指导机制，指导20余家企业运用跨国听证会、商品排除等贸易救济工具开展应对工作，实友化工参与的对美苯酚反倾销调查成为应对摩擦的典型案例。全年对美出口19.4亿美元，同比增长4.1%。

3. 加快培育外贸新业态

评选2018—2020年度重点培育和发展的国际知名品牌30个，引导企业注册海外商标、扩展外销渠道、发展跨境电商。支持生态科技新城创成国家外贸转型升级基地。

4. 积极发展服务贸易

出台服务外包项目管理办法，加大政策宣讲和资金扶持力度。推动市开发区等载体积极争创省级服务外包示范园区。支持扬州漆器厂申报国家文化出口重点项目。全年新增“服务外包信息管理应用系统”录入企业40家，服务外包签约额7 341万美元，服务外包执行额6 781.7万美元。

(四) 坚持精准服务，有力助推企业“走出去”

1. 优化政策导向

修订完善“走出去”资金管理办法，引导企业拓展境外市场，特别是“一带一路”市场。2018年，全市在“一带一路”沿线国家完成外经营业额6.79亿美元，占全市70.1%；出口19亿美元，同比增长18%。

2. 扎实开展投资促进活动

组织企业参加俄罗斯合作座谈会、巴基斯坦商务论坛、中日合作论坛等投

资促进活动 20 余场。组织 30 家外经企业参加第六届中国—中亚合作论坛经贸旅游合作分论坛。2018 年,全市完成对外投资中方协议投资额 7 456 万美元,增长 19.5%;中方对外投资实际完成额 1.52 亿美元,增长 67%。

3. 积极推进境外经贸集聚区建设

跟踪指导恒远、丰尚、重电等企业完善集聚区建设方案。恒远集团坦桑尼亚建材产业园完成一期投资 4 500 万美元,丰尚公司缅甸农产品加工园项目完成土地、产业、入园企业规划编制。

4. 强化"走出去"服务

组织企业参加"走出去"培训 20 多场。强化政企银合作,为"走出去"企业提供授信 25 亿元。组织外派劳务公司赴榆林、绥德、吴堡考察交流,搭建劳务合作平台,缓解"招工难"问题。

(五) 坚持创新创优,有力提升开放载体能级

1. 强化政策引领

起草全市开发园区高质量发展 3 年行动计划,明确园区高质量发展思路、举措。制定园区综合考核办法,突出对利用外资、财政收入等主要指标和特色工作考核。2018 年,全市开发园区新开工、新竣工投产、新达产(效)重大项目分别为 56 个、47 个、110 个;规上工业增加值、公共财政预算收入分别增长 8.19%、10.44%,高于全市水平 3.1 和 4.2 个百分点;实际利用外资、出口额分别占全市 74.18%和 81.65%。

2. 强化园区合作共建

推动市政府与上海金桥开发区签订战略合作框架协议,全年落户上海、苏南亿元以上项目 33 个、总投资 147 亿元。波司登高邮工业园位列省南北共建特色园区考核第 8 位。推动广陵开发区与榆林佳县、扬州化工园与靖边能化园合作共建,落地项目 7 个。

3. 强化口岸升级

开展宣传培训,积极推广国际贸易"单一窗口"标准版。协调口岸查验单位提速降费,顺利完成集装箱通关费用在 2017 年基础上降低 100 美元任务,提前完成出口通关时间降一半目标。积极推进水运、空港开放,中海工业舾装码头通过省级开放验收,扬州泰州国际机场新增国际航线 2 条。

三 改革举措

（一）深入推进“全国小微企业创业创新基地城市示范”创建

1. 突出“四个强化”，推动商贸企业创新发展

一是强化宣传引导，举办中餐国际化暨淮扬菜美食文化国际创新发展大会、2018 中国扬州传统商贸业数字化创新发展大会、全市电子商务创业培训等“双创示范”系列活动，参会参训企业超 1 000 家。二是强化政策扶持，落实促进小微企业贸易促进、老字号集聚振兴、“三把刀”服务创新、“互联网＋商贸”、跨境电子商务等 5 个专项政策。三是强化平台搭建，建成中小商贸流通企业公共服务平台，为 3 000 多家企业提供线上创业辅导、融资对接、人才培训等 8 类服务。四是强化品牌培育，对商贸物流园、特色商业街区等五大类 23 个“双创示范点”进行考核奖励，认定第二批“扬州老字号”10 个，累计 30 个。组织“八有”标准旅店和十大餐饮名店评选，推动企业标准化、高端化发展。

2. 打造“三个窗口”，推动商贸企业集聚发展

一是把东关街—国庆路老字号街区打造成展示传统商业文明的窗口。对东关街、国庆路实施综合改造工程，通过房租减免、装修补贴等方式，引进谢馥春、三和四美等市级以上老字号企业 21 家，获批首批江苏省老字号集聚街区。二是把长春路“三把刀”集聚区打造成展示扬州传统技艺的窗口。放大全国“三把刀”服务创新示范基地效应，启动瘦西湖景区“三把刀”集聚区建设，引进冶春、紫罗兰、扬州浴室等企业入驻，推动扬大烹饪学院、江苏旅游职业学院等院校在集聚区内建设人才培训基地。三是把城区商业综合体打造成展示现代商业元素的窗口。组织开展特色商业综合体认定，引导 36 家已建成和在建商业综合体特色化发展、差异化竞争。

3. 深化“两个融合”，推动商贸企业转型发展

一方面，深化线上线下融合。出台促进电子商务发展实施意见和扶持政策，实施电商进农村、进社区、进园区等五进工程，引导实体店数字化、智慧化转型，支持电商企业开设线下体验店。另一方面，深化商文旅融合。打造集展

示展演、休闲体验、交流交易、创意研发于一体的“486”非物质文化遗产集聚区，集聚商户 300 余家。打造东关街中华老字号谢馥春传习所，开展国庆路紫罗兰、亨得利、中国照相馆、新华书店 4 家老字号店面改造试点，使其兼具博物馆、纪念馆和营业场所功能。

（二）深化投资贸易便利化改革

1. 推进外商投资审批制度改革

贯彻外资准入前国民待遇和负面清单管理，积极实施外商投资企业设立商务备案与工商登记“一口办理”，简化外商投资项目涉批事项，精简材料、优化流程、缩短时限，提升审批、服务效率。落实外商投资项目落地核查工作机制，强化外资项目事中事后监管。

2. 推进口岸通关提效降费

成立全市口岸提效降费工作领导小组，召开专题工作会议，制定并实施口岸提效降费工作方案，分解目标，明确责任。提效方面，加强对进出口、货代企业的宣传培训，会同海关举办专题宣讲培训会，帮助企业尽快熟悉国家、省相关部门出台的优惠政策和便利化申报方法；积极推广电子口岸平台，指导企业使用国际贸易“单一窗口”标准版，更加方便快捷地进行报关、报检等业务；针对压缩通关时间遇到的难点，通过重点走访约谈等方式，帮助企业解决问题，进一步压缩整体通关时间。降费方面，会同物价、财政等部门积极开展口岸单位进出口环节收费调研，公示口岸收费清单，并赴口岸企业开展收费公示及执行情况专项检查，做到清单外一律不得收费，顺利完成年底前集装箱通关费用在 2017 年基础上降低 100 美元的任务；继续开展免除查验没有问题外贸企业吊装移位仓储费用工作，切实减轻外贸企业负担。

镇江市

2018 年，镇江市商务系统广大干部职工扎实工作、奋力拼搏，顺利完成年度目标，全市商务指标平稳向好、质量明显提升。

一 主要商务经济指标完成情况

2018 年，全市社会零售总额 1 360.9 亿元，增长 5%。全年外贸进出口 118.39 亿美元，同比增长 12.4%。其中，一般贸易进出口 91.56 亿美元，占比为 77.3%。服务外包执行总额突破 20 亿美元大关，达到 20.73 亿美元，增长 26.44%；离岸外包执行额 7.09 亿美元，增长 67.1%。全市实际到账外资 8.68 亿美元，同比下降 35.85%。当年新批境外投资项目 28 个，中方协议投资 1.39 亿美元。境外工程承包营业额创历史新高，达 4.3 亿美元，增长 30.17%。

二 开展的主要工作

(一) 坚持产业招引"稳外资"

1. 建立产业强市推进机制

成立产业项目招引组,对全市亿元以上签约产业项目每月督查通报。全年共签约亿元以上产业项目 167 个,其中制造业项目占比 76.6%;北汽麦格纳、孚能电池、长城汽车核心部件等 5 个 50 亿元以上制造业重大项目落户。

2. 探索招商机制改革

市国投中心通过单一来源政府购买服务,解决招商经费问题,组建 3 个专业招商部和 1 个综合部。指导督促各板块制定出台招商改革实施意见,扬中、句容、丹阳均已出台相关意见方案。

3. 坚持"央企"和"平台"两手抓

央企主攻航空航天和海工船舶产业,签约 6 个项目;平台积极探索中欧校友会、江苏浙江商会合作模式,5 个项目入驻中欧产业园;牵头做好镇江国际低碳大会 8 场路演,签约 36 个项目。

(二) 积极应对贸易摩擦"稳外贸"

1. 主动应对贸易摩擦

强化进出口前 50 位企业、前 10 类商品、前五大市场监测分析,形成上下联动的应对机制。召开 10 多场座谈会、培训会,有针对性地指导帮助企业应对贸易摩擦。帮助天工、希西维等企业争取谈判主动权,美国采购商已同意全额承担加征的关税。

2. 努力培育外贸新业态

加快镇江跨境电商园区建设,跨境电商公共服务平台已通过南京海关验收并开业。开展市级外贸综合服务企业认定工作,认定镇江欣贸跨境电商服务公司为市级试点。积极招引外综服企业本地注册,南京红太阳在镇江设立全球供应链企业。

3. 积极推进"市场替代"

用好省市财政政策，按照重点类展会、鼓励类展会和一般类展会，分别给予展位费以及综合参展费补助。全年共安排境内外展会127个，其中金砖国家和"一带一路"市场展会占比约2/3。

4. 奋力组织好进博会

举全局之力，完成省交易团下达专业观众组织和贸易成交促进工作，13家企业达成意向成交20笔。

5. 积极推进口岸工作

全年镇江口岸(港口)完成货物吞吐量15 331.4万吨，同比增长7.9%。其中外贸货物吞吐量3 750.3万吨，同比增长11.1%；完成集装箱吞吐量43.18万TEU(标箱)，同比增长6.5%，其中外贸集装箱吞吐量18.81万TEU，同比略降1.2%。完成了江苏新民洲港务有限公司码头二期3个泊位和谏壁电厂码头二期1个泊位对外开放。完成镇江边防检查站水上执法基地趸船码头及配套设施建设，并交付使用。

(三) 大力推进开发区"一特三提升"

1. 规划引领产业集聚

将编制开发区特色主导产业专项规划纳入开发区重点考核内容，指导各开发区年内完成编制工作，引领精准招商和产业链招商。

2. 增强功能优势

镇江经开区集成改革成为全省样板，全省率先探索编制国家级开发区全链审批赋权清单并赋权到位，实现"一层全链管审批"。镇江综保区获企业增值税一般纳税人试点资格。

3. 探索飞地园区共建共享

推进镇江高新区和丹徒经开区合作共建，采用土地一次性收储方式，探索跨区合作新模式，有效解决机构设置、人员配备、资金投入、运营管理等诸多不确定因素。

4. 修订园区绩效考核

围绕省市高质量发展相关指标，修订开发区和综保区的绩效考核办法，突出制造业占比、对经济增长贡献率、亩均贡献率，并与园区绩效挂钩。

（四）外包、外经工作有成效

服务外包将“保牌子、严考核、有创新”作为工作重点，出台《实施意见》《绩效考核办法》《特色产业集聚区认定管理办法》和《产业发展规划》等文件，成立镇江市服务外包协会。鼎胜铝业在泰国、建华建材在越南、恒宝在肯尼亚、沃得在印度等 5 个新设项目超 1 000 万美元，另有 6 个境外项目增资。新增 1 家对外承包工程资质企业。省交通工程集团、省电建三公司、中交二航三公司等企业在“一带一路”沿线建设港口、公路、桥梁、电厂，擦亮镇江基建品牌。

（五）落实商贸流通惠民生

1. 完善菜市场建设管理

修编市区菜市场布局规划，制定主城区菜市场《管理暂行办法》和《综合考评办法》，实现菜市场布局有规划、建设有计划、管理有办法、落实有考核。

2. 推动社区商业线上线下融合发展

探索“统一管理、统一采购、统一配送、统一运营”的运营模式，开业 3 家“365 智慧菜市场”。支持苏宁小店新设 50 家、“互联网＋社区商业”倍全模式社区店 10 家。

3. 品牌创建再掀高潮

创成 7 个省级乡镇电商特色产业园、3 家省级电商众创空间、9 个省级电商示范村。镇江苏宁置业、扬中通达商业、镇江雨润中央购物广场创成省级绿色商场，镇江苏宁置业通过国家级绿色商场评审验收。

4. 加快肉菜追溯体系建设

建成覆盖市区 2 家生猪屠宰企业、2 家大型批发市场、30 家标准化农贸市场、48 家连锁超市（包括门店）和 50 家团体消费单位的肉类流通追溯网络。

泰州市

2018年，泰州市商务系统坚持以提高商务发展质量和效益为中心，以改革创新和扩大开放为主线，围绕全市“四个关键突破”，重点抓好开放型经济高质量发展、招商引资活动、开发园区争先进位、消费市场转型升级等方面重点工作，务实创新推动商务工作持续健康发展，主要指标稳中有进。

一 主要商务经济指标完成情况

2018年，全市实际利用外资15.1亿美元，外贸进出口总额147.3亿美元，实现外经营业额9亿美元，社会消费品零售总额增长5.8%。

二 开展的主要工作

（一）坚持规划引领招商，一着不让狠抓项目招引

强化规划招商，编制《泰州市招商引资规划》，紧紧围绕

构建“1+5+1”产业体系，稳步推进实施“项目大提升三年行动计划”和“236”招商活动计划，通过高层拜访、专题推进、集中签约、境外招商等形式，在深圳、上海、中国香港、中国台湾等地区开展系列招商活动，一批好项目、大项目加快推进；抢抓长三角一体化发展上升为国家战略重点机遇，在长三角 26 个城市中第一个对接服务上海，成功举办“服务大上海、融入长三角”系列对接活动；2018 年全市新签约亿元以上内资项目和千万美元以上外资项目共 1 468 个，完成年计划的 183.5%，总投资 4 397 亿元，其中内资项目 1 351 个，外资项目 117 个。

（二）努力保持外资规模稳定，推进外资提质增效

坚持项目推进及督查工作常抓不懈，先后对 14 家外商投资企业开展外资备案检查，对 70 个外资项目落地情况进行核查。积极落实外资稳增长措施，鼓励企业以未分配利润转增资本，有 6 家外商投资企业以利润转投资，累计增加投资 5 000 万美元。围绕省高质量发展考核监测指标体系，修订利用外资考核办法，新增“战略性新兴产业占比”等考核内容。

（三）多渠道开拓国际市场，推进外经贸加速发展

全年共组织 1 200 多家企业参加进口博览会、广交会、巴西医疗展等20 多个展会，参展企业数量、交易成果均较 2017 年大幅提升。加强与阿里巴巴、全球贸易通、亚马逊等公司合作，建设省级跨境电子商务产业园和跨境电子商务公共海外仓，引导企业开展跨境电子商务。推动外贸转型升级基地建设，泰兴获批功能聚合物及复合材料国家外贸转型升级基地。加强国际产能合作，鼓励企业境外并购投资，并购项目 5 个，并购金额 961.6 万美元，其中艾兰得营养品公司在欧洲并购设立德国普拉根制药有限公司。

（四）大力提升园区发展能级，载体建设取得新成效

推动园区特色化、差别化发展，实现产业集聚、项目集中、功能集成。靖江经济技术开发区在 2018 年公布的国家级经济技术开发区排名上升 57 位；泰州港经济开发区跨进全省省级经济开发区前 7 强；推动南北共建园区建设，锡山经济开发区兴化工业园进入共建园区考核特色园区前 10

强。泰州医药高新区(生物技术与新医药产业)成为全省首批特色创新园区。推动靖江和泰州港保税物流(B型)申报创建,靖江保税物流中心(B型)成功获批。

(五) 围绕扩消费促电商,大力推动商贸流通发展

牵头对全市50个农贸市场开展提档升级工作,不断推进市区农贸市场基础设施建设标准化、市场管理长效化、品牌经营连锁化,实现农贸市场硬件设施改造和软件管理的同步提升。制定《泰州肉类蔬菜流通追溯体系建设技术方案》,稳步推进肉菜流通追溯体系建设工作。成功创建省级电子商务示范村11个、省级乡镇电子商务特色产业园(街)区8个、江苏省首批电子商务众创空间试点单位4个,全年新增电商创业1 913人。积极开展打击侵犯知识产权和假冒伪劣商品工作,推动互联网领域侵权假冒治理、农村和城乡结合部市场监管等重点工作。加强单用途预付卡监督管理,全面落实"三项制度"。加强汽车流通行业、成品油市场等监管工作。

三 改革举措

(一) 加快园区体制机制改革

贯彻落实省委省政府"一特三提升"要求,以考核为导向,重新修订开发区考核办法,促进开发区向现代产业园区转型。一是修订开发区效能考核办法;二是修订开放型经济中开发区考核办法,新的考核办法新增特色发展、智能制造、资源利用等内容。

(二) 推进服务窗口不见面审批改革

按照"不见面审批"的要求,将法定权利事项全部囊括进来,保证"一个都不能少"。全面推行"在线咨询、网上申请、网上审批、网端推送、快递送达"办理模式,保证绝大部分事项全程"零见面""见一次面"。制定出台《市商务局关于进一步做好不见面审批(服务)工作的意见》,在审批流程的各个环节、办事时效等方面对全局的审批工作进行规范。推进外商投资领域"放管服"改革,

"不见面审批"改革做到"一口受理",推进外商投资企业设立备案"单一窗口建设"。贯彻落实上级部署,与工商部门配合,在 2018 年 6 月 30 日正式实施的基础上,继续推进外商投资企业设立商务备案与工商登记"单一窗口",做到"一表申报,一站受理、不见面审批"。

宿迁市

2018 年，宿迁市商务系统深入贯彻市委市政府决策部署，坚持稳中求进工作总基调，积极践行新发展理念，全力推动“六增六强”，以商务系统“十大行动”为抓手，统筹推进招商引资、消费促进、商贸流通、开放型经济等工作，商务经济保持平稳运行态势。

一　主要商务经济指标完成情况

2018 年，全市社会消费品零售总额增长 8%；电子商务交易额1 230亿元，增长 20.6%，网络零售额 290 亿元，增长 20.8%；外贸进出口 36 亿美元，增长 22.1%，进出口、出口增幅均居全省第二；实际使用外资 3.76 亿美元，增长 3.66%；新设外资项目 94 个，协议注册外资 10.57 亿美元，分别增长 118.6%和 63.6%，增幅均居全省第一。10 家企业“走出去”境外投资，跨境电商企业超 100 家，累计出口超 1 亿美元。

二 开展的主要工作

（一）突出项目强发展，“1+6+8”顶层设计加快落地

1. 强化招商机制

做好驻北京、上海、深圳、西安等 4 个区域专业招商局组建工作，精心组织 2018 年全市招商引资培训班，4 个市级专业招商局有效运转，各地 106 个专业招商局同步组建和优化。

2. 强化招商活动

牵头起草《2018 年宿迁市招商引资工作方案》，先后牵头承办“百名外商看宿迁”“百日招商”活动、深圳、北京、西安投资环境说明会、2018 中国宿迁绿色产业洽谈会、第二轮“百日招商”活动等市级层面重大招商活动。

3. 强化项目推进

建立“全市招商引资项目管理系统”，创新提出动态考核签约项目合同率、合同项目注册率和注册项目开工率，每两个月向市委常委会汇报招商引资情况，并对各地“一对一点评、点对点通报”。全年达到开工条件项目 306 个，协议投资 1 090 亿元。

4. 强化载体功能

出台《宿迁市开发区金融服务、公共服务设施和放管服改革工作基本导则》，引导各开发区改造提升基础设施，优化公共服务平台。苏宿园区圆满完成全省首批区域能评环评试点工作，改革经验被省委改革办推广。全省 110 家省级以上开发区排名中，省级以上开发区均保持中等以上位次，沭阳经开区、泗阳开发区位居第 27、第 38 名。

（二）突出开放谋合作，“两个市场”不断扩大

1. 对外贸易工作卓有成效

集中精力拓市场、抓品牌、育业态，精选 191 个境内外展会给予扶持，组织推动 300 家次企业参加展会拓展市场。按“优秀型”“成长型”“潜力型”评选 28 个“宿迁市重点培育和发展的国际品牌”。出台《省级跨境电商试点城市资

金管理办法》。

2. 利用外资工作逆势回暖

深入落实市委五届六次全会精神，推动恢复对利用外资工作的考核，实行周抽查、月统计、季通报制度。全年新设及净增资 3 000 万美元以上企业 21 个，增长 40%，外资企业缴纳涉外税收 29.2 亿元，外商投资向科技环保、新能源、新材料等领域扩展。

3. 对外经济合作稳扎稳打

不断加强企业培训，宣传涉企政策，推动对外投资健康有序发展。全市在“一带一路”沿线国家投资项目 15 个，中方协议投资总额 3 952 万美元，涉及交通运输设备、电气机械制造、医药制造等。

4. 服企惠民不断向纵深推进

联合省市贸促会、海关、金融机构、信保等，积极搭建银信企对接平台。全年开展政策宣讲、业务培训 8 次，为 600 余家次外贸企业开展集中培训，并帮助 10 家外贸企业获得项目融资 16.9 亿元。

（三）突出民生促消费，逐步打响“嗨在宿迁”

1. 做好会展经济和消费升级文章

充分发挥消费对经济的基础性作用，把握会展经济溢出效应，首届“嗨在宿迁”美食节发行“嗨卡”5 万余张，“嗨宿迁”公众号关注突破 100 万人次，“嗨在宿迁”2018 春季汽车博览会吸引参展人数 2.3 万，销售 1.43 亿元，引领了消费市场的升级繁荣。

2. 做好市场繁荣和消费流通文章

引导传统企业转型升级，万达广场、京东之家等新零售模式相继落户，推动华东农业大市场、南菜市两个农产品批发市场配送体系建设。宿迁获批全省农贸市场（菜市场）公益性改革试点，洋河新区推动洋河酒厂获批全国供应链创新与应用试点企业。

3. 做好专项整治和消费热点文章

首届中国国际进口博览会期间，组织 515 家企业、商协会、政府单位，1 156名专业观众参展，圆满完成观展采购任务。积极开展成品油专项整治、进口博览会组织等重难点任务，安全生产等工作细致稳步推进，全市油库、加油站点全面升级到位。

4. 做好商务诚信和消费环境文章

指导成立“金鹰诚信联盟”，建立信用“红黑名单”管理机制，实行“质量承诺”“价格承诺”“满意承诺”，对违法违规的市场主体实行惩戒，维护良好的消费环境和市场秩序。

（四）突出新政促转型，完善“1＋X”政策体系

1. 强化政策资金扶持

依托《电子商务法》出台契机，及时制定《进一步支持电子商务产业发展政策意见》，发布七条政策助推电商产业发展。

2. 强化电商人才培训

牵头举办 5 期全市电子商务产业高研班、承办 2 期全省农村电商带头人培训班、首次举办全市职业技能大赛电子商务项目竞赛，累计培训电商人才 800 余人。

3. 示范创建全省领先

2018 年先后有 16 个乡镇、132 个村居被评为全国“淘宝镇”“淘宝村”，较 2017 年分别增加 9 个、57 个，位居全国第 8 位和第 6 位。

三　改革举措

（一）以“区域能评、环评＋区块能耗、环境标准”代替项目能评、环评试点

先后出台《市委市政府关于深化简政放权放管结合优化服务改革工作的实施意见》（宿发〔2017〕15 号），《市委市政府关于推动开发区绿色发展的意见》（宿发〔2017〕30 号），《市政府办公室关于宿迁市开发区金融服务基本导则、公共服务设施基本导则和放管服改革工作基本导则》（宿政办发〔2018〕14 号）等文件，推动试点工作开展。一是苏宿园区编制完成区域能评报告，园区内新项目按照试点方案开展先行先试。可成科技、华隆达、通鼎电梯等 13 个项目通过区域能评审查。试点后，综合能耗 5 000 吨标煤以下的项目取消行政审批，实行企业信用承诺、事中事后监管的管理模式。项目建设单位只

需向园区提交《固定资产投资项目节能承诺表》，企业办理时间仅需半个工作日，大大缩短的办理时间，提高了审批效率，降低了企业制度性交易成本。二是编制完成《苏州宿迁工业园区生态空间清单、限制开发区域的用途管制清单、污染物排放总量管控值清单和产业与工艺环境准入清单编制研究报告》，并已通过专家论证。从试点情况来看，纳入管理清单的项目可"先试先行"，由原先的10个工作日，压缩为当场办理，大大提高项目落地效率。

（二）省级跨境电商试点工作

1. 完善载体平台建设

按照错位发展、有序推进原则，着力推动各县区加快载体平台建设。沭阳县以软件园为载体，突出产业优势，打造跨境电商集聚区。宿迁电商产业园以"园中园"形式设立"跨境电子商务产业园"；泗阳县着力打造跨境电商孵化中心，通过政策引领和宣传发动，已成功引进顺洋地板等10家企业入驻，开展跨境出口业务；宿城区与阿里巴巴合作，打造跨境电商孵化基地，为跨境电商企业提供培训、代运营、展示等一站式服务。泗洪县与中国邮政集团合作，利用邮政国际物流优势，打造跨境电商产业园区。

2. 强化政策引导

出台《省级跨境电子商务试点城市资金管理办法》（宿商贸〔2018〕55号），从推动跨境电子商务产业园建设、推动跨境电商创业孵化平台建设、支持外贸综合服务企业发展、支持跨境电商人才培育等八个方面引导各县区跨境电商发展，形成"政府引导、企业发力、全员行动"的发展氛围。同时，开展市级跨境电商产业园认定，通过对5个申报跨境电商产业园的项目进行审核和实地考察，认定泗阳县跨境电子商务产业园作为全市第一批市级跨境电子商务产业园。2018年，全市共培训企业达300余家，参训人员超过500余人。

昆山市

2018 年，昆山市商务系统积极应对国内外宏观经济环境的调整变化，贯彻新发展理念，落实高质量发展要求，以解放思想促进改革创新，扎实推进各方面工作，全力打造“兴商惠民”机关服务品牌，取得阶段性成效，有力地促进全市经济社会发展。

一 主要商务经济指标完成情况

一是外资增长势头良好。新设外资项目 276 个，新增注册外资 23.4 亿美元，增长 65.4%。实际使用外资7.6 亿美元，增长 6%。毛豆新车总部、益海嘉里等一批技术水平高、质量效益高、资源占用少的重点项目先后落户，超亿项目 16 个，新增注册外资 18.8 亿美元，是 2017 年的 2.6 倍。新增 5 家省跨国公司地区总部和功能性机构。二是对外贸易稳步增长。外贸进出口创历史新高，实现进出口总额 891.4 亿美元，增长 7.7%。其中出口 580.5 亿美元，增长 6.5%；进口 310.9 亿美元，增长 10%。智能手机和传统笔电是最主要的两大出口产品，全年合计出口 280.6 亿美元，占全市出口的48.3%。一般贸易进出口186.9亿美元,增长10.1%,占比21%,较2017年提高0.46个百分点。对"一带一路"沿线65个国家进出口169.2亿美元,增长19.3%,占全市的19%,较2017年提高1.9个百分点。三是消费市场持续繁荣。实现社会消费品零售总额1 021.8亿元,增长8.5%,成为首个破千亿元的同类城市。京东、唯品会和亚马逊等电商企业继续发挥着消费增长的引擎作用,3家电商企业总计实现零售额351亿元,增长15.3%,占全市社零额总量的34.4%。

二 开展的主要工作

(一)积极作为,商务动能驱策"三驾马车"并进

1. 全力营造"大招商"新氛围

重大活动有声有势,先后成功举办"科创之城"中国昆山(东京)产业投资推介会、"五区一线"规划发布暨(深圳)招商推介会、2018昆山金秋经贸洽谈会暨重大项目开工开业仪式等投资促进活动,掀起一轮聚焦大项目、攻坚大项目、服务大项目的热潮。总投资1 080亿元的宝能系列项目、总投资9亿美元的毛豆新车总部等一批标志性、引领性项目落户。

2. 努力应对"稳外贸"新形势

多举措应对中美贸易摩擦。立足于精准服务,强化动态跟踪,出台《昆山市应对中美经贸摩擦对外贸易专项工作预案》,全面走访涉及企业,提前研判。并将受影响较大的企业分为三类,进行分类跟踪,提供个性化服务。加强培训辅导,举办"中美经贸摩擦应对培训会",辅导企业完善加税商品出口合同,补充涉及加税处置内容的条款,提高国际经贸争端中的维权意识和自我保护能力。举办企业面对面对接交流活动,组织金融机构、税务服务机构为企业应对贸易摩擦支招献计。推动加工贸易转型升级,深化综保区一般纳税人试点,鼓励企业内外贸一体化发展。

3. 着力构建"促消费"新格局

编制《昆山市商业网点布局规划(2018—2035)》,对各种商业业态的布局进行系统规划,突出商业布局的区域性和特色性,加快建设国际化、高品质的

城镇商业中心体系、社区商业中心体系、特色商业体系和交易市场体系，推动形成便利店、超市、商业中心等多层次的购物环境，步行 5 分钟可达便利店、10 分钟可达超市、20 分钟可达商业中心。商业业态转型升级步伐加快，零售资源线上线下融合发展，大润发与阿里巴巴合作开展大数据应用，“缤果盒子”、欧尚无人超市等新型无人便利店相继落户，“盒马鲜生”等体验式消费不断增长。昆城广场获批省级“绿色商场”。

（二）精准发力，商务领域对接融入上海成果丰硕

1. 打“融入牌”，积极承接进博会溢出效应

成功举办 2018 智能科技与产业国际合作论坛昆山分论坛暨昆山对接进博会专场活动，集中签约 16 个产业投资项目和 12 个参展商交易合作项目。组建进博会昆山市交易分团，广泛发动优质企业参与，组织开展 6 场展前对接会，推动了企业通过进博会对标世界先进、拓展合作商机。充分发挥沿沪优势，全力做好进博会配套保障工作，为进博会的成功举办提供优质的配套服务。

2. 打“学习牌”，积极借鉴上海开放型经济举措

从实际出发，加强对上海等自贸试验区创新制度的学习借鉴、复制推广，全面梳理第四批自贸试验区 30 项改革试点经验，成功在全市范围内复制推广对外贸易经营者备案和原产地企业备案“两证合一”等 17 项，在昆山综保区复制推广“四自一简”监管创新等 3 项，在推进投资便利化、贸易便利化、体制机制创新等方面迈出了坚实步伐。全面对标学习“上海扩大开放 100 条”，认真研究、深入分析，分别归纳出昆山已实现、可直接借鉴、可争取、较难争取、依托上海特有平台等各类条目，分门别类开展学习借鉴，并根据需要研究纳入昆山试验区第六次部省际联席会议协商解决事项。

3. 打“对接牌”，积极推动商贸业协同发展

建立联动机制，与嘉定区经济委员会、太仓市商务局签订《关于加强“嘉昆太”商贸会展联动发展的合作框架协议》。与上海百联大宗商品电子商务有限公司正式签约“沪昆会展联动平台”项目，将开发线上交易平台，实现线上线下双线同步交易，促进昆山金融服务与现货电商交易有效结合，打造“365＋3”永不落幕的进交会。积极承接上海新型消费供给方式的辐射带动效应，引进高

端商业品牌和新型商业业态，带动传统商贸业提档升级。

（三）深化改革，商务发展机制持续创新

1. 办展新机制提升展会水平

2018中国（昆山）品牌产品进口交易会采用全新的“组委会—执委会”两级筹办机制，具体承办职责首次下沉昆山，进行大胆改革和创新，在展商质量、展品特色和展览布局等方面进行了全方位提档升级，重点突出智能制造主题，凸显“产业化、交易性、市场化”三大特色。加快市场化办展步伐，招商招展工作实现了60%的市场化运作，其中市场化渠道组展的世界500强及行业龙头企业占比达40%，有效提高招商招展质量和效率。本届进交会以“聚力创新、‘智’造未来”为主题，设立智能制造、半导体与光电、电子电机设备及关键零部件3个专业展区，展览洽谈规模5万平方米，吸引15个国家和地区的327家企业参展，3天展期累计到会采购商3.65万人次。

2. 招商新机制催生重大项目

通过政府招商团队、基金团队和银行团队的深度协作，市场化、资本化、专业化招商模式收获丰硕成果，成功引进车好多集团旗下毛豆新车全国总部项目，注册资本达3亿美元，投资总额9亿美元，是近年来苏州地区最大的服务业外资项目，是无地招商的成功探索，为破解土地资源、环保容量短缺难题提供了有益参考。在项目的引进过程中，实现了三个方面的创新：一是招商路径的创新，成功实现市场化无地招商，由土地招商向资本招商转变，由传统制造业向新经济新业态转变，由政府单打独斗向引入专业投资机构和金融机构转变；二是招商方法的创新，调动专业基金团队，通过股债结合的形式，实现政府增信；三是招商资源的创新，成功实现资本化招商，突破授信对象为轻资产、未盈利、新业态的限制。

3. 监管新机制保障商贸安全

建设“昆山市商贸领域安全监管信息化管理平台”，实现餐饮行业安全生产实时化、动态化、痕迹化、精细化管理。聘请安全生产顾问，通过购买安全管理第三方评价、咨询、排查外包服务等方式，辅助做好安全生产工作，进一步提升监管效率。牵头完成全市商贸领域餐饮场所燃气泄漏报警装置安装工作，实现与119调度指挥中心互联互通，有效防范燃气泄漏事故发生。首次开展

商贸领域安全生产目标管理考核。创新并坚持推送“每日安全速递”，成功举办餐饮行业、综合体二期安全生产培训班。1年来，商贸领域安全生产未发生亡人事故，并出现三个明显变化：属地管理责任持续压紧压实、安全生产认识持续强化提高、安全生产态势持续稳定向好。

（四）锐意进取，商务发展空间不断拓展

1. 从“巩固台资”到“拓展欧美”

一方面，开展深化两岸产业合作高质量发展课题研究，围绕昆山市四大先导产业，将重点研究对象归纳为优势龙头企业、潜在独角兽企业、潜在来昆投资企业等3种类型，研究提出差异化的创新转型高质量发展路径，绘制出昆山台资产业高质量发展的“路线图”。另一方面，深化对德合作，打造中德合作典范城市，制定《关于进一步深化昆山对德合作工作的实施意见》，成功举办2018德国亚洲经济圈协会昆山专场招商对接会，与德国亚洲经济圈协会签署战略合作协议，不断拓展对德合作的深度和广度，全力打造开放新平台；建立与北欧四国总领事馆以及丹麦投资促进局、芬兰贸易投资旅游促进总署、瑞典贸易投资委员会、芬兰商会等机构的互动交流机制，成功举办北欧企业创新投资路演项目对接会、中芬创新企业合作委员会昆山行活动，全力打造对北欧合作的先行区。

2. 从“货物贸易”到“服务贸易”

制定《昆山市深化服务贸易创新发展试点实施方案》，推动在服务贸易管理体制、开放路径、促进机制、政策体系、监管力度、发展模式等方面先行先试，深入推进展览业、金融服务、医养产业、高端维修、运输服务、对台商品交易、服务外包、知识产权等重点行业领域创新发展，打造服务贸易创新发展高地和服务贸易品牌。江苏辰宇文化艺术品有限公司成功申报国家文化出口重点企业名录，在省级服务外包示范区综合评价中，花桥经济开发区和昆山软件园分别名列第7和第22名。全年服务外包接包合同额18.1亿美元，增长2.6%；离岸包执行额5.1亿美元，下降18.1%。开展保税服务贸易创新发展专题调研，立足于花桥现代服务集聚区和昆山综保区，积极对上协调争取，重点在保税研发、对台小额商品交易、保税租赁等业态发力，优化对外贸易宏观结构。

3. 从“昆山之路”到“一带一路”

批准境外投资项目22个，累计完成中方境外协议投资额7 247万美元，增长23.6%。推动境外经贸合作园区建设，跟进协调埃塞俄比亚德雷达瓦昆山产业园建设工作，园区承建方昆山宏鑫建设集团追加1 200万美元投入项目营地和生产基地建设，目前园区已能保障办公、生活需要；完成菲律宾克拉克产业园建设的前期调研。务实开展系列境外投资促进活动，成功举办尼日利亚七州政府代表团交流会议、海外及“一带一路”沿线国家税收政策宣讲会和中国信保服务“走出去”战略的政策介绍会等活动，组织企业积极参加拉美太平洋联盟投资论坛、中国—东盟博览会、柬埔寨投资合作重点企业座谈会等。强化境外投资审批备案服务，做好新政策下境外重点鼓励类投资项目的咨询、指导和服务工作，包括柬埔寨农业合作投资项目前期咨询、紫竹投资公司申请ODI对外投资指导等。

（五）精心服务，商务发展环境持续优化

1. 政务服务水平大提升

深化“放管服”改革，推进各项行政审批制度改革措施，实施商务备案与工商登记“一套表格、一口办理”受理服务模式，深入推进“对外贸易经营者‘两证合一’备案”工作，启动机电产品自动进口许可证全流程“无纸化”办理，推行“不见面审批（服务）”。全年政府服务总办件10 371件，其中网上审批10 332件，网上审批率达到99.62%。即办件6 070件，占办件总量的58.53%，绿色通道办件353件，容缺受理36件，EMS快递221件，发放“两证合一”登记表1 524张，进一步实现更好地服务企业，为企业营造良好发展环境，及时解决发展难题，让企业真正在政策和服务中增强获得感。

2. 惠民服务职能更强化

推进肉菜流通追溯体系建设，加强系统运维考核，完善日常奖惩机制，鼓励经营户使用追溯设备，通过农贸市场可视化工程，提升运维能力，保障系统运行高效稳定。切实保障市场供应，认真落实2018价格调控目标责任书，猪肉、蔬菜价格均控制在市政府调控目标内，积极应对非洲猪瘟疫情，启动猪肉供应和价格日报制度，并追加1 230吨应急冻肉储备。开展典当、融资租赁、商业保理领域整治非法金融百日专项行动，营造公平有序的市场环境。

三 改革举措

（一）全面优化商贸流通管理机制

完善商贸业运行管理机制。成立餐饮行业安全生产专业委员会。各区镇逐步设立相应的餐饮行业安全生产专业委员会，明确组织架构和工作职责。同时成立商业综合体安全管理联盟，加强商业综合体互查互助，建立商贸领域安全生产信息化平台，实现检查留痕化、规范化。建立“嘉昆太”商贸会展合作机制。经过前期的对接，昆山商务局与嘉定区经济委员会、太仓市商务局于 10 月份共同签订《关于加强“嘉昆太”商贸会展联动发展的合作框架协议》，三地商务部门今后将构建“开放共享、联动创新、融合发展”的商贸会展联动体系，推动“嘉昆太”协同创新核心圈的商贸、会展事业相互合作、相互促进、共同提升。

（二）加快招商工作机制改革步伐

1. 深化招商护商体制改革

召开 2 次市深化招商护商工作会议，审议议题 9 个，涉及工业用地再开发、招商干部队伍建设、加强对台合作等内容。2018 年 6 月上旬，开展招商护商服务月活动，通过实地走访、组织座谈交流、召开协调会，推动解决企业反映的 140 个问题，目前已解决或近期可解决问题 72 个，问题解决率超 50%，所有问题处理意见已全部反馈至区镇，由区镇做好沟通解释工作，确保件件有答复、事事有结果。

2. 完善招商工作考评和激励机制

制定《昆山市招商工作考核实施意见》，发挥招商引资考核指挥棒的作用，加强招商引资评价引导；制定《进一步加强全市招商干部队伍建设实施意见》，全力建设一支讲政治、讲奉献、有本领、懂专业的招商干部队伍。

3. 探索市场化、专业化、资本化招商新路径

与德国亚洲经济圈协会、日本地方银行（上海）协会等组织保持良性互动协作，多角度展示昆山营商环境，通过商协会的有效宣传，吸引更多优质企业来昆山考察并落户。招商中心成功引进智能制造产业项目 2 个，生物医药项目 1 个，大健康产业项目 1 个。

泰兴市

2018年，泰兴市商务系统深入贯彻新发展理念，以改革开放40周年为契机，深入推进思想大解放，积极应对挑战，奋力攻坚克难，扎实推进工作，全市商务工作呈现稳中快进、进中向好良好态势。

一 主要商务指标完成情况

2018年，全市实现社会消费品零售总额257亿元，同比增长7%。全市新设立外商投资项目28个，增资项目11个，其中，总投资3 000万美元以上的项目12个。完成协议利用外资10.64亿美元。全市完成外贸进出口52.06亿美元，同比增长36.1%，其中，一般贸易占比55.6%。全年完成外经营业额3.12亿美元，完成境外投资项目7个。新增服务外包企业7家，完成服务外包执行额1.64亿美元。

二 开展的主要工作

（一）聚焦项目招引，推动利用外资提质增效

1. 更高层次谋划项目招引

把项目招引作为商务工作第一要事，始终突出质量规模抓项目、坚持求真务实抓项目，持续推进项目大突破、突破大项目。强化高新技术项目、新兴产业项目和传统产业升级项目招引，紧盯世界 500 强和上市企业，精心组织好北京、上海、深圳和境外等重点招商活动，办好第九届中国（泰兴）银杏节，积极参与省、市组织的各类投资促进周和主题招商活动，确保开展综合招商活动 4 次和小分队招商 200 次以上，全年签约亿元以上项目 100 个。

2. 更高水平提升外资质效

围绕利用外资量的扩张和质的提升，努力在拓展利用外资领域、优化利用外资结构上精准发力，推进利用外资从制造业单兵突进向制造业服务协同并进转变，从价值链低端向价值链高端延伸，从绿地投资为主向并购投资拓展，全面提高利用外资的质量和水平。重点在现代服务业、城市功能性项目利用外资上补短板，尤其在融资租赁、仓储物流等外资项目上再发力；鼓励现有外资企业增资扩股和利润再投资；鼓励设立融资租赁、商业保理企业。力争服务业利用外资占比达 20%以上。

3. 更大力度优化营商环境

开展营商环境优化提升专项行动，努力营造法治化、国际化、便利化的营商环境。抓好外资政策服务，全面实行准入前国民待遇加负面清单管理制度，扩大服务业对外开放，尽快出台促进外资增长实施意见。进一步改进和完善挂钩服务企业、重大项目制度，加强对外资企业和项目的动态跟踪和政策信息服务。进一步完善咨询、评估、融资、担保、审计等社会化服务体系，加强海关、海事、国检、边检 4 家查验机构服务能力建设，不断提升承载能力和发展水平。

（二）聚焦创新发展，推动开发园区“一特三提升”

1. 推动体制机制创新

以招商体制机制改革为突破口，加快构建招商引资新的组织架构、新的政策体系。以信息共享为基础，企业化运行为核心，建立以产业链、价值链和创新链为主导的招商组织架构。以绩效考核为龙头，统筹产业发展、科技创新、人才引进等方面政策，形成“1＋N”招商引资政策体系。围绕“目标精准化、考核精细化、队伍专业化”，进一步完善招商一线人员招录办法和激励机制。

2. 推动“一特三提升”

认真贯彻落实《泰兴市开发园区创新发展实施意见》，深入推进“追赶跨越三年行动计划”，切实提升开发园区创新要素集聚力、特色产业吸引力、基础功能承载力。注重招商选资，确保新招引项目设备投资占比、高新技术产业项目占比、战略性新兴产业项目占比和传统产业装备智能化水平实现“四个明显提升”。推动特色发展、创新发展、融合发展，瞄准项目高度集中、企业高度集群、产业高度集聚，着力打造特色创新集群；完善绩效评价机制，对“低产田”和“高产田”进行差别化的资源配置；深化生态园区建设，鼓励有条件园区创建智慧园区。

3. 推动园区能级提升

泰兴经济开发区积极打造以精细化为主导，新材料、医药、日化、涂装、化工装备再制造为支撑的“1＋5”特色产业体系，力争进入全省省级开发园区前5位。黄桥经济开发区加快打造琴韵小镇，深化南北共建和跨区合作，力争在南北共建园区考核中进入前20名。泰兴高新区聚力凤栖小镇建设，聚焦人才科技创新，集聚高新技术项目，力争在全省高新区考核中进入前30名。虹桥工业园区把突破重大项目、发展高端产业作为主攻方向，着力打造跨江融合先行区、绿色发展示范区。农产品加工园区围绕农产品精深加工，不断提升园区承载功能。城区工业园区大力发展军民结合产业，着力培植中小型科技企业集群。

（三）聚焦优进优出，努力提升外贸综合竞争力

1. 全力推动外贸稳定增长

抓好“扩面、培优、扶强”工作，建立完善增量培育机制。开展有权无绩企

业破零行动，通过一事一议、一企一策，引导“内贸转外贸、代理转自营、市外转市内”。全力推动新批重点外资项目建设，促进早开工、早投产、早出口。加强对重点外贸进出口企业、重点产业的关注和监测，积极帮助企业化解发展瓶颈，力争新增外贸进出口过亿美元企业 1 家，过 5 000 万美元企业 3 家。积极落实稳增长扶持政策，进一步拓展政策服务的深度和广度。加强风险防控预警，引导企业增强风险防范意识。鼓励市场开拓，引导企业参加国内外知名展会，加大市场开拓和品牌推广力度，加快形成渠道多元、风险分散的市场分布新格局。

2. 努力提升外贸核心竞争力

结合“中国制造 2025”“科技创新券”等，深入实施“科技兴贸”战略，推动机电、高新技术企业培育技术、品牌、质量和服务优势，促进对外贸易优进优出、优质优价。抓好进口促进，引导企业扩大先进技术设备和关键零部件、资源性产品进口，促进进出口平衡发展；鼓励发展加工贸易，引导机电、轻纺等传统优势企业自营出口，力争非化工产品进出口占比提高 5 个百分点。

3. 加快发展外贸新业态

加大对出口基地的服务扶持力度，强化贸易与产业的有机结合；培育和引进外贸综合服务企业，加快推进进口商品交易中心落户，加快发展跨境电子商务。结合“一带一路”建设，推进外贸与投资、产能合作、境外施工等深度融合，尽快形成新的增长点。

（四）聚焦风险防范，加快形成“走出去”新格局

1. 扩大对外直接投资规模

落实“去产能”关键举措，从供给侧发力，引导减速机、提琴等行业通过直接投资、并购等方式进行国际产能合作。加强政策宣传，鼓励和支持设立境外机构、销售网络和生产加工基地，加快本土企业国际化步伐。

2. 拓展对外承包工程领域

鼓励设备安装企业申报对外承包工程经营权，不断壮大外经队伍。拓展承包途径，鼓励企业以 EPC、BOT、PPP 等方式总包境外工程。鼓励企业与国内外知名承包商组成联合体，共同拓展“一带一路”沿线国家市场。引导企业加强与金融、保险机构的合作，增强融资能力，提升市场开拓和工程承揽能力。

强化“三外互动”,以外经带动外资、外贸联动发展。

3. 提升对外劳务合作水平

健全外派劳务服务中心平台功能,提升平台主渠道作用。立足传统业务,积极开拓发达国家专业型、技术型境外就业等高端劳务市场。加强外派劳务培训,强化外派劳务管理,不断优化外派劳务市场环境。完善境外劳务纠纷、突发事件预警和应急处理机制,切实维护劳务人员合法权益,保障社会稳定。

(五) 聚焦消费升级,着力优化消费环境

1. 完善城乡市场流通体系

推动城市核心商圈转型升级、错位发展,大力发展特色消费、大众消费,着力打造以鼓楼、大润发、凤凰文化广场、昌建广场为中心,专业市场为补充的城市商圈。推动实体零售创新转型,加快发展“零售+体验”“商品+服务”“线上+线下”等“新零售”,增强实体零售核心竞争力。组织开展消费促进月活动,推出一批具有消费档次和水平、富有特色的消费促进活动。

2. 培育商贸流通主体

按照“强化招引、扶持限上、培育小微、注重特色”的思路,加快商贸项目建设。以电商集聚区建设为载体,城区、黄桥、高新区、虹桥4个电商集聚区建成运营。全力支持大众创业,开展电商企业创业孵化基地建设,力争培育电商示范镇、村、企业各1家。

3. 优化流通业发展环境

进一步优化市场主体,做大批发零售业、做强养生休闲业、做优住宿餐饮业、做实社区商贸服务业。深入开展农超、农餐对接活动,进一步压降流通成本。改造提升农村集贸市场,拉动农村消费。完善社区便民服务网络,推动连锁经营向社区延伸。深入开展打击侵权假冒工作,持续推进互联网领域整治、中国制造海外形象维护“清风行动”。推进商务诚信体系建设,开展“诚信兴商宣传月”“信用消费进万家”等主题活动,优化营商环境,打造放心消费环境。

沭阳县

2018 年，沭阳县商务系统紧紧围绕年初工作目标任务，坚持不懈狠抓利用外资，多措并举力促外贸增长，激发电子商务发展活力，规范商贸流通市场秩序，为县域经济社会发展做出积极贡献。

一 主要商务经济指标完成情况

2018 年，全县完成外贸进出口总额 79 203 万美元，其中，出口 70 424 万美元，进口 8 778 万美元，进出口、出口、进口同比分别增长 17.9%、20.9%、－1.7%。其中，一般贸易进出口占比 37.49%。新批外资项目 12 个，实际使用外资 9 168 万美元。完成电子商务销售额约 247 亿元（“双十一”当天发出 295.17 万件快递，销售额约为 5.4 亿元）；积极开展电子商务示范试点创建，获批省级示范村、乡镇电子商务特色产业园（街）区共计 8 个。

二 开展的主要工作

（一）提高企业综合竞争力，促进对外贸易提质增效

1. 探索新机制，推进跨境电商产业园建设

积极推进沭阳跨境电商产业园规划设计、招投标、装修进度。2018 年 5 月，沭阳跨境电子商务产业园在软件园成功挂牌，总投资 100 万元，建筑面积 5 000平方米，目前已有 10 家跨境电商企业入驻园区，推动了产业集聚与融合发展。

2. 发挥传统优势，促进企业高质量发展

在稳定传统出口市场和出口产品的同时，引导企业加大科技研发投入，提高产品科技含量和附加值，实现传统产品出口高端化、品牌化，共组织江苏欢欢、江苏圣彼得、江苏豪悦等 5 家企业申请欧盟注册商标，增强企业竞争力。

3. 拓宽发展空间，推动企业抢占市场

积极鼓励企业参加广交会、华交会等各类知名品牌展（博）览会，让沭阳企业有更多机会“走出去”。2018 年第 124 届广交会，共组织 18 家企业参展，产品涉及通用机械、汽车配件、家居用品、办公文具、医疗器械等 13 个展区 33 个展位；中国首届进口博览会，组织 55 家企业 202 人次参会，有 2 家企业当场签约，签约金额 2 000 万美元（江苏鸿宾食品 1 700 万美元，江苏豪悦 300 万美元）。

（二）合理调整外资结构，全力做好帮办服务

1. 建立项目跟踪服务体系

及时掌握县区外资工作动态，对情况复杂、涉及问题多的项目及时主动上门服务，优化项目落地流程。实施重大项目包挂责任制、走访回访制度。特别是建立重大项目领导挂钩联系帮扶和重大项目引进会商制度（即对重特大项目实行“特事特办、一事一议”制度），统筹全县重大政策、重大事项。

2. 确立招商新思路

更加注重项目选择，大力发展产业集群，优化产业布局，重点引进技术含

量高、占用资源少、环境效益好的项目，通过产业的上下游、前后向链接强化产业链招商，引进基地型、龙头型项目。

（三）加强电商行业引导，激发电子商务发展活力

1. 致力电商人才培养

深化与阿里巴巴淘宝大学的合作，举办全年 30 期次电商人才培训课程，报名参训 1 800 余人次。围绕商务局工作部署，组织电商企业代表，分 7 批次赴京东（北京）总部学习培训，让电商企业更深刻的了解电商平台的需求和发展方向。

2. 积极筹备网上花木节

成功举办第二届沭阳网上花木节，通过在淘宝、京东、阿里巴巴1688 等第三方电商平台开设线上专场活动，展示销售家庭园艺、沭派盆景、精品干花等花卉苗木产品，并重点介绍沭阳月季、多肉等特色产品，助推网商在网络营销活动中实现新的提升。

3. 加大花木电商品牌创建和品牌推广力度

组织"我为花乡代言""媒体看沭阳"等活动，开展系列深度报道，扩大"沭阳花木"品牌影响力。

（四）搞活流通促进消费，加强商贸流通市场管理

1. 做好商品储备工作

建立县级猪肉储备，与商业肉联厂签订猪肉储备合同，确定 2018 年春节期间冻肉储备 170.8 吨，活猪储备 256.2 吨，落实财政资金 9.74 万余元。

2. 加快双层罐改造工作

印发《关于全县加油站（点）油罐区改造工作的通知》，要求全县加油站严格按照时限完成治理工作，对成品油经营企业严格兑现奖惩，共完成双层油罐改造 68 座，剩余 2 座已按计划推进。

3. 强化成品油行业监管

开展成品油经营专项检查，对进销台账、记账凭证、库存账目等内容进行规范和检查，并重点检查成品油零售企业是否未经许可擅自新建、迁建和扩建加油站及基础设施、是否存在超范围经营等行为。同时，由县政府牵头，相关

职能部门各司其职，开展成品油市场专项整治行动，重点打击非法经营成品油、扰乱市场秩序行为。2018 年以来，共出动执法人员 602 余人次，拆除加油机 30 余台，规范全县成品油市场经营秩序。

4. 落实安全生产监管

定期对城区 6 家较大型商场超市进行拉网筛查，联合安监、市监等部门进行联合检查，通过现场询问、查看档案、检查设施等方式对企业安全生产规章制度的落实、责任书签订、消防设施配备等方面进行检查，发现安全隐患，立即列出整改清单并定期复查，不留死角，确保各项安全生产监管工作的落实。

第三部分

学习贯彻习近平新时代中国特色社会主义思想和党的十九大精神

中共江苏省商务厅党组关于印发《2018年省商务厅党组中心组专题学习计划》的通知

各位中心组成员：

根据省委组织部、省委宣传部有关通知精神，现将《2018年省商务厅党组中心组专题学习计划》印发给你们，请认真执行。

2018年省商务厅党组中心组专题学习计划

2018年是贯彻党的十九大精神的开局之年，是改革开放40周年，是决胜全面建成小康社会、实施“十三五”规划承上启下的关键一年，是落实省委十三届三次全会要求的重要一年。商务厅党组坚决贯彻落实中央精神和省委部署要求，借力创新学习思路举措和完善理论学习机制，继续加强党组中心组学习，推动提高机关党建工作能力。根据省委组织部、省委宣传部下发的《关于印发〈2018年全省县以上党委(党组)理论学习中心组专题学习计划〉的通知》(苏宣通〔2018〕19号)要求，现就商务厅党组中心组专题学习制订如下计划。

一 学习要求

按照“两学一做”学习教育常态化制度化要求，结合“不忘初心、牢记使命”主题教育，坚持不懈学习马克思列宁主义、毛泽东思想和中国特色社会主义理论体系，确保政治信仰不变、政治立场不移、政治方向不偏。特别是要把学习贯彻习近平新时代中国特色社会主义思想和党的十九大精神作为首要政治任务和中心组学习的重中之重，分专题深入学习习近平新时代中国特色社会主义思想的时代背景、科学体系、精神实质和实践要求，不断增强“四个意识”、坚定“四个自信”，以武装头脑、指导实践、推动工作。要把学习贯彻习近平新时代中国特色社会主义思想和党的十九大精神，具化到指导落实省委十三届三次全会决策部署的各个方面。以重大理论问题和现实问题为学习切入点，深入学习研究党中央重大战略决策部署、习近平总书记对江苏工作的一系列重要指示精神，以及新时代事关我省改革发展稳定的重大问题和人民群众反映强烈的突出问题，为推动高质量发展，推进“两聚一高”新实践，加快建设“强富美高”新江苏提供理论支撑和思想保证。

二 专题设置

本年度主要围绕以下十二个主题进行学习。

1. 关于习近平新时代中国特色社会主义思想的专题学习。深入学习把握习近平新时代中国特色社会主义思想的政治意义、历史意义、理论意义、实践意义，深刻认识习近平新时代中国特色社会主义思想一系列相互联系、相互贯通的创新观点、重大战略，从整体上理解掌握这一科学理论的思想精髓和精神实质，进一步坚定对马克思主义和中国特色社会主义信仰信念，进一步增强对全面建成社会主义现代化强国、实现中华民族伟大复兴的强大信心，进一步增强对习近平总书记和党中央的绝对信任，切实把思想和行动统一到习近平新时代中国特色社会主义思想上来。通过系统深入学习，不断提高政治站位、树立历史眼光、强化理论思维、增强大局观念、丰富知识素养、坚持问题导向，善于从历史和现实相贯通、国际和国内相关联、理论和实践相结合的宽广视角进行思考和把握，做到坚持和发展中国特色社会主义要一以贯之，推进党的建设新的伟大工程要一以贯之，增强忧患意识、防范风险挑战要一以贯之，真正把学习成效转化为认识问题、研究问题、解决问题的立场和能力，转化为拥抱新时代、实现新作为的动力和热情。

2. 关于中国特色社会主义进入新时代和我国社会主要矛盾发生历史性变化的专题学习。深刻认识中国特色社会主义进入新时代，是当代中国发展新的历史方位，是关系全局的战略考量；深刻认识我国社会主要矛盾的变化，是关系全局的历史性变化，是全党工作的战略重点和主攻方向。准确把握提出新时代的重大意义、丰富内涵和战略部署；准确把握我国处于并将长期处于社会主义初级阶段的基本国情没有变，我国作为世界上最大发展中国家的国际地位没有变。通过系统深入学习，全面把握新时代的新要求，坚持以人民为中心的发展思想，坚定不移把发展作为党执政兴国的第一要务，毫不动摇把经济建设作为中心任务，更加注重全面协调可持续发展，更加注重解决好发展不平衡不充分的问题，更加注重保障和改善民生水平，不断促进社会公平正义，推动全体人民走向共同富裕。

3. 关于中国共产党人的初心和使命的专题学习。结合开展“不忘初心、牢记使命”主题教育，深刻理解中国共产党人的初心和使命是“为中国人民谋幸福，为中华民族谋复兴”，深刻认识一切为了人民、一切依靠人民，让老百姓过上好日子是我们一切工作的根本出发点和落脚点；深刻认识不忘初心，牢记使命，就不要忘记我们是共产党人，我们是革命者，不要丧失了革命精神；时代是出卷人，我们是答卷人，人民是阅卷人。通过系统深入学习，深刻理解“幸福都是奋斗出来的”，永远把人民对美好生活的向往作为奋斗目标，始终把实现好、维护好、发展好最广大人民根本利益作为最高标准，自觉践行全心全意为人民服务的根本宗旨，以永不懈怠的精神状态和一往无前的奋斗姿态，为实现中华民族伟大复兴的中国梦而奋斗。

4. 关于习近平新时代中国特色社会主义经济思想的专题学习。结合学习贯彻中央和省经济工作会议精神，深刻认识牢固树立创新、协调、绿色、开放、共享的新发展理念是关系我国发展全局的一场深刻变革，是习近平新时代中国特色社会主义思想的重要内容；深刻认识我国经济发展进入了新时代，我国经济已由高速增长阶段转向高质量发展阶段；深刻认识习近平新时代中国特色社会主义经济思想是 5 年来推动我国经济发展实践的理论结晶，是中国特色社会主义政治经济学最新成果，是党和国家十分宝贵的精神财富。通过系统深入学习，深刻理解把握习近平新时代中国特色社会主义经济思想的重大意义、突出贡献、丰富内涵和实践要求，坚持以新发展理念统领现代化经济体系建设，推动我省经济在实现高质量发展上不断取得新进展。

5. 关于坚持党对一切工作领导的专题学习。结合认真学习贯彻党章，深刻认识中国共产党是我们事业的坚强领导核心，党政军民学、东西南北中，党是领导一切的，中国共产党的领导是中国特色社会主义最本质的特征，是中国特色社会主义制度的最大优势；深刻领会党的十九大报告提出的新时代党的建设总要求和 8 个方面重点任务，深刻认识政治建设是党的根本性建设，思想建设是党的基础性建设，要以提升组织力为重点，全面加强基层党组织建设；深刻认识全面从严治党永远在路上，必须坚持问题导向，保持战略定力，一刻不停歇地推动全面从严治党向纵深发展。通过系统深入学习，准确把握新时代党的建设总要求，坚持和加强党的全面领导，进一步增强维护习近平总书记全党的核心、党中央的核心地位的思想自觉和行动自觉，自觉在思想上政治上行动上同党中央保持高度一致，把党建设成为始终走在时代前列、人民衷心拥护、勇于自我革命、经得起各种风浪考验、朝气蓬勃的马克思主义执政党。

6. 关于坚定文化自信的专题学习。深刻认识文化自信是一个国家、一个民族发展中更基本、更深沉、更持久的力量，是更基础、更广泛、更深厚的自信，没有高度的文化自信，就没有文化的繁荣兴盛，就没有中华民族的伟大复兴，坚定中国特色社会主义道路自信、理论自信、制度自信，说到底是要坚定文化自信。通过系统深入学习，进一步推动社会主义精神文明和物质文明协调发展，培育和践行社会主义核心价值观；进一步坚持创造性转化、创新性发展，传承和弘扬中华优秀传统文化；进一步坚定文化自信，坚持中国特色社会主义文化发展道路，推动社会主义文化繁荣兴盛。

7. 关于推进马克思主义中国化时代化大众化的专题学习。结合纪念马克思 200 周年诞辰，发扬我们党学哲学用哲学的优良传统，全面学习掌握马克思主义的科学理论体系，自觉运用辩证唯物主义和历史唯物主义世界观方法论认识问题、分析问题、解决问题，进一步坚定理想信念，补足精神之“钙”。通过系统深入学习，深刻认识习近平新时代中国特色社会主义思想实现了马克思主义基本原理同中国具体实际相结合的又一次伟大飞跃，是马克思主义中国化最新成果，是21世纪马克思主义、当代中国马克思主义。深刻认识马克思主义是与时俱进的理论体系，要大力弘扬理论联系实际的优良作风，不断提高新时代坚持和发展中国特色社会主义的能力，不断推进实践基础上的理论创新，继续推进马克思主义中国化、时代化、大众化，不断开辟21世纪马克思主义发展新境界。

8. 关于打好"三大攻坚战"的专题学习。深刻认识坚决打好防范化解重大风险、精准脱贫、污染防治"三大攻坚战"集中体现了我们党人民至上的根本政治立场，对推动高质量发展、全面建成小康社会、实现第一个百年奋斗目标具有重要意义。深刻理解"把防控风险放在更加突出的位置""小康不小康，关键看老乡，关键看贫困老乡能不能脱贫""小康全面不全面，生态环境质量是关键"所内蕴的深刻含义，不断增强做好工作的思想自觉和行动自觉。通过系统深入学习，准确把握打赢"三大攻坚战"的丰富内涵、精神实质、基本方略，把打好"三大攻坚战"作为一项必须落实的重大政治任务，以更大的决心、更明确的思路、更精准的举措攻坚克难，为全国目标任务的完成做出江苏贡献。

9. 关于牢牢掌握意识形态工作领导权的专题学习。深刻理解意识形态决定文化前进方向和发展道路，意识形态工作事关党的前途命运、事关国家长治久安、事关民族凝聚力和向心力。深刻认识面对意识形态领域错综复杂的斗争形势，一刻也不能放松和削弱意识形态工作，必须把意识形态工作的领导权、管理权、话语权牢牢掌握在手中，任何时候都不能旁落；必须巩固马克思主义在意识形态领域的指导地位，巩固全党全国人民团结奋斗的共同思想基础，建设具有强大凝聚力和引领力的社会主义意识形态，使全体人民在理想信念、价值理念、道德观念上紧紧团结在一起。通过系统深入学习，不断增强风险意识、忧患意识，旗帜鲜明支持正确思想言论，旗帜鲜明抵制各种错误思潮，进一步明确落实意识形态工作责任制的工作要求和方式方法，着重解决"不想抓、不会抓"的问题，始终以坚定者、奋进者的姿态克服困难、战胜挑战，把意识形态工作领导权牢牢掌握在手中。

10. 关于推动高质量发展的专题学习。深刻理解推动高质量发展的重大意义，注重从经济发展规律、社会发展规律、科技变革规律、需求变化规律等方面认识推动高质量发展的现实紧迫性和历史必然性。通过系统深入学习，全面把握我省提出的“六个高质量”发展的科学内涵、基本要求，更加突出系统思维，突出创新引领，突出重点领域，突出因地制宜，突出务实操作，一项一项抓好落实，切实以高质量发展的实际成效把“强富美高”新江苏不断推向前进。

11. 关于全面深化改革的专题学习。结合庆祝改革开放 40 周年系列活动，深刻认识改革开放是党在新的时代条件下带领人民进行的新的伟大革命，是决定当代中国命运的关键一招，也是实现“两个一百年”奋斗目标、实现中华民族伟大复兴的关键一招。深刻认识全面深化改革的总目标、总任务，紧密结合江苏实际，重点研讨在国家顶层设计的框架内，蹄疾步稳推进各项改革的思路举措；深入研讨在国家开放新格局中，充分发挥江苏在“一带一路”交汇点中的作用，持续拓展开放空间，释放改革红利。通过系统深入学习，深入总结改革开放 40 周年中国特色社会主义在江苏的成功实践和经验启示，进一步坚定改革开放前景，争当改革的促进派和实干家，以更大决心、更大力度坚定不移将改革进行到底。

12. 关于党的十九届三中全会精神的专题学习。深刻认识深化党和国家机构改革是适应新时代中国特色社会主义发展要求做出的重大决策部署，是着眼实现全面深化改革总目标的重大制度安排，是推进国家治理体系和治理能力现代化的一场深刻变革，对于提高党的执政能力和领导水平，广泛调动各方面积极性、主动性、创造性，有效治理国家和社会，推动党和国家事业发展，具有重大意义，必将发挥重要作用。深刻理解把握深化党和国家机构改革的指导思想、目标、原则和四个方面的改革部署内容；充分认识深化党和国家机构改革是一个系统工程，必须加强党的统一领导。通过系统深入学习，切实把思想和行动统一到党中央关于深化党和国家机构改革的决策部署上来，把握好改革发展稳定关系，不折不扣抓好党中央决策部署贯彻落实。

三 学习篇目

1.《决胜全面建成小康社会　夺取新时代中国特色社会主义伟大胜利——习近平同志在中国共产党第十九次全国代表大会上的报告》；

2.《中国共产党章程》(人民出版社)；

3.《党的十九大报告辅导读本》《中国共产党第十九次全国代表大会文件

汇编》(人民出版社);

4.《党的十九大报告学习辅导百问》(学习出版社、党建读物出版社);

5.《十九大党章修正案学习问答》(党建读物出版社);

6.《习近平谈治国理政》第一卷、第二卷(外文出版社);

7.《新时代面对面》(学习出版社、人民出版社);

8. 习近平总书记在中央经济工作会议上的重要讲话(2017 年 12 月);

9.《谱写新时代改革新篇章——以习近平同志为核心的党中央全面深化改革启示录》(新华社);

10. 习近平总书记在中国共产党第十九届中央委员会第一次全体会议、第二次全体会议、第三次全体会议上的重要讲话;

11.《中共中央关于深化党和国家机构改革的决定》(二〇一八年二月二十八日中国共产党第十九届中央委员会第三次全体会议通过);

12. 娄勤俭同志在中国共产党江苏省第十三届委员会第三次全体会议上的讲话;

13.《习近平新时代中国特色社会主义思想学习纲要》(即将出版);

14.《习近平新时代中国特色社会主义思想 30 讲》(即将出版)。

(2018 年 3 月 13 日)

关于印发《2018年省商务厅机关党的建设工作要点》的通知

厅机关各处室局、各直属事业单位党支部：

现将《2018年省商务厅机关党的建设工作要点》印发给你们，请结合实际认真贯彻落实。

2018年省商务厅机关党的建设工作要点

2018年是贯彻党的十九大精神的开局之年，是改革开放40周年，是决胜全面建成小康社会、实施"十三五"规划承上启下的关键一年。省商务厅机关党的建设工作总体要求是：全面学习宣传贯彻习近平新时代中国特色社会主义思想和党的十九大精神，进一步增强政治意识、大局意识、核心意识、看齐意识，按照省委十三届三次全会的部署要求，以党的政治建设为统领，继续深化省委巡视反馈意见整改，加强厅机关政治建设、思想建设、组织建设、作风建设和纪律建设，把制度建设贯穿其中，深入推进反腐败斗争，落实落细全面从严治党要求，着力提升厅机关党组织的组织力、凝聚力、战斗力，充分调动机关党员干部干事创业的积极性主动性创造性，促进党建与业务工作融合，努力为推进

"两聚一高"新实践、建设"强富美高"新江苏提供坚强政治保证。

一 突出"旗帜鲜明讲政治",加强机关政治建设

(一)把政治建设摆在首要位置

坚决维护以习近平同志为核心的党中央权威和集中统一领导,在思想上政治上行动上与党中央保持高度一致。强化机关党组织的政治功能,引导机关党员干部坚定执行党的政治路线,严守政治纪律和政治规矩,将"四个意识"固化在头脑中、落实在行动上。按照党的十九大精神和党章修正案新规定、新要求,严格落实党建责任清单,建立厅党组书记负总责、分管领导分工负责、机关党委推进落实、党支部书记"一岗双责"的党建责任体系,形成各司其职、齐抓共担的党建工作格局。落实党建工作述职机制,各级党组织书记在述职中要突出政治建设情况,增强担当落实政治责任的思想自觉、行动自觉和成果导向。

(二)严格规范党内政治生活

尊崇党章,落实党要管党从党内政治生活管起,推进全面从严治党从党内政治生活严起。针对党内活动和组织生活质量不高、流于形式、作用不明显等问题,充分发挥"关键少数"以上率下、示范带动作用,党员领导干部按要求坚持参加所在党支部的组织生活;着力增强党内政治生活的仪式感、庄重感、严肃性,切实防止形式化、简单化,杜绝庸俗化、娱乐化的不良倾向,努力提高党内政治生活的政治性、时代性、原则性、战斗性。发展积极健康的党内政治文化,营造风清气正的政治生态。相关党支部要详细记录党员领导干部参加政治生活情况,了解日常政治表现,定期向党组和机关党委报告,把好"政治关"。

(三)巩固深化巡视整改成果

以"机关党建质量提升工程"为抓手,在继续推动巡视整改的基础上,乘势而上,坚持问题导向,围绕实现政治、思想、组织、作风、纪律建设"五大质量提

升”，强化全面过硬，着力增强机关党组织和党员干部学习、政治领导、改革创新、科学发展、依法执政、群众工作、狠抓落实、驾驭风险等“八种本领”。坚持标准不降、劲头不松、力度不减，继续以高度的政治自觉，着眼长效巩固深化省委巡视整改工作成果。对已完成的整改任务，及时组织开展“回头看”，巩固整改成果。对正在整改的按照既定时限和整改措施，加快工作进度，直到整改完毕。对整改方案提出长期坚持的整改措施，加强跟踪问效，确保取得实实在在的效果。对已经出台的制度，有针对性开展监督检查，确保执行到位，不断完善整改长效机制。

二　突出“理想信念是精神之钙”，加强机关思想建设

（一）开展“不忘初心、牢记使命”主题教育

按照中央和省委统一部署，以学习贯彻习近平新时代中国特色社会主义思想为主要内容，深入扎实开展主题教育，铸牢党员干部的理想信念和政治灵魂。坚持原原本本、原汁原味学习，引导党员干部通读《习近平谈治国理政》（第一、二卷），深刻领会习近平新时代中国特色社会主义思想的时代背景、历史地位、科学体系、丰富内涵、精神实质和实践要求，努力用学习成果指导实践、推动工作。结合实际细化主题教育方案，采取检查测试、提问答辩、案例解析等方式，加强对学习情况的了解，切实提高主题教育的针对性实效性，引导机关党员干部在学思践悟中增强政治认同、思想认同、理论认同、情感认同，坚定“四个自信”。

（二）深入学习宣传贯彻党的十九大精神

坚持在全面学、普遍学的基础上，结合学习贯彻省委十三届三次全会精神和本部门本单位工作任务，分领域、分专题、分层次深入学、系统学、联系实际学。认真组织党章修正案学习贯彻，把党章党规作为从严治党的根本遵循，结合推进“两学一做”学习教育常态化制度化，突出重点，抓住关键，学用结合，引导机关党员干部时时铭记党员身份、处处对标看齐、事事当好先锋。以纪念改革开放 40 周年为契机，开展主题征文活动，激活全体党员传承初心的活力，激

发全体党员担当使命的动力，激励全体党员同心筑梦的斗志，引导机关党员干部把党的十九大精神学深悟透做实。

（三）加强机关学习教育载体和平台建设

完善厅党组理论学习中心组学习机制，加强学习组织和管理，丰富学习内容和形式，发挥中心组和处以上党员领导干部在理论学习上的带学、促学作用。严格落实“876”处以上党员干部培训计划，用好“机关讲坛”“党员大家讲”“书香机关”等学习品牌和阵地，依托机关丰富的学习资源和载体，通过领导讲座、演讲交流、支部学习、书记讲党课、党员写感言等系列活动，推动理论学习深入扎实开展。制定奖励措施，进一步激发全体同志利用“每日一题”和微信公众号学习的积极性。认真落实中央和省委有关意识形态工作的要求，掌握主动权、打好主动仗，引导党员干部自觉抵制和反对各种错误思潮的干扰侵蚀。加强机关干部《宪法》学习，组织参加“万人学法”竞赛，深入推进省级机关依法行政工作。

三 突出“党的基层组织是基础”，加强机关党组织建设

（一）着力提升基层党组织的组织力

充分发挥机关党支部功能作用，规范落实“三会一课”、民主评议党员等制度规定。根据《中国共产党党和国家机关基层组织工作条例》和有关规定，按照新时代党的建设总要求，按期组织机关党委和机关纪委换届，选优配强新一届机关党委班子，为江苏商务发展提供坚强组织保证。促进党支部建设规范化信息化，组织各党支部组织委员或联络员电子台账录入培训，推进机关党支部电子台账录入工作，落实支部活动信息纪实，运用信息手段加强对基层党组织日常工作落实情况的掌握和考核。突出抓好办公室信息中心党支部（单位党组主要负责同志所在党支部）和机关党委党支部建设，努力建成示范党支部。与外事处（海外办）共同研究制定《驻国（境）外经贸代表机构党建工作制度》，强化驻外党员管理。加强机关党务公开，积极推进党内民主，形成人人参与党的建设的良好局面。持续落实党内关怀帮扶制度，深化“关爱月月送”活

动，让困难党员和职工及时感受到组织温暖。不断推动厅机关党组织和机关团委与台城社区党组织共建，促进互学互帮、共建共享。

（二）加强机关党务干部队伍建设

坚持机关党组织负责人选任标准和要求，扎实做好提名把关、任前考察、任职谈话等环节工作，对不符合条件的人选不搞迁就照顾。继续加大机关党务干部培训力度，充分利用党校、教育培训基地以及网络和视频资源，开展形式多样的党员教育培训。举办机关党支部书记和党务工作人员培训班，提升党务工作人员的业务工作水平，力争机关党支部书记参加培训全覆盖。开展“七一”表彰活动，评选机关先进党组织、党务工作者和优秀共产党员，激励广大党员和党务工作者立足本职建功立业。

（三）积极做好统战群团等工作

加强统战工作，拓宽党外代表人士为“两聚一高”建言献策的渠道。坚持党建带工建、带团建、带妇建，深入开展“建功十三五、建设新江苏”劳动竞赛、劳模“传帮带”“新时代·新思想·新青年”“青春建功新时代”“巾帼心向党·建功新时代”“向上向善·创最美家庭”等主题活动，进一步激励机关广大职工、青年、妇女投身“两聚一高”新实践，立足本职岗位创新创优。开展“弘扬时代新风、文明单位在行动”主题活动，积极开展文明创建工作。贴近职工的文化需求、兴趣爱好，开展观影、观展、书（影）评征文等活动，组织足球、篮球、羽毛球、游泳、瑜伽、环湖走等大众体育活动，增强机关合力和活力，以“健康机关”建设提振改革创新、担当作为的精气神。

四　突出“增强党的自我净化能力”，加强机关作风建设

（一）驰而不息改进作风

毫不松懈抓好中央八项规定及《实施细则》和省委《具体办法》精神的落实，贯彻落实习近平总书记关于进一步纠正“四风”、加强作风建设重要批示精神，在坚持中深化、在深化中坚持，形成用“硬规定”管人、管物、管事的自觉，加

强对落实情况的监督检查，紧盯“四风”问题新动向新表现，既坚决防止已经遏制的问题反弹回潮，又深入查找新出现的问题坚决整改。切实减少会议、精简文件、压缩“三公”经费，倡导勤俭办事的好作风，推动反“四风”向深度和广度延伸，持续改进机关作风。

（二）深化“三项机制”贯彻落实

机关各级党组织要聚焦“脸好看、门好进、事不办”“为官不为”等群众反映强烈的突出问题，在加强正面教育引导的同时，认真落实省委出台的党员干部鼓励激励、容错纠错、能上能下“三项机制”，加大查纠力度。积极推动“放管服”改革取得新成效，继续深化“两聚一高”先锋行动队创建活动，发挥先进典型示范带动作用，努力形成敢于担当、比学赶超、奋发作为的浓厚氛围。

（三）深化“找补改提”大走访大调研活动

围绕省委十三届三次全会确立的“六个高质量”发展任务，持续组织开展“找问题、补短板、改作风、提质量”大走访活动，深入基层开展调查研究，努力寻求新突破、取得新业绩，切实为基层、企业和群众解难题、办实事，解决好基层、企业和群众反映强烈的突出问题，提高做好新常态下群众工作的能力。积极组织机关干部参加“乡情微调研”活动，力争形成一批“接地气”、有独到见解的优秀调研成果。

五 突出“把纪律和规矩挺在前面”，加强机关纪律建设

（一）严格落实全面从严治党主体责任

贯彻落实习近平总书记提出的“六个相统一”要求，层层压实全面从严治党责任，做到真管真严、敢管敢严、长管长严。认真细化分解年度党风廉政建设任务，严格落实《党风廉政建设责任书》。厅党组上半年、下半年分别安排专题研究全面从严治党、党风廉政建设和反腐败工作情况，进一步强化党风廉政建设“一岗双责”。进一步规范机关纪委工作流程，研究制订工作规范，不断适应纪检监察体制改革发展，努力提高机关纪委履行执纪监督的能力和水平。

（二）夯实监督执纪工作基础

坚持挺纪在前，深入抓好党章党规党纪学习贯彻，不断强化机关党员的组织纪律观念，形成带头守纪律、讲规矩的好风气。深化运用“四种形态”，注重用好第一种形态，主动抓早抓小、防微杜渐，使咬耳朵、扯袖子，红红脸、出出汗成常态，加强对党员领导干部的日常监督管理。积极配合驻厅纪检组开展巡察工作。深入分析行业廉政风险点，健全权力运行监督制约机制。深化廉政风险排查防控工作，加强对防控措施落实情况的监督检查，并根据形势任务变化组织对《江苏省商务厅廉政风险防控手册》进行修订完善。

（三）加强反腐倡廉教育和廉政文化建设

深入开展理想信念和党性党风党纪教育，充分发挥典型示范、岗位廉政教育的作用，坚持把经常性教育与集中教育结合起来，把面上教育与专项教育结合起来。认真开展“党风廉政建设宣教”活动，组织机关党员干部认真学习《商务系统违纪违法典型案例选编》，利用系统内典型案例进行警示教育。组织党风廉政建设大讲堂，邀请相关单位和部门的专家教授来厅授课，推动广大党员干部知敬畏、存戒惧、守底线，推进机关廉政文化建设。

（2018 年 3 月 5 日）

进一步解放思想，激励新时代新担当新作为

——厅党组书记马明龙给厅机关讲党课内容摘编

同志们：

今天我们召开厅机关全体党员大会，既是省商务厅“七一”前夕的专题党课，也是“解放思想大讨论”工作的动员部署会。会议的主题是：以习近平新时代中国特色社会主义思想为指导，认真落实新时代党的建设总要求，推进商务厅全面从严治党工作深入开展，全面贯彻落实党中央关于进一步解放思想、将改革进行到底的最新要求，以及省委关于解放思想大讨论活动的部署要求，动员全厅上下掀起解放思想热潮，为全力推动江苏商务高质量发展、改革开放走在前列凝聚思想共识、提供精神动力。下面，根据省委省政府的统一部署和郭省长的讲话精神，结合在中央党校两个月集中培训的学习体会，我就如何在商务工作中“进一步解放思想，激励新时代新担当新作为”谈谈个人的体会认识：

一 要充分认识解放思想大讨论的紧迫性

一是新时代践行“新思想”的迫切需要。解放思想就是要学好用好习近平新时代中国特色社会主义思想。站在新

的历史方位下，我们必须把思想统一到以习近平同志为核心的党中央的决策部署上来，统一到习近平新时代中国特色社会主义思想上来。娄书记在联系点调研讲话时强调，要围绕习近平新时代中国特色社会主义思想，对好标、定准像，在习近平新时代中国特色社会主义思想中去找思路找方法，在习近平新时代中国特色社会思想的指引下去创造、去突破。吴省长在联系点调研时强调，要准确把握活动主题，深刻认识习近平新时代中国特色社会主义思想是马克思主义中国化的最新成果，开辟了马克思主义新境界。解放思想大讨论的关键就是要深入学习贯彻习近平新时代中国特色社会主义思想，真正掌握核心要义，学懂弄通做实。郭省长在我厅调研时强调，学习新思想，必须坚持把习近平新时代中国特色主义思想作为新时代一切工作的行动纲领和根本遵循，在学懂、弄通、做实上下更大的功夫。

最近我在中央党校学习的两个月，一个深切的感受是习近平新时代中国特色社会主义思想是浩瀚深邃的思想宝库，是解放思想的集大成。我们推进改革发展稳定各项事业、破解实践中需到的困惑难题，都可以从中找到答案。党中央提出“学懂、弄通、做实”的要求，我们如果领会不透、把握不准、贯彻不够，就会“身体进入新时代，思想还停在过去时”。唯有解放思想，才能提高政治站位，切实以习近平新时代中国特色社会主义思想武装头脑、指导实践。

比如说总书记反复强调“中国开放的大门不会关闭，只会越开越大!”。近年来有些地方对改革开放的重要性认识有所弱化，有人觉得我们现在并不缺少资金，还要辛辛苦苦利用外资干什么；还有人觉得开放就是引进来，对走出去不重视、不支持。特别是在中美贸易摩擦升级的时候，有些同志对扩大开放就更加动摇了，说明我们对“开放发展”的新发展理念认识还不深刻，对构建全面开放新格局的内涵理解还不到位。娄书记对我省开放型经济工作存在的思想认识问题“点得准、点得深、点得透”，娄书记明确指出：江苏地处“一带一路”交汇点，但是我们对交汇点地位和作用的认识还不够充分，交汇点建设没有纳入国家“一带一路”规划的“大盘子”，也没有抢抓到自贸区建设的机遇，这与我们这么高的经济外向度是很不相称的，原因就在于我们满足于自身发展、对国家战略机遇的认识思想不够解放、抢抓机遇不够到位有关。

前不久，总书记在博鳌亚洲论坛2018年年会、庆祝海南建省办经济特区30周年大会上发表重要讲话，鲜明提出“改革开放这场中国的第二次革命，不仅深刻改变了中国，也深刻影响了世界”；特别强调“改革开放的过程就是思想解放的过程。没有思想大解放，就不会有改革大突破”。总书记的重要讲话，是新形势下解放思想再深化的指南针，是新时代改革开放再出发的动员令，我们一定要自觉运用习近平新时代中国特色社会主义思想这一有力的思想武器，要荡涤清除与这一重要思想不相适应的地方，真正在解放思想中统一思想，在升华认识中提高站位。

二是商务发展高质量的迫切需要。40年前，《实践是检验真理的唯一标准》一文的发表，在中国迅速引发了一场解放思想的大讨论，影响深远。27年前，时任铜陵市市长的汪洋同志主导的一篇《醒来，铜陵！》，加速了思想解放的步伐，增添了改革发展的动力，在全国范围内引发强烈反响。娄书记4月28日在全省党委中心组学习会上的讲话中，对江苏开放高质量寄予厚望，指出“江苏过去的发展因开放而得益、因开放而扬名，今天江苏的高质量发展要走在前列，很大程度上仍取决于对外开放的水平”。思想解放的程度，决定改革的深度、开放的力度、崛起的速度。没有商务发展的思想大解放，就不可能有商务发展的高质量；没有解放思想走在前列，就不可能有开放高质量走在前列。

比如说内贸流通工作，我们曾经总结过，江苏在以“连锁经营”为特征的流通现代化进程中抓住了机遇，涌现了苏宁、苏果、五星电器等一批知名龙头企业，走在全国前列；但是在以“电子商务”为特征的新一轮流通现代化进程中，我们落后了，为什么？时任上海市委书记俞正声曾组织过大讨论“上海为什么留不住马云？”，结论是上海思想不解放，对以阿里巴巴这样的“平台经济”的重要性认识不足，痛失发展机遇。我们也一样，我们的政府部门包括企业家，当时对电子商务所代表的新经济、新模式认识也不到位。上海痛定思痛，在发展平台经济上走在全国前列。新一轮的内贸流通现代化，我们能不能在供应链创新与应用方面走在前列？上个月我参加了商务部在张家港组织的供应链创新与应用高峰论坛，领导和专家都指出，现代供应链是对现代生产方式的深刻变革，是产业和经济组织创新的最新趋势。我提出江苏要在供应链创新与应用方面走在全国前列，我认为这完全有可能，关键在于我们思想解放的程度，对于供应链创新与应用的认识能不能到位。

三是培育勇于担当、善于作为的干部队伍的迫切需要。习总书记强调，改革推进到今天，比认识更重要的是决心，比方法更关键的是担当。解放思想，关键要发挥好人的作用，进一步调动干部干事创业激情，激发干部解开思想扣子、打消顾虑，轻装上阵、大胆工作。在这方面中央和省委为我们做出了表率。近日，中共中央办公厅印发了《关于进一步激励广大干部新时代新担当新作为的意见》，省委印发了实施鼓励激励、容错纠错、能上能下“三项机制”的通知，这实际上都是干部管理上的一次思想解放和方法创新，目的都是更加有效地调动和保护干部的积极性和创造性，进一步激励广大干部新时代新担当新作为。正如娄书记所说：如果思想稍有冒尖就横加指责，行动稍有偏差就当头棒喝，工作稍有过失就批评责难，谁还愿意为改革创新冒险担责？

看一个干部的能力和水平，既要看日常工作中的担当，更要看大事要事难事中的表现。要干好大事要事难事，思想一定要解放，因循守旧、畏惧变革、抱残守缺肯定不行。比如说前几年加油站管理一直是一个老大难问题，历史遗留问题多，基层上访不断，在厅党组带领下，相关处室不断解放思想，坚持实事求是的原则，一事一议，较好地处理了历史遗留问题，并将审批权限下放到市，实现了基层责权利的统一，通过深化改革从制度上解决了问题。我们要从这些事情中总结经验，从厅机关每个干部自身来说，要通过解放思想大讨论活动，培养干好大事要事难事的本领；对厅党组来讲，要通过解放思想大讨论活动，着力形成激励担当作为的良性机制，要包容自己不懂不敢不会的新事物，宽容干部工作中的挫折失误。

省委要求要将“三项机制”用准、用实、用足。用准，就是要把“三项机制”与考核工作紧密捆绑，为奖与不奖、容与不容、下与不下提供科学依据。用实，就是要敢于动真碰硬，给每个班子、每名干部都体体检、排排队，不亏待能干实干者，不放过得过且过者。用足，就是要该奖的奖、该罚的罚，让干部在奖罚分明中充分释放潜能，真正用出好导向、用出好氛围。娄书记指出“三项机制”，既是制度，也是理念。省商务厅要在解放思想大讨论中，既抓好三项机制制度落实，更要深刻领会省委站位全局、抓纲带目，出台“三项机制”的深意所在，激发商务高质量发展走在前列的使命担当。

二 要准确把握解放思想的重点

娄书记在 4 月 28 日的讲话中深刻阐述了我省解放思想的主要方面和重点领域。一要在推动经济发展提质增效上解放思想，着力破解“大而不强”“结构不优”“发展粗放”等突出短板问题，大力推进生产性服务业、枢纽经济的发展，加快建设现代化经济体系。二要在推动区域协调发展上解放思想，在提升南京首位度、苏南其他地区抬高发展标杆、苏中地区提高目标站位、苏北地区充分发挥后发优势等方面用功发力，进一步形成各具特色、各展所长的发展格局。三要在打造政府和市场“双强引擎”上解放思想，加强社会主义市场经济体系建设，推进治理能力和治理体系现代化，提升政府在统筹规划中的主导作用，以我为主、自主谋划好交通、产业等重大项目规划，更好发挥社会主义市场经济体制优势。四要在抓住用好“一带一路”机遇上解放思想，抢抓机遇、主动作为、迎头赶上，从人流、物流、资金流等多方面统筹推进“一带一路”倡仪支点建设，放大向东开放的优势，做好向西开放的文章，进一步拓展对外开放的深度广度。五要在更好释放科教资源潜力上解放思想，围绕产业链布局创新链，围绕创新链布局产业链，营造有利于创新的良好环境，打通产学研用协同创新通道，建立自主可控的产业体系，打造江苏发展核心竞争力。六要在提振干部干事创业精气神上解放思想，以“三项机制”更加有效地调动和保护干部的积极性创造性，真正把解放思想的成效落在解决干部队伍中存在的问题上，着力形成激励担当作为的良性机制。

娄书记指出的六个方面重点，针对性非常强，与商务工作都密切相关，我们要在解放思想大讨论活动中认真抓好落实。结合省商务厅实际情况，我再强调两个方面内容：要做到思想上大破大立，工作上聚焦开放高质量发展。

（一）在思想上做到大破大立

一是破除传统思维的束缚，树立创新发展的意识。

为全国发展探路，是习总书记对江苏的谆谆嘱托和殷切期望，也是中央对江苏的一贯要求和总体定位。为全国发展探路，就意味着不走老路、寻常路，而要闯出一条前所未有的新路；就意味着遇到的矛盾问题会比其他地方早，很多工作没有现成的经验可循。郭省长调研时反复强调，要强化创新发展的意识，改革的目的就是要创新，要想创新必须改革，要争喝“头啖汤”。过去江苏商务工作创新亮点很多，商务部领导在会见我省主要领导时说过：江苏在我国经济发展中占有很重要的位置，在对外开放工作当中、在园区建设当中，江苏都是领全国之先、开全国之先河的。我感觉这两年我们商务创新亮点少了，一个突出的表现就是商务部到江苏调研少了，说明我们新的举措、新的探索少了，可供总结的经验少了。

我们的思路一定要创新。比如说，郭省长强调，要将展会分开来谋划，一个是“展”，一个是“会”。“展”要体现专业化，要体现市场的细分，与上海错位发展。更重要的是“会”，要作为全省开放的大平台，进行战略谋划。再比如说，郭省长提出要加强顶层设计，对地方的商务工作能有所指导，能有所扶持，能有所帮助，一定要学会调动地方党委的积极性，要谋划一些重大举措，把地方党委的注意力集中到商务发展上来。这都是很创新的工作思路，值得我们好好学习研究。

二是破除畏难等靠的情绪，树立锐意进取的意识。

当前全球新一轮科技革命和产业变革风起云涌，信息技术在经济社会发展中的引领和驱动作用愈加凸显，“一带一路”、长江经济带、长三角高质量发展一体化等国家战略正向纵深推进，这为我们商务发展提供了难得机遇；同时我们面临的风险也不少，尤其是世界经济存在诸多不稳定、不确定因素，国际上贸易保护主义抬头等等。抢抓机遇不能靠守株待兔式的运气；战胜困难就要主动作为。新形势中的机遇，抓不住是历史性遗憾，抓住了就是跨越的跳板。娄书记明确指出我们在抢抓机遇方面存在的问题，我们要认真反思，破除畏难等靠的情绪，树立锐意进取的意识。“无冥冥之志者，无昭昭之明；无惛惛之事者，无赫赫之功。”畏难是懦弱的表现，最终只能被困难活活压垮；等靠是懒汉的行为，最终只会让机遇白白流失。只有坚定信心、锐意进取，才能化压力为动力、变被动为主动，在抢抓机遇、迎接挑战中奋发作为。

三是破除大而化之的习惯，树立专业精准的意识。

最近郭元强副省长多次组织我们开展业务分析，指出我们存在情况说不清楚、措施不够精准的现象，我们全厅同志都要对此予以高度重视。我认为我们机关干部中确实存在一种大而化之的不良习惯，学习不够、研究不够、落实不够，有些同志对业务工作了解流于表面数字、流于书面材料，满足于“差不多、大概是”，缺少打破砂锅问到底的精神，结构分析不深入，基层情况不清楚，新的动态不掌握，兄弟省市不交流，最终体现就是情况说不清楚，或者说从传统的角度分析清楚了，但是领导希望了解的新情况新动态说不清楚。还有措施精准的问题，这也是一个老问题。我们一定要强化问题导向，瞄准工作的痛点难点，多问几个“为什么”、多想几个“怎么办”，想在领导前面、弄清问题背后的症结，加大改革创新的政策力度，把情况说透、把政策做实。

四是破除本位主义的心态，树立系统思维的意识。

这两年大家都有一个共同的感受，就是牵头的工作越来越多，包括省商务厅在全省跨部门牵头的工作，还有厅内处室牵头落实的工作。比如，据不完全统计，郭元强副省长担任召集人由商务厅牵头的工作有近 20 项，比如消费促进工作、电子商务工作、跨境电子商务、外经贸联席会议、境外经贸合作区建设、复制自贸区经验以及最近的应对中美贸易摩擦工作等等，这些工作都需要兄弟厅局的配合支持，我们怎么样提高站位，代表省政府切实履行好省级牵头部门的作用，跳出商务部门的角度思考问题，是一个挑战。再比如，国家和省级层面推进的一些重大战略举措，像长三角一体化、一带一路建设、长江经济带、1＋3 功能区战略、乡村振兴战略等等，工作涉及厅机关多个处室，需要有一个处室承担牵头责任，怎样做好组织协调工作对很多处室来说也是一个挑战。牵头既是应尽责任，也是体现水平的平台，要切实加强系统性思维，突出整体性谋划，提升统筹协调能力。

（二）在工作上聚焦开放高质量发展

省委省政府将中央要求的高质量发展，细化落实为“六个高质量”，其中改革开放是推动高质量发展的体制机制动力。“开放高质量”是省委省政府对我们提出的明确要求，是我们商务厅解放思想大讨论活动的一道“必答题”。有关开放高质量的问题我们做了一些初步研究，郭省长调研时我也重点做了汇报，厅党组将根据郭省长的要求进一步深入研究。

我们围绕“开放发展走在全国前列”的定位，提出了江苏开放高质量发展的目标任务是“一个总体奋斗目标、四个走在全国前列，十项指标稳步提升”：

1. 一个总体奋斗目标

总体奋斗目标是：努力在全国率先建成经贸强省。

具体分三个步骤：2020年前，进一步巩固经贸大省地位，保持在全国货物贸易、利用外资、服务外包的位次和份额，贸易强省进程加快，外资结构进一步优化，战略性新兴产业利用外资居主导地位，多元平衡、安全高效的全面开放体系初步形成，全面开放新格局加快推进。2035年前，基本建成经贸强省，贸易强省目标基本实现，战略新型产业利用外资占比超过60%，现代服务业利用外资占服务业利用外资的比重超过60%，对"一带一路"沿线的投资和工程承包占全省的比重逐年提升，形成全面开放新格局。2050年前，全面建成经贸强省，贸易强省目标全面实现，利用外资质量全面提升，培育一批具有国际影响力的本土跨国公司，建成更高层次的开放型经济。

2. 四个走在全国前列

一是"一带一路"建设走在前列。江苏"一带一路"交汇点建设行动计划全面实施，保持在"一带一路"经贸合作中的先发优势，全面提升在"一带一路"国际合作中的参与度、连接度和影响力，从人流、物流、资金流等多方面统筹推进"一带一路"倡仪支点建设，放大向东开放的优势，做好向西开放的文章，进一步拓展对外开放的深度广度，形成"东西互济、陆海统筹、江海联动"的开放新格局。

二是现代化开放型经济体系走在前列。有效解决开放型经济中存在的不平衡、不充分等问题，"优进优出"的国际贸易格局、引进来和走出去并重的国际投资格局基本确立，以技术、标准、品牌、质量和服务为核心的外贸竞争新优势取得实质性进步，形成面向全球的贸易、投融资、生产和服务网络，向全球产业链、价值链、创新链中高端迈出坚实步伐。

三是营商环境建设走在前列。深化政府"放管服"改革，充分发挥"不见面审批"改革的牵引作用，利用江苏开放平台载体多的优势，对标国际标准，提升制度环境软实力，推动法治化、国际化、便利化营商环境建设取得重大进展，营商环境指标接近或达到国际公认标准的先进水平，开放型经济新体制更加完善，打造营商环境新高地。

四是开放创新融合走在前列。探索创新发展与开放发展深度融合的新模式，加强创新能力的开放合作，在创新中谋求更深度地开放，在开放中促进更高水平的创新。加强对欧美日韩等发达国家的引资引智引技力度，集聚国内外高端人才、技术和信息等创新要素，完善国际化创新生态环境，构筑全球研发、全球制造、全球营销、全球服务的国际分工新格局。深化苏州工业园区开放创新综合试验，争取国家批准在江苏全省范围探索“国家开放创新综合改革试验区”。

3. 十项指标稳步提升

加快构建推进开放高质量发展的指标体系，认真落实好省委省政府明确地对设区市开放高质量监测与评价 4 项指标，包括：一般贸易占全省货物进出口总额比重、战略性新兴产业实际利用外资占全省比重、对外投资总额和园区经济对经济增长贡献率。在此基础上，探索建立更加全面的全省开放高质量评价指标体系，拟与有关部门合作增加 6 项指标，一共 10 项指标。

在外贸方面，增加自主品牌出口占全省出口比重、高新技术产品出口占全省出口比重、服务贸易占全省外贸比重 3 项指标；在外资方面，增加欧美等发达经济体外资占全省利用外资的比重 1 项指标；在对外投资方面，增加“一带一路”沿线投资占全省对外投资额的比重、制造业占全省对外投资比重 2 项指标。

实现这个目标任务，关键是要有创新的举措。解放思想的成果要看有没有创新的举措，举措能不能落实要看有没有政策支撑。最近上海、浙江、广东、山东、辽宁、湖南等地都出台了新一轮扩大开放的政策，省领导也要求我们抓紧研究制定我省的政策意见。这方面相关处室还要强化研究，在学习借鉴、创新上下更大功夫。

三　要以高质量工作支撑高质量发展

根据省委统一部署，经厅党组研究，商务厅制定了《关于开展解放思想大讨论活动的实施方案》，做出了详细部署。总体上活动分为四大阶段。第一阶段是宣传发动阶段，已经基本完成。现在到 7 月底是学习讨论阶段，要通过学习提高政治站位，用习近平新时代中国特色社会主义思想武装头脑，保障思想解放。第三阶段从 8 月份到 12 月份是实践转化阶段，第四阶段从 12 月中旬到年底是持续深化阶段。每一个阶段都有一个阶段的重点任务，希望大家扎实推进。

我在与厅领导班子进行交流时，大家一致的意见是要以高质量的工作支撑高质量发展。郭省长也要求，解放思想不能高谈阔论，要立足实践导向和问题导向，着眼破解难题，推动实现解放思想的务实成效，推动我省开放型经济高质量发展走在前列。我觉得“高质量工作”这个问题很重要，在此重点强调一下：

一要加强战略谋划。解放思想，就是一个思想碰撞，是对过去工作的一个反思回顾，更多的是对未来工作的一种谋划。一定要提高商务部门的站位，把商务部门作为省委抓经济的一个重大决策部门，我们工作的作用要体现在为党委出谋划策，要体现在宏观层面，体现在做决策上，把我们的意见和建议变成省委的重大决策，重大部署，重大安排，通过重大决策、重大部署的实施，所产生的市场行为和市场效果，体现出我们的工作成效。要在世界和全国大格局中的审视和谋划江苏开放型经济发展，加强对事关商务工作发展的长远性全局性战略性问题的研究，把握发展的主动权。要加强结构性分析，弄清我省开放型经济发展存在的问题，把问题说透，不要怕揭短亮短。

二要压实工作责任。在其位，就要谋其政；任其职，就要尽其责。郭省长在座谈中引用习总书记的话，要求各位领导一定要在自己的分管领域主动谋划，积极作为，做到守土有责，守土负责，守土尽责。要“干在实处，才能走在前列”，不干肯定不行，干还得找准方向目标。特别是各位处长，要强化对标找差意识，将自己的工作实绩、创新点与全国兄弟省市比一比，我们的发展质量与兄弟省市比一比怎么样？我们出台的政策与兄弟省市比一比怎么样？我们推出的改革创新举措与兄弟省市比一比怎么样？要以走在全国前列的要求重新确立自己肩上的责任。南京市开展对标找差工作，每个板块、每个部门都确定了一批核心指标，如果核心指标完不成就一票否决。我觉得这方面我们也要研究，对工作责任也不能泛泛而谈，要有争先进位的压力和动力。这对我们干部队伍建设提出了更高的要求。郭省长强调，要按照习总书记的既要政治过硬，也要本领高强的要求，通过思想解放，解放思想大讨论，加强领导班子和干部队伍建设，推动开放战线的干部观念作风提升，增强适应新时代、实现新目标、落实新部署的能力。

三要完善工作机制。省商务厅一直以来强调领导分工不分家，协调配合工作做得是很好的。现在出现新的情况是，党中央和省委、省政府提出了许多新的战略部署，需要我们整合全厅资源，去谋划、去落实。比如长江经济带建设、乡村振兴、1+3功能区等。这些工作都是大事，要投入很大的人力、精力，不是简单的文字综合，就要求我们的工作落实机制做出相应的调整，确保中央和省委省政府各项重大决策部署在我厅落到实处。经过与各位厅领导商量，借鉴商务部和兄弟厅局抓落实的好经验，对于省委、省政府已经明确的重点事项，每一项工作都明确一位厅领导牵头负责，明确一个业务处室负责协调推进。厅领导代表省商务厅和厅党组加强与相关厅局沟通协作，统筹组织全厅相关处室力量，召开专题会议进行推进。负责协调推进的业务处室要提高站位，研究提出工作推进方案，明确相关处室分工、目标任务，做好推进、检查、总结等工作。这个工作机制的完善非常重要，也非常不容易，体现我们各位领导干部"讲政治、顾大局"的水平。在这里我强调一下，在座的每一位一把手处长，对于研究明确的牵头事项，绝不容许推诿扯皮，一定要高度负责，高质量地完成各项任务。

四要抓好典型示范。发挥先进典型的示范带动作用，是一个很重要的方法论。娄书记在4月28日的讲话中，明确要求：当前要在实践中积累和尽快推出一批典型案例，以案析理、以案引路，让鼓励探索创新、激励干事创业的导向更加鲜明。

做好典型示范并不是件简单的事。2017年全国商务工作会议期间，当时汪洋副总理有一段讲话给我留下深刻印象：政府部门的任务就是发现总结提炼，然后上升到制度层面去推广。这些不是容易的事，要发现问题，得经常下基层了解情况；要总结问题，得有高度、深度；要提炼问题，得有加工的过程；最后，推广环节要解决很多制度、政策问题，打通关节。推广的时机选择很重要，早了还没有形成经验，晚了又会形成分割。总之，发现总结提炼推广并不容易，但是值得我们去做。

我们每个处室都要高度重视，每个板块都要树几个典型，手中要掌握几个典型。前几天，我在召开地方商务局局长座谈会时，各个地方的商务局长一致希望省厅每年能总结推广一批典型案例，这既是对地方工作的指导，也是对地方工作的肯定。同志们都看到，国务院、省政府每年对落实有关重大政策措施真抓实干成效明显地方予以督查激励，商务部也经常通报一些改革创新的典型经验，对重点工作推动作用非常明显。我们要认真学习借鉴。

同志们，解放思想没有过去时，只有进行时。解放思想不该有局外人和旁观者，只有参与者。改革开放再出发，需要每一个人都以主人翁的姿态，积极解放思想，参与改革开放实践。我要特别强调，在座的厅领导和处室领导必须要带头。从一定程度上讲，领导干部思想解放的尺度，就是广大群众改革创新的空间。厅领导和处室领导一定要带头抓好学习，以自己的思想先解放、真解放，带动全厅思想的大解放，最大限度凝聚改革共识，形成改革合力，更好地担负起推动全省商务事业高质量发展走在前列的时代重任。

（2018 年 6 月 15 日）

省商务厅贯彻落实中央、省委决策部署情况和落实全面从严治党主体责任情况汇报（摘编）

2018年12月19日，省委常委、省纪委书记、省监察委主任蒋卓庆到省商务厅调研，听取省商务厅党组书记、厅长马明龙关于全省商务工作情况，特别是省商务厅全面从严治党、落实主体责任情况的汇报。本文对汇报材料中全面从严治党、落实主体责任进行了摘编。

落实主体责任，全面从严推进党建工作

近年来，省商务厅党组在省委坚强领导下，深入学习贯彻习近平新时代中国特色社会主义思想和党的十九大精神，进一步增强“四个意识”，坚定“四个自信”，践行“两个坚决维护”，以党的政治建设为统领，全面推进厅机关党的政治建设、思想建设、组织建设、作风建设和纪律建设，把制度建设贯穿其中，深入推进反腐败斗争，落实落细全面从严治党要求，为推进全省商务高质量发展走在前列、建设“强富美高”新江苏提供了坚强政治保证。

（一）筑牢“两个坚决维护”的政治忠诚，加强机关政治建设

一是坚定不移把党的政治建设摆在首位。厅党组把坚决维护习近平总书记党中央的核心、全党的核心地位，坚决维护党中央权威和集中统一领导作为根本政治要求，教育引导党员干部增强“四个意识”，严守政治纪律和政治规矩，始终在政治立场、政治方向、政治原则、政治道路上同党中央保持高度一致，确保党的路线方针政策和党中央决策部署不折不扣贯彻落实。首届中国国际进口博览会是习近平总书记亲自谋划、亲自提出、亲自部署推动的，厅党组扎实高效做好江苏交易团各项筹备工作，实现了“打造进博会准主场”的目标任务。

二是扎实履行从严管党治党政治责任。厅党组始终坚持把加强党的建设与商务高质量发展事业同部署、同落实、同检查、同考核，把党风廉政建设和反腐败工作放在更加突出的位置，定期分析研究厅机关党建和党风廉政建设形势，进一步明确工作重点。落实“四责协同”工作机制（党组主体责任、驻厅纪检监察组监督责任、党组书记“第一责任人”责任和班子成员“一岗双责”责任），落实厅党组党风廉政建设主体责任清单，强化“两个责任”履责记实制度落实，做到认真记实、全程留痕，加强班子成员日常履责提醒和定期督查，切实将落实主体责任寓于具体工作中。

三是严格规范党内政治生活。坚持落实党要管党从党内政治生活管起，推进全面从严治党从党内政治生活严起，不断提高党内组织生活质量。各党支部采取党员领导干部带头谈体会讲党课、参加专题学习和集中研讨等方式，严格落实党员领导干部双重组织生活制度，充分发挥“关键少数”以上率下、示范带动作用。开好厅党组民主生活会，开展积极健康的思想斗争，针对查摆的突出问题，提出“六大类”整改重点和 15 项整改措施，并细化分解到相关责任处室，抓好整改落实。

四是深化政治巡视整改成果。厅党组坚持从“整改不落实，就是对党不忠诚”的高度认识巡视整改工作，坚持把建章立制贯穿到整改工作的全过程，对厅机关规章制度进行了全面修订完善，废止 53 项，保留 33 项，新制定、修订完善 42 项。开展廉政风险防控工作，按照“找准找全、防范到位、表述规范、标准统一”的工作要求，共梳理职权事项 83 项，逐一编制权力运行流程，排查廉政

风险点246个，制定防控措施451条。针对省纪委领导来我厅调研时提出的要求以及省纪委监委巡视整改督查组反馈意见，进一步研究具体措施，加快推进巡视整改工作。截至目前，省委巡视指出需要整改的事项共3个方面43项，已全部整改完成，整改率为100%。认真做好中央巡视组对我省“一带一路”交汇点建设反馈意见整改落实工作，18条具体整改举措按照进度要求有序推进，“一带一路”经贸合作进一步加强。

（二）深入学习习近平新时代中国特色社会主义思想和党的十九大精神，加强机关思想建设

一是深入学习贯彻党的十九大精神。厅党组中心组带头学，形成以中心组学习带动处级干部学习、以党支部书记学习带动党员干部学习的“双带动”良好机制。今年以来，厅党组中心组集中学习16次，各党支部开展组织生活、学习宣教活动总计达375次。外事处（海外办）党支部采取分片管理的方式，依托欧洲和亚太2个驻外代表党小组，探索完善“互联网＋党建”，及时组织驻外代表处与厅机关同步开展学习教育活动；驻外代表自觉接受驻外使领馆党建工作指导，积极参加驻外使领馆组织的学习教育活动。

二是加强学习教育载体和平台建设。组织厅机关处级干部参加省级机关处级干部年训、省委组织部“学习贯彻习近平新时代中国特色社会主义思想和党的十九大精神”集中轮训等，选派人员参加习近平改革开放重要论述专题辅导报告会、省级机关党支部书记培训示范班、“融入式党建”创新做法学习活动、意识形态责任制专题培训班等20多项教学培训活动。认真落实中央和省委有关意识形态工作的要求，开展意识形态领域风险点排查。举办“牢牢掌握意识形态工作领导权”“宗教信仰与党的宗教政策”等专题讲座，在厅机关大力弘扬新时代主旋律，筑牢思想意识防线，掌握主动权、打好主动战。

三是扎实开展解放思想大讨论活动。厅党组围绕推动江苏开放高质量发展走在全国前列的定位，坚持问题导向、突出创新驱动、强化系统思维，厅党组书记以“进一步解放思想　激励新时代新担当新作为”为题为全体党员上党课，动员全厅上下掀起解放思想热潮。通过“大走访”“下基层”“进企业”等活动，深入查找制约商务领域深化改革开放、影响高质量发展的思想障碍、观念束缚，广泛征求意见建议80条。开展“我为高质量发展献一策”征文活动，共征文 54 篇。《群众》杂志、《省解放思想大讨论活动简报》发表了我厅《干在实处　走在前列　以高水平开放推动江苏高质量发展》等调研文章。

(三) 切实提高党组织创造力、凝聚力、战斗力,加强机关组织建设

一是着力提升基层党组织的组织力。召开党员代表大会,选举产生新一届厅直属机关党委、直属机关纪委;指导厅机关 7 个党支部以及代管企业中国外运长江有限公司及时进行换届。指导各党支部自主开展“学习十九大,争做岗位能手”主题演讲等活动。充分发挥厅机关党支部功能作用,强化党支部对党员的日常教育管理,落实“三会一课”、民主评议党员等制度。突出政治标准,严把党员发展关,2018 年新发展入党积极分子 4 人,选派 11 名优秀青年骨干参加省级机关工委组织的发展对象培训班,考核成绩均为优秀,拟于年底前按计划吸收为预备党员。

二是加强机关党务干部队伍建设。持续加大机关党务干部培训力度,选派机关党委专职副书记分别参加省级机关工委在井冈山干部学院、延安干部学院举办的培训班。组织 28 名党务干部赴韶山干部学院开展“不忘初心使命　坚定理想信念”教育培训,重温入党誓词,开展党性教育活动。在纪念建党 97 周年之际,表彰了 8 个先进党支部、34 名优秀共产党员,激励广大党员和党务工作者立足本职建功立业。

三是积极做好统战群团等工作。充分发挥统一战线的优势和作用,支持党外人士积极为商务高质量发展建言献策。坚持党建带群建,加强和改进党对群团工作的领导,充分发挥群团组织的桥梁和纽带作用,把关心服务群众贯穿工作各方面、全过程。厅机关工会努力贴近职工文化需求和兴趣爱好,开展观影、观展、书(影)评征文等文体活动。厅机关团委组织开展“青春集结号,永远跟党走”等主题活动,激励青年干部争做建设新时代的先锋。

(四) 推动反“四风”向深度和广度延伸,加强机关作风建设

一是深化中央八项规定精神落实。贯彻落实习近平总书记关于进一步纠正“四风”、加强作风建设重要批示精神,坚决落实中央八项规定及实施细则精神和省委《具体办法》,制定厅党组贯彻落实中央八项规定实施细则精神的具体措施,进一步完善厅接待工作规定和会议管理办法等。加强财务管理,严肃

财经纪律，修订财务管理办法、国内经贸活动经费管理办法等规章制度。严格按规定配置领导干部办公用房，严控“三公”经费支出，1—10月，全厅公务接待费15.9万元，同比下降27.7%。扎实开展作风建设自查自纠专项行动，厅党组召开作风建设自查自纠专题民主生活会，班子成员带头填报《作风建设自查自纠问题清单》。每到节假日前，推送廉洁过节的提醒短信，督促厅机关党员干部廉洁过节。

二是深化省委“三项机制”贯彻落实。学习贯彻中央《关于进一步激励广大干部新时代新担当新作为的意见》和省委“三项机制”，出台《江苏省商务厅关于贯彻落实“三项机制”进一步激励干部担当作为的实施意见》，修订《关于加强干部队伍建设的实施意见》《年轻干部培养选拔实施办法》等。深入开展理想信念教育，强化“党的事业至上”的政治担当，以强烈的使命意识激发新时代新担当新作为，切实提高党员干部的大局意识、服从意识和担当意识。发挥先进典型示范带动作用，加大对敢于担当、奋发有为党员干部的褒奖力度，推荐3名同志参加省级部门以上表彰。

三是开展形式主义、官僚主义集中整治。根据中央纪委和省委省政府工作部署，以及省纪委监委具体要求，厅党组及时组织学习习近平总书记关于反对形式主义、官僚主义系列重要论述，研究制定《省商务厅党组关于集中整治形式主义、官僚主义的工作方案》，成立领导小组，对厅机关集中整治形式主义、官僚主义工作进行部署。各支部正在通过开展“反对形式主义、官僚主义从我做起”主题党日活动、召开组织生活会等，认真对照中央纪委工作意见指出的四个方面12类问题，以及省委要求重点整治的五个方面问题，深入排查、精准发现当前存在的突出问题及主要表现。

（五）持之以恒监督执纪问责，加强机关纪律建设

一是夯实监督执纪工作基础。加强党员干部纪律教育，采取专题培训、参观警示教育基地、以案释纪等方式，深入抓好党章党规党纪学习贯彻，不断强化党员干部的组织纪律观念，形成带头守纪律、讲规矩的好风气，切实让党员干部知敬畏、存戒惧、守底线，习惯在受监督和约束的环境中工作生活。组织《省级机关党员干部违纪案件案例选编》《商务系统违纪违法典型案例选编》学习讨论，做到以案明纪，以案说法，增强教育的针对性。组织处以上干部集中

观看《坚决铲除党内政治生态的"污染源"》等警示教育专题片。加强新修订的《中国共产党纪律处分条例》学习宣传贯彻，邀请省委省级机关纪工委同志做辅导授课。

二是持续强化执纪监督工作。坚持将纪律和规矩挺在前面，运用好监督执纪"四种形态"，努力把问题消灭在萌芽状态，营造风清气正的良好氛围。出台厅廉政谈话实施意见，通过廉政谈话加强党员干部教育管理和监督，及时解决苗头性、倾向性的问题，做到教育在先，预防在先，警钟长鸣。年初，厅党组书记和驻厅纪检组长对 25 名新选拔任用干部进行集体任职前廉政谈话，要求新选拔任用干部严格遵守政治纪律和政治规矩，认真落实"一岗双责"，勇于担当，廉洁从政。针对个别处室工作中存在的不足和问题苗头，厅党组书记及时对处室主要负责人进行了提醒谈话。严格落实从严管理监督干部规定，对经认定个人事项报告存在瞒报行为的 4 位处级干部给予诫勉谈话，指出存在的问题，进行批评教育，提出整改要求，干部个人做出深刻检查。立案查处了 1 名党员干部的违纪问题，依据《中国共产党纪律处分条例》，给予其党内警告处分。制定厅党组巡察工作实施办法，正在拟制巡察工作方案，近期启动巡察工作。

三是全力支持驻厅纪检监察组履行职责。厅党组高度重视支持保障驻厅纪检监察组发挥监督检查作用，在厅机关办公用房非常紧张的情况下，优先为纪检监察组协调安排办公用房、及时配齐办公设备，为纪检监察组工作开展提供必要的后勤保障。根据省纪委、省级机关工委要求，及时成立厅直属机关纪委，迅速找准定位、开展工作，支持驻厅纪检监察组严格落实"三转"要求，集中精力履行监督执纪问责职能。建立完善协调保障机制，支持纪检监察组落实廉政谈话和谈话提醒、问题线索管理、工作信息报送、工作协作等工作制度，支持纪检监察组及时掌握情况、实施有效监督。在日常监督过程中，厅党组严格执行"三重一大"议事决策规则，主动接受监督，纪检监察组全程参与决策、执行等重要环节。突出对驻外代表等关键岗位的监督，支持纪检监察组创新展会全程嵌入式监督等方式。进一步畅通信访渠道，配合纪检监察组加大问题线索查办力度。

总体上看，商务厅党组坚决维护党章党规党纪，不断增强"四个意识"，自觉践行"两个维护"，认真落实中央和省委巡视反馈意见的整改。坚决贯彻党的路线方针政策，认真落实党中央重大决策和省委省政府的工作部署，扎实开展解放思想大讨论，努力推进开放高质量发展。坚决贯彻落实全面从严治党要求，深入推进党风廉政建设和反腐败斗争，坚持正确用人导向，牢牢掌握意识形态的领导权。坚定不移地向党中央看齐，向党的理论和路线方针政策看齐，向党中央决策部署看齐，态度上是坚决的，行动上是努力的，成效上也是明显的。

当然，我们也清醒认识到，商务厅机关党建工作尤其是党风廉政建设和反腐败工作，仍然存在一些不足和薄弱环节：一是党风廉政建设的主体责任仍需强化落实。二是省委巡视整改工作虽然取得了阶段性成效，但还要在加强跟踪问效，不断建立完善整改长效机制，巩固整改成果上进一步下功夫。三是在进一步激励广大党员干部新时代新担当新作为上，还需加强引导，切实推动鼓励激励、容错纠错、能上能下"三项机制"落地见效。四是制度设计上仍需周密完善，执行制度上仍需从严从紧，部分领域的风险防范需要落细落实。

下一步，厅党组将继续以习近平新时代中国特色社会主义思想为指导，坚决做到"两个维护"，以党的政治建设为统领，认真贯彻新时代党的建设总要求，全面加强党对商务工作的领导，继续巩固拓展巡视整改成果，推动全面从严治党向基层延伸。

一是提高政治站位，坚决维护党中央权威和集中统一领导。深入学习贯彻习近平新时代中国特色社会主义思想和党的十九大精神，旗帜鲜明讲政治，强化机关党组织的政治功能，引导机关党员干部坚定执行党的政治路线，严守政治纪律和政治规矩，将"四个意识"固化在头脑中、落实在行动上，不断增强践行"两个坚决维护"的思想自觉、政治自觉和行动自觉。

二是强化系统思维，以高质量党建引领推动商务高质量发展。以组织体系建设为重点，大力加强基层党组织建设，增强党组织的政治领导力，确保党的路线方针政策和决策部署落地落实，切实用党的创新理论武装头脑、指导实践、推动工作，坚持党建工作与商务工作同谋划、同推进，树立围绕中心任务抓党建、抓好党建促高质量发展的理念，推进党建与业务工作深度融合。

三是落实改革部署，不断开创新时代机关党建工作新局面。积极顺应机构改革的形势发展，及时配齐配强机关党务工作力量，优化党务干部队伍结构，加强对调整变动的基层党支部和新任党支部书记的指导帮带，引导机关党支部开门搞党建，充分发挥改革效应，激励党员群众立足新岗位、展现新作为。

四是深化巡视整改，大力营造风清气正的政治生态。不断巩固深化中央和省委巡视整改成果，坚定不移把全面从严治党引向深入，适时推进厅机关内部政治巡察工作。进一步加强和规范党内政治生活，严肃党的政治纪律和政治规矩，增强党内政治生活的政治性、时代性、原则性、战斗性。坚守责任担当，强化正风肃纪，营造商务厅机关风清气正的政治生态。

（2018 年 12 月 19 日）

第四部分
领导讲话与重要文件

抢抓战略机遇　深化改革开放　全力以赴推动商务高质量发展走在前列

——马明龙厅长在全省商务工作会议上的报告

同志们：

这次全省商务工作会议的主要任务是，深入学习贯彻习近平新时代中国特色社会主义思想、党的十九大精神和习近平总书记对江苏工作系列重要讲话指示精神，认真贯彻落实中央经济工作会议、全国商务工作会议、省委十三届五次全会和全省对外开放大会等重要会议部署，回顾总结2018年商务工作，分析面临形势，部署2019年工作。会前，郭元强副省长对全省商务工作做出批示，我们要认真抓好贯彻落实。

下面我代表省商务厅向大会做工作报告。

一　2018年商务工作取得明显成效

2018年，国际经贸形势复杂严峻，在省委、省政府的坚强领导下，全省商务系统认真落实中央和省委、省政府的决策部署，围绕“高质量发展走在前列”的目标定位，迎难而上、扎实工作，有效应对外部环境深刻变化，商务运行总体平稳、稳中有进、进中提质，商务高质量发展取得积极进展。

稳的格局更加巩固，消费外贸外资稳定增长。2018 年，全年实现社会消费品零售总额约 3.3 万亿元，增长 7.9%。全省货物进出口总额约 4.4 万亿元，增长 9.5%(按美元计总额 6 640.4 亿美元，增长 12.4%)，规模创历史新高，出口增量居全国第一位。服务贸易进出口 682.6 亿美元，增长 10.4%。实际使用外资 255.9 亿美元，增长 1.8%。对外投资额保持基本稳定。

进的动能加快集聚，高质量发展指标稳步提升。2018 年，全省网络零售额 8 567 亿元，增长 24.3%，消费对经济增长贡献率达 65.8%。一般贸易进出口占比 48.8%，同比提升 0.7 个百分点。战略性新兴产业实际外资占比 48.4%，同比提升 5.1 个百分点。投向"一带一路"沿线的投资项目 235 个，增长 46.8%。全国 219 家国家级经开区考核评价中，综合排名苏州工业园蝉联全国第一，前 10 名江苏有 3 家。

回顾总结 2018 年的工作，我们一方面服务大局、谋划长远，做成了三件有影响的大事；另一方面攻坚克难、狠抓落实，完成了年初确定的九项工作任务。

三件有影响的大事是：

一是高标准做好首届进博会江苏交易团工作。我省筹备工作得到筹委会和省委、省政府充分肯定，省主要领导在专题报告上批示"准备充分有序"。我省与上海市一道代表地方交易团接受胡春华副总理的授旗，先后 3 次在商务部专题会议上做典型发言。在各地、各部门大力支持下，实施"1246"招商行动，2 万多家企业和机构、5 万多名专业观众报名参会，企业数量在全国名列前茅，实际成交额位居地方交易团前列。成功举办 4 场现场配套活动，江苏开放创新发展国际咨询会议有近 40 家世界 500 强企业高管参会。

二是有效应对中美经贸摩擦。报请省政府出台《关于积极有效应对国际经贸摩擦优化企业服务的意见》。认真履行省应对工作领导小组办公室职责，牵头研究制定中美经贸摩擦应对"1＋7"工作预案。建立中美经贸摩擦日报监测、重点企业跟踪服务、对美出口运行监测等三项制度。常州市"九法联用"措施得到国务院督查组肯定。开展"法律援助进企业，专家指导到现场"活动，全省 2 000 余家企业参加培训。美国铝箔、美国碳合金钢、美国聚四氟乙烯树脂等 20 多起重大"双反"案件取得较好的效果，成功保住超过 19 亿美元出口市场。在全国贸易救济工作会议上作为唯一一家省级商务部门做典型发言。

三是认真谋划开放高质量发展的重大举措。根据省委、省政府解放思想大讨论活动部署，在郭省长的带领下，坚持目标导向、问题导向，强化系统思维，深入调查研究，广泛听取意见，梳理总结江苏40年开放经验，系统分析存在的问题和短板，形成了《推动江苏开放高质量发展走在前列的调研报告》。会同有关部门研究提出《关于推动江苏开放型经济高质量发展若干政策措施的意见》，制定7个方面26项政策措施，文件以省委、省政府名义在全省对外开放大会上正式印发。

九个方面的工作是：

（一）积极引导和推动消费升级

1. 开展消费促进活动

制定省商务厅《关于实施商务领域消费升级行动计划的通知》，推出23项促进消费工作举措。指导举办第二届中国（江苏）老字号博览会、第八届江苏国际餐饮博览会、第二届糖酒食品交易会，组织我省老字号企业赴香港参加江苏文化嘉年华活动。消费升级工作在商务部专题会议上做典型介绍。

2. 提升城市消费

南京市夫子庙步行街入选商务部全国首批重点培育高品位步行街。在全国率先出台老字号集聚街区建设规范，确定苏州市观前商业街等3个街区为首批江苏省老字号集聚街区。6家企业被评为国家级绿色商场创建单位，数量在全国位居前列，率先在全国开展省级绿色商场创建工作。我省农产品直供社区示范工程被商务部作为国家促消费专项行动典型经验和做法向全国推广。10家江苏零售企业入选2017年中国连锁百强，其中苏宁易购位居第一。

3. 扩大服务消费

推进生活服务业行业标准建设，指导起草《家政O2O服务规范》等多个行业规范，支持行业协会发展会展平台、大赛平台和网上平台。推进社区电商发展，制定《关于推进电子商务进社区促进居民便利消费的实施意见》和《江苏省电子商务示范社区确认规范（试行）》，确认21个省级电商示范社区。

4. 优化消费环境

商务诚信体系建设试点通过商务部等部门联合验收。组织开展农村城乡结合部专项整治、互联网专项治理、清风行动等打击侵权假冒重点工作。优化政策环境和公共服务，促进汽车消费市场健康发展，在全国汽车流通工作会议上做大会交流发言。积极研究解决农村偏远地区加油难、加油远问题。

（二）加快构建现代流通体系

1. 推进内贸流通体制改革

召开全省商贸流通创新转型经验交流会，出台内贸流通体制改革工作方案。无锡梁溪区中心城区商贸流通创新转型经验编入《国内贸易流通体制改革典型案例集》。4 家农产品批发、零售市场被评为全国公益性示范市场，数量全国最多。指导徐州云龙区创建商品交易市场转型升级创新示范区，形成从区域层面整体推进商品交易市场转型升级的 7 条可复制推广经验，培育 6 家商品交易转型升级示范市场，有关经验做法被商务部向全国推广。做好区域市场一体化相关工作，实施长三角合作 2018 年工作计划，制订长江经济带市场体系一体化三年行动计划。

2. 创新现代流通方式

报请省政府出台《关于推进供应链创新与应用培育经济增长新动能的实施意见》，建立“供应链创新与应用联席会议制度”。南京和张家港入选全国供应链创新与应用综合试点城市，南京和徐州获批全国首批流通领域现代供应链体系建设重点城市，33 家企业入围全国供应链创新与应用试点企业，数量全国领先。确定南京、无锡和徐州为全省城乡高效配送试点城市，城乡高效配送“沛县模式”得到国家商务部等有关部门肯定。

3. 推进电子商务创新发展

报请省政府出台《关于推进电子商务与快递物流协同发展的实施意见》。牵头推进阿里巴巴江苏总部项目建设。积极推进农村电商集聚发展、高质量发展，农村网络零售额居全国第二位，2018 年创建了 108 个电商示范村、53 个乡镇电商特色产业园（街）区，制定《江苏省农村电子商务品牌确认规范（试行）》，确认了一批农村电商优秀公共服务平台、优秀运营企业、优质网销农产品品牌。推进电商精准扶贫，全年举办 6 期针对省重点帮扶县、重点帮扶片区的电商人才培训和农村电商带头人培训，培训 1 100 人次。制定《江苏省电子商务众创空间确认规范（试行）》，确认首批 53 家省级电子商务众创空间。

（三）增强外贸综合竞争力

1. 强化双向市场开拓

重点支持211个贸易促进项目，其中“一带一路”市场占比37%。在全国率先与海关、省贸促会建立工作机制，联合开展“FTA惠苏企”专题培训、举办主题论坛，做法获商务部充分肯定。江苏对自贸伙伴出口占全省总额的33%，进口占比超过50%。加大对信保的支持力度，2018年中信保支持江苏出口规模达670.3亿美元，规模全国第一，服务企业超过1.3万家；小微企业出口统保平台承保覆盖率达23.3%，在全国居领先地位。报请省政府出台《关于促进进口的实施意见》。成功举办2018中国（昆山）品牌产品进口交易会，共有15个国家和地区的327家企业参展，累计到会采购商3.7万人次。张家港汽车平行进口试点政策落地，试点平台和试点企业开始正式运营。

2. 调整优化外贸结构

大力发展一般贸易，组织企业参加139场重点境外货物贸易展会。修订《江苏省鼓励进口技术和产品目录》，鼓励进口先进技术装备、关键零部件，落实国家和省级进口贴息资金4.1亿元。创新加工贸易发展，7家一般纳税人资格试点、南通华夏飞机再制造试点、飞利浦医疗（苏州）等全球保税检测维修业务进展顺利。推进外贸品牌和基地建设，全省广交会品牌展位增加81个，18家出口基地入围国家外贸转型升级基地。截至目前，我省共有省级以上各类外贸基地78个，其中国家级基地30个。

3. 培育壮大外贸新业态

2018年苏州综试区跨境电商B2B出口超过9亿美元。南京、无锡成功入选第三批国家跨境电子商务综合试验区。支持15家省级跨境电商产业园和4家公共海外仓加快集聚经营主体。推动海门、常熟两个市场采购贸易方式试点提升国际化水平，截至12月月底，两个市场采购贸易试点累计出口85.2亿美元。

（四）着力加快服务贸易发展

1. 推动服务贸易创新发展

指导苏州、江北新区做好服务贸易创新发展试点总结评估，11条试点经验报商务部向全国推广。南京、苏州深化服务贸易创新发展试点获国务院批复同意。国家服务贸易创新引导基金率先在我省投入使用。无锡市成功获批首批国家文化出口基地，我省 24 家企业、7 个项目入选 2017—2018 年度国家文化出口重点企业和重点项目目录。

2. 推动服务外包提档升级

服务外包执行额和离岸执行额保持全国第一，中高端业务（KPO）占比保持 40%以上。技术出口登记合同金额 24 亿美元，同比增幅 49.6%。5 个国家级示范城市在国家级示范城市综合评价排名前 10 位中占据 3 席，“一群两轴”服务外包产业发展格局初步形成。开展江苏省服务外包示范区认定及综合评价工作，建立末位淘汰机制。成功举办第十一届中国（南京）国际服务外包合作大会、第二届中国（徐州）国际服务外包合作大会。

3. 展会品牌建设取得进展

建立我省展会综合评估体系和展览业统计监测工作机制，组织重点展会年度绩效评估。推进世界智能制造大会、无锡世界物联网博览会、中国（连云港）丝绸之路国际物流博览会的品牌化建设，首届中国（淮安）国际食品博览会成功举办。

（五）提升利用外资质量水平

1. 加强政策引导

贯彻落实国家“稳外资”系列决策部署，报请省政府出台《关于促进外资提质增效的若干意见》。在全省组织开展优化外商投资营商环境专项行动。

2. 大力发展外资总部经济

进一步修订完善外资总部政策，2018 年全省新认定 25 家跨国公司地区总部和功能性机构，新设 21 家外资研发机构。

3. 加大重点产业、重点国别引资力度

瞄准欧美发达国家引资引技引智，配合省领导出访欧洲，发挥海外经贸网络作用，举办江苏—挪威高新技术产业交流会、江苏—德国开放创新合作论坛、“一带一路”江苏—白俄罗斯经贸合作论坛等投资促进活动。牵头做好无锡 SK 海力士半导体二工厂项目联络服务工作，加快推进江苏省与 SK 集团的全面战略合作。

(六) 深化商务领域重点改革

1. “放管服”改革方面

在全国率先实现外商投资企业设立商务备案与工商登记“一口办理”，得到商务部通报表扬。推进成品油、拍卖、直销等业务“证照分离”，制定改革措施，优化准入服务，强化事中事后监管。积极复制推广国家自贸试验区改革试点经验，第四批30项经验复制推广已经落实19项。认真推进开发区“区域能评、环评＋区块能耗、环境标准”覆盖项目能评、环评试点工作。

2. “互联网＋政务服务”方面

落实“不见面审批(服务)”改革措施，优化升级政务服务网，精简材料清单。自主研发网上寄证系统，全国唯一开展出口许可证网上寄送服务。超五成的进出口许可证已实现无纸化通关。

3. 国际贸易“单一窗口”建设方面

国际贸易“单一窗口”货物申报和运输工具申报系统应用率达100%，舱单申报系统应用率达80%，业务量处于全国前列。关检融合申报全面实现。银行、出口信保等特色项目陆续上线，95198服务热线顺利开通。

(七) 大力推动开发区创新发展

1. 推进开发区条例等政策文件贯彻落实

开展《江苏省开发区条例》宣传报道和专题培训活动。启动全省开发区总体发展规划编制工作。进一步修订完善全省经济开发区考核评价办法，强化“一特三提升”导向。

2. 提升开放平台载体能级

29家省级开发区获省政府批复设立(其中经济开发区10家、高新开发区19家)。连云港综合保税区、靖江保税物流中心(B型)相继获批设立。江阴综合保税区(一期)、徐州综合保税区(一期)顺利通过国家验收。评定首批18家省级特色创新示范园和6家省级智慧园区。全省4家开发区获评国家级“绿色园区”。

3. 持续推进体制机制创新

苏州工业园区开放创新综合试验11项改革经验在全国推广，开放型经济新体制综合试点试验顺利通过国家发改委、商务部的评估验收。开展相对集中行政许可权改革试点，推动率先实现“3550”目标。

4. 合作共建取得阶段性成果

中韩（盐城）产业园建设取得重要进展，成功承办中韩产业园合作协调机制第二次会议和第一届中韩产业园合作交流会。积极推进苏辽商务重点领域合作，积极推动苏陕合作共建“区中园”。

（八）有力有序推进“走出去”

1. 进一步规范企业海外经营

报请省委出台我省《关于规范企业海外经营行为的实施意见》。稳步推进境外企业和对外投资监测服务平台建设。

2. 积极支持境外经贸合作区建设

会同省财政厅研究出台了《江苏省境外经贸合作区考核激励办法》。印尼吉打邦农林生态产业园成为我省第 3 家省级境外经贸合作区。组织重点企业、重点开发区赴阿联酋、柬埔寨等地开展投资合作促进活动。

3. 推动上市公司海外并购

建立企业与相关机构的对接机制，组织我省上市公司赴美国、德国、以色列、墨西哥等国开展投资促进活动。对接中东欧基金等资金平台，帮助企业解决并购资金问题。

4. 强化走出去综合服务

全国首创的江苏走出去校企合作信息平台（“人才地图”）正式启用，成功举办首届江苏走出去企业留学生专场招聘会。持续开展走出去专题系列培训。完成全国首例省级政府部门招标“走出去人员”绑架勒索险项目。推动劳务扶贫和高端劳务，规范对外劳务合作风险处置备用金管理，开展对以色列劳务合作试点。

（九）坚定不移推进全面从严治党

1. 认真践行“两个坚决维护”

把学习宣传贯彻习近平新时代中国特色社会主义思想和党的十九大精神作为首要政治任务，教育引导党员干部增强“四个意识”，严守政治纪律和政治规矩，始终在政治立场、政治方向、政治原则、政治道路上同党中央保持高度一致。坚持党建工作与商务高质量发展同谋划、同推进，扎实履行从严管党治党政治责任。开展意识形态领域风险点排查，加强涉外工作中意识形态管理，筑牢思想意识防线。坚持从"整改不落实，就是对党不忠诚"的高度认识巡视整改工作，省委巡视反馈问题全部整改到位，落实中央巡视反馈意见的具体举措有序推进。

2. 切实加强党的纪律建设

进一步建立完善长效机制，对厅机关规章制度进行了全面修订完善。抓好新修订的《中国共产党纪律处分条例》学习宣传贯彻，集中观看警示教育片、组织《商务系统违纪违法典型案例选编》，以案明纪，以案说法。持续强化执纪监督，运用好监督执纪"四种形态"，通过廉政谈话等加强党员干部教育管理和监督。全力支持驻厅纪检监察组履行监督执纪问责职能，严格执行"三重一大"议事决策规则，主动接受监督。

3. 多措并举抓好作风建设

深化中央八项规定精神落实，制定厅党组贯彻落实的具体措施，推动反"四风"向深度和广度延伸。贯彻落实省委"三项机制"，出台实施意见。扎实开展解放思想大讨论活动。开展形式主义、官僚主义集中整治。

总的来看，2018 年全省商务工作取得了实实在在的成效，为全省和全国发展大局做出了积极贡献，成绩来之不易，值得倍加珍惜。这是坚持以习近平新时代中国特色社会主义思想为指引的结果，这是省委、省政府和商务部坚强领导的结果，这是坚定不移坚持扩大开放的结果，这是全省商务系统干部职工共同奋斗的结果。在此，我代表省商务厅，向全省商务系统广大干部职工表示亲切的慰问！向长期以来一直关心和支持商务发展的各有关部门，商务部驻宁特派办，省贸促会，省各有关商协会、学会表示衷心的感谢！成绩的取得也离不开广大海外代表、援藏援青干部和扶贫挂职干部的努力，他们远离家乡、远离亲人，默默地为江苏商务发展做出奉献。这里，也一并向他们表示衷心的感谢和慰问！

回顾过去一年的工作，我们深刻体会到，越是环境复杂，我们越要加强党对商务工作的全面领导；越是形势困难，越要坚定不移扩大对外开放；越是任务艰巨，越要激发广大干部职工奋斗拼搏的精神。我们也清醒地认识到，全省商务高质量发展还存在一些问题与不足，对商务发展的重大战略谋划仍需加强，对消费升级规律的认识还要深化，外贸竞争新优势还要进一步培育，外资结构还要进一步优化，营商环境建设还要加大力度，对外投资合作的服务体系还不健全，各类开放载体改革创新力度还不够大，对地方的分类指导还不到位。这些问题要在今后工作中切实加以解决。

二 准确把握商务发展面临的新形势和新要求

中央经济工作会议对 2019 年的形势和任务进行了系统分析部署，全国商务工作会议进一步明确了商务工作的目标和重点，省委十三届五次全会明确了我省 2019 年工作的总体思路和重点任务，全省对外开放大会对我省新时代全方位高水平对外开放进行了全面部署。这些都是我们做好工作的重要遵循，必须认真学习贯彻，确保各项工作沿着正确方向前进。

一要准确把握战略机遇期的新内涵。中央经济工作会议鲜明指出我国发展仍处于并将长期处于重要战略机遇期的基本判断没有变，提出加快经济结构优化升级、提升科技创新能力、深化改革开放、加快绿色发展、参与全球经济治理体系变革带来五大新机遇，这是我们谋划推动今后一个时期经济工作的逻辑起点和重要依据。对江苏商务工作而言，必须在把握重要战略机遇期新内涵的基础上，坚定不移抓住用好“一带一路”建设、长江经济带发展、长三角区域一体化发展等重大国家发展战略叠加的历史性机遇，发挥地理区位优势和产业基础优势，提升发展站位，提高目标定位，深化改革创新，强化系统集成，聚焦重点抓好落实。

二要准确把握高质量发展的新部署。全省对外开放大会明确了今后一个时期我省对外开放的总任务是，以“一带一路”交汇点建设为总揽，推动全方位高水平对外开放，努力在全国率先建成开放强省。大会从构建开放新格局、培育开放新动能、形成开放新优势、搭建开放新平台、创建开放新环境等五个方面做出工作部署。这“五个新”是省委、省政府推动新时代对外开放走在前列展开的大布局，是开放高质量发展的新要求。省委、省政府印发的《关于推动开放型经济高质量发展若干政策措施的意见》，紧紧围绕“总任务”和“五个新”提出了一系列创新举措和含金量高的政策，是我们推动开放高质量发展的重要工作抓手，全省商务系统一定要认真学习贯彻。

三要准确把握集成超越的方法论。省委十三届五次全会指出，"集成超越"是一条重要的改革方法，要善于把各地成功的改革经验创造性集成运用，产生耦合和裂变效应，形成新的整体竞争力。2018 年，北京、上海、广东、浙江、山东等地都推出了影响力很大的改革开放举措，全国各地自贸试验区、北京服务业扩大开放试点都有很多制度创新，大部分做法我们都可以借鉴，这方面我们做得还不到位，学习研究不够，借鉴创新不多。全省对外开放大会上对此又进行了强调，我们各级商务部门要高度重视，要认真研究全国各地的好做法好经验，集众家之长、集众人之智、集众创之力，复制推广、提升聚优，打造各具特色的改革开放试验田。

四要准确把握商务工作的着力点。中央经济工作会议在 2019 年的工作部署中，将坚持深化市场化改革、扩大高水平开放作为一项总的要求，强调要进一步做好"六稳"，并确定了推动制造业高质量发展、促进形成强大国内市场、加快经济体制改革、推动全方位对外开放等 2019 年七项重点工作任务。这些工作都与商务工作密切相关，体现了党中央对商务工作的高度重视，也是我们必须落实好的政治责任。过去我们常讲"三驾马车"有"两驾半"是商务部门的职责，新形势下，我们要更加鲜明地将"稳外贸稳外资扩消费"的责任牢牢扛在肩上。2019 年，外贸增长、双向投资、扩大消费的压力会进一步加大，我们要变压力为动力，千方百计稳定外贸，更加积极有效利用外资，加快流通创新促进消费升级。

三　坚持高质量发展做好 2019 年商务工作

2019 年是新中国成立 70 周年，是全面建成小康社会的关键之年，做好商务工作意义重大。全省商务工作总体要求是，以习近平新时代中国特色社会主义思想为指导，紧紧围绕中央经济工作会议和全国商务工作会议要求，认真落实省委十三届五次全会和全省对外开放大会部署，加强党对商务工作的全面领导，坚持稳中求进总基调，坚持新发展理念，坚持推动高质量发展，坚持以供给侧结构性改革为主线，坚持深化市场化改革、扩大高水平开放，以"一带一路"交汇点建设为总揽，推动全方位高水平对外开放，千方百计稳外贸稳外资扩消费，培育强大内需市场，加快开放强省建设，努力推动全省商务高质量发展走在全国前列。

2019 年，全省商务发展的主要预期目标是，社会消费品零售增长 8.5%；外贸进出口和实际利用外资稳中提效；服务贸易增长 5%；对外投资合作保持平稳；开发区加快创新发展转型升级。

2019 年，我们将抓好八个方面重点工作。

（一）全面深化改革扩大开放

1. 深化“一带一路”经贸合作

进一步完善工作机制，强化服务监管，搭建更多合作平台，在项目建设、拓展市场、金融保障、规范企业海外经营行为、提高境外安全保障和应对风险能力上下更大功夫。加快推进丝路贸易促进计划和重点境外合作区提升计划，大力支持柬埔寨西哈努克港经济特区、埃塞俄比亚东方工业园和“霍尔果斯—东门”经济特区建设。统筹规划境外园区与物流基地、中欧班列与海外仓建设，新认定 1～2 家省级境外经贸合作区，新培育 6 家左右省级海外仓。

2. 找准长三角区域一体化发展的切入点

加强借势上海、优势互补的研究，进一步优化我省对外开放布局。推动长三角区域内重大改革试点联动，打造长三角一体化发展示范平台。推动企业利用境外开放平台抱团走出去。推进长三角市场一体化建设，实施长三角地区市场创新发展三年行动计划。发挥“准主场”优势，精心做好第二届进口博览会组织工作。

3. 打造改革开放试验田

加快复制第四批自贸试验区改革试点经验，积极研究我省自贸试验区探索方案。重点支持苏州工业园区、中韩（盐城）产业园、南京江北新区、连云港部分重点开放区域，探索实施自贸试验区各项改革举措的叠加复制与集成创新，在推进投资贸易便利化、金融国际化和管理体制高效化等方面先行先试，打造各具特色的改革开放新高地。

4. 构建口岸开放新格局

推动优化口岸营商环境相关政策落实，切实提升跨境贸易便利化水平。进一步提升国际贸易“单一窗口”主要业务覆盖率，完善服务功能，加快建设具有江苏特色的一流电子口岸。有序推进口岸开放，努力形成具有竞争力的国际化口岸新格局。探索建设国际陆港，依托我省综合交通优势，推动海港江港陆港口岸通关一体化。

5. 推动商务改革向纵深发展

配合相关部门制定《江苏省营商环境优化办法》；深入实施外资准入前国民待遇加负面清单管理制度，持续放宽市场准入；推广境外投资备案“单一窗口”；争取尽早将对外承包工程项目备案权下放到设区市。在开发区推行由政府统一组织对一定区域内8个事项实行区域评估。加快商务大数据建设。改进中央和省级商务发展专项资金管理方式，充分发挥因素法分配资金的激励和引导作用，落实市县商务部门主体责任。

（二）发展现代流通推动消费升级

1. 促进城乡消费升级

深入开展消费升级专题研究，推动出台消费升级促进政策和评价指标体系。研究制订2019年消费升级行动计划，持续开展消费促进月活动。积极培育、建设南京和徐州区域消费中心城市。做好南京市夫子庙步行街创建高品位步行街工作，探索开展省级高品位步行街建设工作。推动江苏老字号集聚街区提档升级，举办第三届中国（江苏）老字号博览会。开展第二批江苏老字号认定工作，探索将认定扩大到工业领域。大力开展农产品产销对接和农商互联，多渠道拓宽贫困地区农产品营销渠道，指导各地推进农贸市场（菜市场）标准化改造，推动100家农贸市场升级改造。实施社区商业便民惠民工程，推动社区商业“三进三提升”，建设1 500个社区商业网点及设施，切实增强百姓对商务工作的获得感。

2. 进一步优化消费环境

探索构建以信用为核心的新型监管服务体系，不断优化消费环境。加快商务诚信公众服务平台二期建设，推动成立省级商务领域信用建设行业组织。研究制定商务领域红黑名单管理办法，建立完善守信联合激励与失信联合惩戒制度。强化单用途预付卡等领域行业监管，推动预付卡管理地方立法。争取出台加强直销行业规范发展的指导性文件。加快推进全省重要产品追溯体系建设。研究制定国家《二手车流通管理办法》和《报废汽车回收管理办法》的江苏实施方案。贯彻新修订的成品油市场管理办法，有序开展乙醇汽油推广和使用相关工作。加强餐饮燃气安全综合治理。

3. 积极推进流通创新

推进供应链创新与应用，落实国家 8 部门联合开展的供应链试点工作，创建全国示范城市和企业，完成苏州市供应链体系建设试点工作，推进南京、徐州流通领域现代供应链体系建设试点，大力推进城乡高效配送工作。推动有条件的商品交易市场平台化转型，发展商品交易类互联网平台经济。复制推广无锡市梁溪区和徐州市云龙区经验。举办实体零售业创新发展高峰论坛。

4. 大力发展电子商务

抓好《电子商务法》宣传贯彻工作。发挥江苏制造业优势，推进垂直电商平台发展。加快电商诚信体系建设，研究制定进一步推进电子商务诚信体系建设的方案。大力发展电商服务业，促进我省电子商务创新发展。加大力度推进电商扶贫。推进农村电商标准化体系建设。建设一批省级电商快递产业示范园；遴选 100 家左右电子商务园区、200 家左右电子商务企业作为 2019—2020 年度江苏省电子商务示范基地、示范企业；创建一批省级农村电商示范村和乡镇电商特色产业园(街)区；确定一批省级电商示范社区试点单位。深入推进阿里巴巴江苏总部项目建设和功能拓展。

（三）加快推进外贸稳中提质

1. 全力稳出口

将优化市场布局、提升市场多元化水平作为工作重中之重，进一步推动企业开拓多元化市场。组织研究对外贸易的替代市场策略，优化贸易促进计划，办好广交会、华交会、大阪展等境内外 212 个重点展会，引导企业充分利用自贸协定优惠政策和便利化措施拓展“一带一路”、非洲、拉美等新兴市场。探索通过重点行业组团赴目标市场进行专题对接来提升“一带一路”市场开拓成效。支持境外营销服务网络建设，努力稳住美国市场，巩固欧盟、日本等主销市场。

2. 积极扩进口

认真落实进口促进政策，发布《江苏省鼓励进口技术和产品目录》(2019 版)。争创国家进口贸易促进创新示范区，完善贸易服务功能，提升进口公共服务水平。推进张家港汽车平行进口试点，争取年进口量突破1.2万台。推动苏州、南京、无锡等地抢抓机遇，加快发展“网购保税进口”业务。鼓励各地因地制宜开展跨境电商直购进口业务，增加适应国内消费升级需求的优质消费品进口。

3. 培育外贸竞争新优势

大力发展外贸新业态。推进苏州、南京、无锡国家跨境电子商务综合试验区建设，促进外贸综合服务企业创新转型，扩大省级跨境电子商务海外仓、外贸综合服务企业试点范围。推进市场采购贸易方式试点工作稳中创优。继续支持符合条件的基地申报新一批国家外贸转型升级基地。启动新一轮省重点培育和发展的国际知名品牌评选。继续支持具备条件的重点行业、企业争取全球检测维修业务试点，推动加工贸易转型升级。

4. 妥善处理贸易摩擦

充分发挥中美经贸摩擦应对工作领导小组办公室作用，运用“四体联动”贸易摩擦应对机制，密切跟踪动态变化，精准分类指导，及时有效做好应对工作。完善各地应对工作机制，充实WTO事务机构力量，建设一支专业队伍。强化对重要产业、重点行业的预警分析，指导企业主动运用贸易救济措施维护产业安全。做好贸易政策合规工作。

（四）大力发展服务贸易

1. 深化服务贸易创新发展

争创服务贸易创新发展先导区，深化南京、苏州服务贸易创新发展试点，做好试点经验复制推广。优化服务贸易结构，推动服务贸易新业态、新模式快速发展。推进无锡国家文化出口基地建设，推动文化贸易加速发展。

2. 促进服务外包提档升级

研究制定我省服务外包提档升级的工作意见。积极发展大数据分析服务等知识流程外包，大力推进信息技术解决方案服务等综合性服务外包，推进外包产业向高端化发展。支持常州、徐州等申报国家级服务外包示范城市，推进服务外包示范城市集群建设。

3. 打造品牌化、市场化、国际化的展会平台

加大对省重点展会支持力度，指导各设区市打造区域品牌展会。支持展

会服务商和展馆企业做大做强，在省、市各级层面培育壮大一批优质展会服务商，夯实行业发展基础。争取更多国际组织入驻江苏或设立机构，办成一批有世界影响的国际会议论坛，更好地吸引集聚全球高端资源要素。

（五）推进利用外资提质增效

1. 扎实推动政策落地

引导各地围绕政策支持、公共服务、模式创新等方面出台细化措施，形成省、市、县（区）三级外资政策支撑体系。研究制定全省外资提质增效评价体系，突出外资产业结构、创新能力、社会贡献、营商环境等质量效益指标，科学评价各地利用外资水平，引导利用外资提质增效。

2. 强化外资总部培育

进一步完善外资总部促进政策体系，吸引更多跨国公司在我省设立全球和地区总部，隆起总部经济群。建立省、市两级联席会议工作机制，指导有条件的市（县、区）建设外资总部服务中心，推动总部基地建设工作。持续实施重大投资促进"111"工程，重点招引世界 500 强企业、全球行业龙头企业来我省投资。筹划召开总部经济推进大会。

3. 推动开放创新深度融合

鼓励建立以跨国龙头企业主导的价值创新园区，加快高端专业资源要素集聚，打造产业国际化发展平台，推动建立创新生态系统，促进开放创新融合发展。促进内外资共享生产要素、共享知识溢出，推动产业链整合，加快引进和培育行业"隐形冠军"和"独角兽"企业。

4. 实施引资多元化战略

以欧美等发达国家为重点，加强与"一带一路"沿线国家合作，有效扩大外资来源地。支持外国投资者以并购方式参与我省企业优化重组和国有企业混合所有制改革。支持符合条件的我省企业境外上市和返程投资。

（六）创新发展对外投资合作

1. 创新对外投资合作方式

建立我省本土跨国公司认定标准，认定一批企业并予以重点支持。支持企业主动参与国际标准制定，带动技术、设计和标准走出去。支持产业链全球布局，推动在“一带一路”沿线重点国家形成产业链闭环。持续推进上市公司海外并购，适时召开全省上市公司海外投资推进大会。继续推进对外承包工程“建营一体化”。引导我省工程企业加强协作联合拓展海外市场，加强与央企对接有效承接承包工程。

2. 持续强化服务监管

深入贯彻《江苏省规范企业海外经营行为实施意见》，完成境外投资合作企业视频监测服务平台建设，进一步完善事中事后监管体系。加快建设海外商会、海外应急管理团队、咨询团队、法律服务中心“四支队伍”。健全走出去人才保障体系，持续推进走出去“人才地图”工程建设。开展新一轮21场次走出去系列培训。加强海外劳务管理，持续推进高端劳务和劳务扶贫工作。

3. 积极争取金融支持

积极对接亚投行、丝路基金、中非基金等国家平台，加强与国开行、进出口银行等金融机构协作，筹划举办中央金融机构江苏走出去对接会。鼓励江苏银行、南京银行和苏州银行等省内金融机构成立种子银行，探索推出江苏版“两优贷款”。

（七）打造更多更强开放载体平台

1. 提升开发区创新能力

认真落实《江苏省开发区条例》，做好全省开发区总体发展规划编制工作。以“一特三提升”为引领，支持有条件的开发区创建省级特色创新示范园区和智慧园区，提升产业集群带动能力。进一步深化苏州工业园区开放创新综合试验，支持制定实施综合试验2.0版方案。

2. 推动海关特殊监管区域整合提升

完善综合保税区等海关特殊监管区域营商环境，在综合保税区推广增值税一般纳税人资格试点。综合运用保税等政策，支持研发创新机构在区内发展，支持综合保税区率先推广自贸试验区试点经验。

3. 推动省外合作共建

积极推进苏陕、苏辽对口协作，做好苏陕共建“区中园”有关工作。加强对边合区结对帮扶和长江经济带东西部国家级经开区对口合作有关工作的指导督促。

（八）加强经贸合作交流机制建设

1. 优化拓展海外经贸网络

进一步优化完善海外经贸代表处网络布局，向重点发达国家和“一带一路”沿线国家拓展。加强体制机制和队伍建设，进一步发挥共建代表处作用，提升海外经贸网络管理水平。加强统筹协调，促进省内相关部门、各地驻外机构形成合力，增强全省海外经贸网络服务基层、服务企业的能力和水平。

2. 推动合作机制创新发展

充分利用新苏合作理事会机制，进一步深化双方在“一带一路”建设、创新领域、生态环保领域、重点合作载体建设、教育健康等民生领域的互利合作，支持南京成为中新合作建设智慧城市的试点城市。发挥苏港合作联席会议机制作用，推动苏港两地进一步提升合作水平。推动江苏省—(德国)北威州合作联合委员会机制建设，积极参加中美省州合作机制各项活动。

3. 拓展经贸交流合作平台

配合省领导出访重点国家，举办重大经贸活动。加快推进《中韩(盐城)产业园建设实施方案》落实，扩大对韩经贸交流合作。充分利用进口博览会平台，办好第二届江苏开放创新发展国际咨询会议等重大活动。

四　加强党对商务工作的全面领导

完成2019年商务工作任务，必须坚持和加强党对商务工作的全面领导。

一是把政治建设摆在首位抓紧抓实。深入学习贯彻习近平新时代中国特色社会主义思想和党的十九大精神，引导党员干部进一步提高政治站位，将“四个意识”固化在头脑中、落实在行动上，筑牢“两个坚决维护”的政治忠诚，把党中央各项决策部署落到实处。要进一步健全责任体系，抓好意识形态工作，落实全面从严治党责任。认真贯彻落实《中国共产党支部工作条例(试行)》，增强基层党组织的政治领导力，充分发挥党支部的战斗堡垒作用，推进党建与业务工作深度融合，以高质量党建引领推动商务高质量发展。

二是全面提升党组织的领导能力和水平。适应国际经贸形势复杂变化的要求，切实提高商务系统党组织的领导能力和水平，以更加开阔的视野、更加宽广的胸襟、更加专业的素养、更加澎湃的激情，更好地担负起新时代对外开放的责任使命。在提高领导能力上，要突出强化战略谋划，坚持战略思维、系统思维、底线思维、辩证思维、创新思维、法治思维、民本思维，观大势、谋全局、破难题。在提高领导水平上，要突出提升专业化水平，认真学习掌握国际法律和商务规则，增强运用国际规则和处理国际事务的能力，增强整合国际资源和参与国际竞争的能力，增强应对贸易摩擦和防控风险挑战的能力。

三是营造风清气正的良好政治生态。严格执行中央八项规定及实施细则精神，落实省委具体办法、商务厅具体措施，驰而不息整治“四风”，推进形式主义、官僚主义集中整治。持续巩固深化省委巡视整改成果，从严从实抓好中央巡视涉及商务厅工作的整改任务落实。推进厅机关政治巡察，用强有力的措施推动基层党组织落实管党治党责任。坚持把纪律和规矩挺在前面，强化正风肃纪，注重抓早抓小、防微杜渐，营造良好政治生态。

四是建设忠诚干净担当的高素质商务干部队伍。深入贯彻新时代党的组织路线，打造政治强、业务精、作风实的商务干部队伍。全面提升履职尽责能力，加强学习和调查研究。突出政治标准选拔任用干部，树立注重实干实绩的鲜明导向，激励广大干部新时代新担当新作为。提高法治化水平，牢牢把握“法定职责必须为、法无授权不可为”的原则，坚持依法办事、依规用权，坚决杜绝不作为、乱作为的现象。

同志们，2019 年商务工作责任重大，使命光荣。我们要更加紧密团结在以习近平同志为核心的党中央周围，以习近平新时代中国特色社会主义思想为指导，崇尚学习、加强学习，崇尚创新、勇于创新，崇尚团结、增进团结，低调务实不张扬，撸起袖子加油干，推动商务高质量发展，率先建成开放强省，为“强富美高”新江苏建设做出新的贡献，以新时代的更大作为向新中国成立 70 周年献礼！

（2019 年 1 月 11 日）

深化创新转型　推动商贸流通高质量发展

——马明龙厅长在全省商贸流通创新转型经验交流会上的讲话

同志们：

今天，我们在无锡市梁溪区召开"全省商贸流通创新转型经验交流会"，主要任务是：交流全省各地商贸流通创新转型典型经验，研究部署深化商贸流通改革创新工作，努力推动全省商贸流通业高质量发展。刚才，5个市、县商务主管部门和2家企业的负责同志介绍了商贸流通创新转型的主要做法和经验，大家谈得都很好。下面，我代表省商务厅讲几点意见。

一　全省商贸流通创新转型工作取得积极成效

商贸流通连接生产和消费，是工农、城乡和区域之间经济联系的桥梁和纽带，在经济社会发展全局中发挥着举足轻重的作用。党中央、国务院高度重视商贸流通改革工作，2015年7月，中央政治局常委会审议通过国内贸易流通体制改革发展综合试点方案。南京等9个城市开展国内贸易流通体制改革发展综合试点，经过一年多的努力，形成了37项可复制推广的改革经验。省委、省政府也高度重视商贸流通改革创新工作，省委将南京国内贸易流通体制改革发展综合试点和物流标准化试点列入2016年省委全面深化改革工作要点。省政府专门出台推进国内贸易流通现代化建设法治化营商环境的实施意见，提出以南京、苏锡常、徐州“三大商圈”为载体，加强规划引导、制度创新，探索“商文旅”融合发展，推动传统商圈、业态和经营模式逐步转型。在省委、省政府的正确领导下，在全省商务系统的共同努力下，我省商贸流通创新转型工作取得显著成效，主要体现在以下四个方面。

（一）流通业发展的新模式新机制不断涌现

全省各地坚持问题导向，引导流通企业降成本、增优势、促融合，形成了多种促进流通业转型升级的新思路。无锡市梁溪区创建“江苏省商贸流通创新发展示范区”，促进流通信息化、标准化、集约化、国际化发展，探索建设多维度、多层次的商文旅融合发展区，促进商贸流通多业态融合发展。南京、徐州、无锡、苏州等市以物流标准化试点为契机，推动建立标准托盘循环利用体系，提高物流配送效率，物流成本显著下降。徐州市云龙区打造“江苏省商品交易市场创新转型示范区”，以市场整体转型升级促进产业和区域经济发展。盐城市发挥流通先导作用，完善工业品、农产品流通体系，服务产业转型升级。传统商贸流通企业通过“互联网＋流通”创新，促进线上线下融合，涌现出一批以苏宁智慧零售、汇通达、食行生鲜为代表的零售新模式。这些创新举措提高了流通的信息化、标准化、集约化水平，有力地推动了流通业高质量发展。

（二）流通业发展的规制体系逐步形成

经过努力探索，各地形成了不少有利于流通业发展的制度成果。南京市在全国副省级和省会城市中，率先以“市长令”形式出台《南京市网点规划建设管理办法》，新增商务部门为规划委员会成员单位，将商业网点规划纳入“多规合一”范围，形成“规划引领、法制保障、信息服务”三位一体的商业网点管理模式，受到商务部肯定。苏州市制定《加快商业特色街区建设改造提升的指导意见》，推进商业街区建设、改造和提升。常州市出台《关于加强市区商业网点建设管理的意见》，明确大型商业网点的规划布局和业态配置，增强城市服务功能，提高居民生活品质。无锡市梁溪区制定《“十三五”省级商贸流通创新发展示范区规划》，着眼于破解制约中心城区商贸发展的瓶颈，强化城市核心商贸功能，增强规划针对性和有效性。

（三）流通业基础设施不断优化升级

全省各地从规划、政策、标准、信息化等不同方面入手，全力推动流通基础设施的布局建设和功能优化，形成了一批各具特色、切实可行、具有复制推广价值的经验。南京、无锡、南通、泰州等市建立“政府控股、企业运营、稳价保供”的公益性农副产品批发市场管理模式，形成了保供、稳价、安全、环保的公益性长效机制，有效破解了群众关切的买菜难、买菜贵问题，充分体现了改革创新要给人民群众带来实实在在获得感的要求。淮安市通过调整经营业态、创新发展模式、集聚物流资源，推动批发市场转型升级。无锡市梁溪区利用无锡市建设国家物联网示范城市和智慧城市的契机，大力推进商贸流通领域的物联网应用，通过网络信息技术应用和基础设施改造升级，有效推动了商贸流通的智慧化发展。

（四）统一高效的流通管理体制基本构建

全省各地从转变政府职能、行业自律管理、诚信体系建设、协同监管等方面进行了积极的探索。南京、无锡、南通等市建立重点流通企业联系机制，变管理为服务，为企业搭建平台，充分发挥行业协会作用，促进实体零售企业转型升级。去年商务部在南京召开全国零售业创新转型现场会，推广我省零售业转型发展典型经验。南京、镇江、扬州三市建立以点带面的同城化模式，构建“共商共绘共建共享”的市场一体化发展机制。商务诚信公众服务平台上线运行，信用审查、信用报告、信用承诺三项机制在工作中得到有效落实，信用监管、综合执法等事中事后监管体制初步建立。11 个市县开展商务综合行政执法体制改革试点，推进商务领域监管执法扁平化、集中化、规范化、信息化，2017 年商务部在徐州召开现场会总结推广改革经验。

在全省商贸流通创新转型取得较好成绩的同时，我们也要清醒地看到，我省的商贸流通业在满足人民对美好生活的需要、推动经济高质量发展方面，仍有不少差距。主要表现在：商贸流通业在城乡、区域之间发展还不平衡，商品与服务的供给还不能适应市场需求的快速变化，商贸流通行业整体开放度还不够高,对新技术的应用、线上线下融合还不充分,让人民群众放心称心的消费环境还没有完全建立,等等。因此,我们必须进一步加快推进商贸流通业的创新转型发展,通过改革创新切实解决上述问题。

二 充分认识深化商贸流通创新转型的重要意义

创新永无止境,只有进行时,没有完成时。我们召开这次会议,既是要总结典型经验,更是要对深化流通体制改革、推动商贸流通创新转型进行再动员、再部署。全省各地商务主管部门必须对此高度重视,充分认识商贸流通创新转型的重要意义,以复制推广改革经验为契机,将商贸流通创新转型工作全面推向深入。

(一)深化商贸流通创新转型是实现经济高质量发展的重要内容

高质量发展是中央以及省委省政府对当前和今后一个时期经济发展的根本要求。习近平总书记指出,开展流通体制改革试点,要注重发挥流通服务经济社会发展全局的功能和作用。当前,在拉动经济增长的"三驾马车"中,消费对经济增长的贡献率不断上升。2017 年全省最终消费支出对经济增长贡献率为 62%,商贸流通已经成为经济发展和居民生活水平的晴雨表。交换是社会再生产中的重要环节,没有成功的交换就无法实现再生产的循环。在市场经济中,交换主要通过商贸流通部门来实现,现代化的流通可以有效提高资源配置的市场化水平,也是市场经济成熟与否的重要标志。因此,商贸流通业的改革创新发展既是经济高质量发展的重要内容,同时也对经济高质量发展起着重要支撑作用。全省各级商务主管部门对此必须要有充分认识,要把深化商贸流通创新转型摆在更加重要的位置,通过深化改革推动流通产业转型升级,充分发挥商贸流通在经济社会发展中的先导性和基础性作用,推动经济更高质量、更有效率、更可持续的发展。

(二)深化商贸流通创新转型是满足人民美好生活需要的重要途径

党的十九大报告指出,中国特色社会主义进入新时代,我国社会主要矛盾已经转化为人民日益增长的美好生活需要和不平衡不充分的发展之间的矛盾。经过改革开放 40 年的发展，我省社会生产力水平明显提升，人民生活显著改善，对美好生活的向往更加强烈，期盼有更优质的商品、更称心的服务、更实惠的价格、更便利的设施、更放心的环境，这些期盼都对商贸流通提出了更高要求。根据国际经验，人均 GDP 超过 8 000 美元，品质消费、服务消费、个性消费将进入快速发展阶段。2017 年，我省人均 GDP 已接近 1.6 万美元，中等收入群体迅速壮大，成为消费升级的主力军。但是，我省消费市场发展还存在优质商品和服务供给不足、商业网点布局不够合理、农村流通基础设施较薄弱、流通成本偏高等一系列短板。只有进一步加快推进商贸流通业的创新转型，切实增加商品和服务的有效供给，完善流通设施，降低流通成本，优化消费环境，才能更好地满足人民日益增长的美好生活需要，让人民群众有更多获得感、幸福感和安全感。

（三）深化商贸流通创新转型是推动供给侧结构性改革的重要抓手

供给侧结构性改革，重点在于调整经济结构，提高供给质量，充分满足需求，使资源要素配置达到最优。商贸流通是生产与消费的中间环节，在引导生产、促进消费方面发挥着双重作用，是实现供给与需求匹配的关键。因此，商贸流通业的改革发展，对于调整产业结构、扩大消费需求、优化资源配置、增加劳动就业都具有极大的促进作用，是推动供给侧结构性改革的重要抓手。过去，由于技术水平的限制，需求信息从消费侧传递到供给侧，存在明显的失真和滞后，供需双方信息不对称的情况普遍存在。现在，随着信息技术的发展，大数据、云计算、物联网、区块链、人工智能等技术，在商贸流通领域应用越来越广泛，消费需求信息真实地、实时地、高效地向供给侧传递已成为可能。我们要通过商务领域制度、政策、服务等方面的创新，积极打造有利于商贸流通创新转型发展的“软环境”，提升全省商贸流通行业科技应用水平，使其能够更好地衔接生产与消费，为推进供给侧结构性改革贡献力量。

（四）深化商贸流通创新转型是构建全方位开放新格局的重要载体

习近平总书记 2014 年视察江苏时，要求江苏主动服务中央对外工作大局，创新对外开放的思路和举措，增创开放型经济新优势，拓展对内对外开放新空间。江苏要在构建全方位开放新格局中继续保持领先，就不能忽视商贸流通在开放型经济发展中的重要作用。从国内看，人民群众的许多需求在国内得不到有效满足，纷纷到境外消费，购买的商品品种也从高档奢侈品向日用消费品延伸。大量的境外消费扩大了服务贸易逆差，也使消费者享受不到正常的售后服务保障。今年，国家将举办首届中国国际进口博览会，并主动降低进口关税，这对商贸流通业来说是难得的发展机遇。我们要紧跟国家扩大开放的趋势，促进内外贸融合发展，增加中高端商品和服务进口，丰富国内市场供应。从国际看，贸易保护主义抬头，中美贸易摩擦不断加剧，外部市场风险明显上升。我们必须进一步加快商贸流通创新转型，更加有效地启动内需，一方面凭借巨大的内需市场，在贸易摩擦中争取主动；另一方面要以消费拉动经济高质量增长，抵消外需下降对经济发展造成的负面影响。

三　准确把握推动商贸流通创新转型的工作重点

推动商贸流通创新转型既是一项持续性工作，同时在新形势下又有新的任务。全省各级商务主管部门要全面贯彻党的十九大精神，以习近平新时代中国特色社会主义思想为指引，坚持以人民为中心，落实新发展理念，顺应社会主要矛盾变化，按照高质量发展要求，以供给侧结构性改革为主线，在流通业创新发展促进机制、市场规制体系、基础设施发展模式、高效统一管理体制等方面进一步加强探索，不断提升商贸流通信息化、标准化、集约化水平，重点要把握好以下四个方面。

（一）以推动消费升级为目标，把握商贸流通创新转型正确方向

今年，省商务厅为落实商务部党组提出的商务改革发展六项主要任务和八大行动计划，谋划开展“消费升级工程”等六项重大工程。“消费升级工程”是第一项工程，也是内贸板块唯一的重大工程，这为全省商务部门推动商贸流通创新转型明确了方向。

一是扩大服务消费。消费对象由商品为主向服务为主转变，是经济发展到一定阶段的必然趋势。商务部门一方面作为商贸服务业的管理部门，要加快推进餐饮、家政等居民生活服务业发展，加强对互联网、智能化等新模式、新技术的应用，创新服务方式，提升服务品质；另一方面作为消费促进工作的牵

头单位，要积极协调有关部门，共同推动文化旅游、教育培训、健康养老、体育健身等方面的服务消费供给，满足人民群众全方位、多层次、个性化的服务消费需求。要积极探索服务消费统计工作，完善消费统计体系，加强对服务消费统计数据的分析研究，把握服务消费发展趋势，为拓展服务消费提供决策支持。

二是发展中高端消费。消费层次从注重量的满足向追求质的提升转变，是当前消费升级的重要特征，城乡居民的消费观念已从吃饱穿暖实用，转变为吃出健康、穿出时尚、用出品味。要着力打造有影响力的中高端消费服务平台，积极创建国家消费中心城市。要紧紧抓住中国国际进口博览会契机，拓宽进口消费品流通渠道，丰富国内消费市场，引导境外消费回流。现在距离博览会开幕还有约 3 个月时间，各地商务部门要牵头做好各项相关工作，主动协调服务，认真做好采购商的邀请、登记、审核、组团以及现场对接等工作，促进采购成交，放大溢出效应，力争取得一流成效。

三是促进绿色循环消费。消费理念向绿色节约转变是消费升级的趋势，也是消费可持续发展的必然要求。要继续大力实施“三绿”工程（提倡绿色消费、培育绿色市场、开辟绿色通道），引导居民在消费过程中崇尚绿色、节能、环保。要以培育绿色商场为抓手，制定绿色经营标准，引导企业增设绿色产品区，鼓励绿色采购，推进绿色包装，开展绿色回收。要推动绿色餐饮发展，提供安全优质餐饮服务，倡导简约适度、绿色低碳的生活方式。要继续贯彻落实全面取消二手车限迁政策，促进汽车循环消费。要加快推进再生资源回收行业转型升级，推广“互联网＋回收”等新模式，构建新型回收体系。

（二）以现代科技金融为手段，加快推进商贸流通创新转型发展

随着市场经济的发展，商贸流通行业已经高度市场化。做商贸流通工作不能仅仅停留在审批、备案、处罚、资金扶持的传统方式上。政府管理职能有边界，但服务没有边界，要创新工作方法，积极运用法律、金融、科技等工具和手段，更好地引导和服务商贸流通企业创新转型发展。

一是自觉运用市场化手段。老字号是商贸流通行业的金字招牌，现在从中央到地方都高度重视老字号的传承与保护。我省有些老字号企业由于经营理念、管理方式、产品形象、市场开拓跟不上时代要求，面临着生存难、转型更

难的现实问题。要破解老字号发展难题，一定要充分发挥资本的力量，帮助其实现脱胎换骨的变化。目前，省商务厅正在研究探索设立老字号股权投资基金，通过市场化手段，有效集合社会资本与各方资源，以培育更多文化特色浓、产品和服务质量优、品牌信誉高、市场竞争力强的老字号企业，让民族文化、百年品牌、工匠精神、诚信理念在江苏发扬光大。

二是充分发挥创新平台作用。去年，省商务厅在省内遴选30家行业龙头企业，建立了全省重点零售企业联系制度，今天的会议也把这些企业的负责人请到了现场。要充分利用这一平台，加强信息沟通交流，及时掌握市场变化趋势，了解流通领域科技发展动态，听取对改革发展的意见建议。要让这些企业成为商贸流通创新转型的主力军，积极邀请重点企业参与重大经贸活动，为重点企业扩大投资、拓展业务创造良好条件，并优先选择重点企业参与商贸流通改革试点。同时，也希望重点企业发挥好龙头作用，在业态创新、人才培养、消费引领等方面充分发挥示范带头作用，为全省经济社会发展做出更大贡献。

三是加强新技术新模式运用。当前，物联网、大数据、人工智能等新一代信息技术快速发展，正深刻影响着零售活动的商业模式、组织形式、决策机制，甚至改变了零售业在整个产业链条中的地位。要引导和支持传统零售企业，充分发挥线下优势，积极开拓线上渠道，加快推进线上线下融合，实现虚拟商圈与实体商业的协同发展。要积极发展电商服务业，拓展电商服务产业链，推进电子商务高质量发展。要鼓励企业运用移动支付、人工智能等先进技术手段，大力发展智慧零售、跨界零售、体验零售。要加强智慧商圈建设，开发智能公共服务平台，强化信息资源整合和共享，推动消费模式创新，为消费者打造个性化、场景化的消费环境。

四是加快供应链创新与应用。强大而稳固的供应链体系是企业的核心竞争力，未来企业间的竞争将是供应链的比拼。要积极开展流通领域供应链体系建设，整合供应链、发展产业链、提升价值链，加快发展大市场、大物流、大流通，实现供应链提质增效降本，并及时总结成功经验在全行业推广应用。要鼓励商贸流通企业加大消费信息的数据挖掘，将供应链终端收集的需求信息向上游企业及时反馈，助力供给侧结构性改革。要推进城乡高效配送专项行动和物流标准化试点，发展共享物流，进一步降低流通成本、提高流通效率。

（三）以提升城市品质为导向，发挥商贸流通创新转型综合效益

城市要发展，商业必先行，商业的发达程度是城市现代化的重要标志。商贸流通的创新转型发展，对一个城市提升形象、完善功能、集聚人口、增强竞争力都有着巨大的作用。要对标国际国内优秀城市，加快城市中心商业区的升级改造和业态更新，进一步彰显都市魅力、提升城市品质。

一是加快高品位步行街建设。这是商务部今年的一项重点工作，也是推动商业高质量发展、推进消费升级的重要举措。全省各地要围绕建设高品位商业步行街，进一步优化商业网点布局，避免同质化、低水平的恶性竞争。要彰显城市底蕴，充分挖掘当地历史文化资源，让各具特色的步行街成为城市的靓丽名片。要提升街区软硬件环境，完善交通、通信、停车、安全等基础设施，推动大型商业设施与市政交通互联互通，进一步优化消费体验。各地都要主动向政府汇报，争取更多支持，并把这项工作纳入重要工作日程，安排专门力量，有计划、有步骤地持续推进。

二是完善城乡商业网络体系。商贸流通改革创新形成了一些制度性成果，如将商贸流通纳入同级国民经济和社会发展规划体系，对城市开发中商业设施面积占比有了明确规定等。制度有了，落实很重要，要结合各地实际，切实加强商业基础设施建设。在城市要突出便利性，打造 15 分钟便民生活服务圈，推动建设集餐饮、家政、托幼、维修等基本生活服务于一体的社区便民服务中心，完善社区生活“一站式”服务功能。在乡村要突出均衡性，切实贯彻落实乡村振兴战略，加快推进电商进农村，与供销、邮政等部门密切合作，建设完善乡村电商服务站点；推动生活服务下乡，建设一批生活综合服务中心，让农村居民享受新生活。

三是推进“商文旅”融合发展。我省商贸服务业发达、历史文化底蕴深厚、旅游资源丰富，推动商、文、旅跨界合作有着良好的基础。要以商承文、以文带旅、以旅兴商，使商文旅相互渗透融合，进而创造出更多的商业新业态和消费新热点。当前，要围绕大运河的保护和开发做好文章，深入挖掘大运河的历史文化价值、旅游价值和商业价值，在大运河沿线打造一批历史文化与商业文明交相辉映的历史文化商业街。要以大运河沿线老字号的保护和振兴为切入点，加快老字号集聚街区建设，推动老字号集聚发展，擦亮老字号金字招牌，让

人民群众在旅游和消费中体验传统文化精髓，接受传统文化熏陶。

（四）以优化营商环境为重点，激发商贸流通创新转型内生动力

良好的营商环境是提升区域竞争力的客观要求，是激发市场活力、推动经济转型的关键所在。必须进一步深化商务领域放管服改革，加快商务信用体系建设，加强事中事后监管，为商贸流通企业营造良好的营商环境，最大限度调动商贸流通企业创新转型发展的积极性。

一是进一步优化政务服务。在深化改革创新中，既要对商贸流通领域放得不够、管得过细的地方进行改革，进一步简政放权，减少对市场的干预，更重要的是要填补商贸流通在法规和制度建设上存在的空白，建立起适应现代流通业发展的新制度、新机制。要落实省政府关于推进不见面审批（服务）改革要求，在全省积极推行政务服务“网上批、快递送、不见面”。在做好简政放权的“减法”的基础上，更要善于做加强监管的“加法”和优化服务的“乘法”。

二是进一步规范市场秩序。要按照国家和我省推动综合行政执法体制改革部署要求，进一步深化商务综合执法改革。通过梳理整合执法职能、健全执法制度、规范执法流程、加强执法保障，不断提升商务领域综合行政执法水平。要加快商务诚信体系建设，拓展商务诚信信息公共服务平台应用范围，建立健全商务信用联合奖惩机制，营造诚信兴商社会氛围。通过构建以信用为核心的商贸流通领域事中、事后监管新机制，着力营造公平竞争、规范有序的市场环境。

三是进一步激发主体活力。创新活力来自企业，特别是来自优秀的企业家。要努力构建“亲、清”政商关系，在支持商贸流通企业发展的同时，更要培育一批具有国际视野、现代管理理念和社会责任感的企业家。在座的企业家们，要弘扬爱国敬业、遵纪守法、艰苦奋斗的精神，带领企业守法诚信经营，争做行业规范发展表率；弘扬创新发展、专注品质、追求卓越的精神，带领企业加快创新步伐，争做行业创新转型先锋；弘扬履行责任、敢于担当、服务社会的精神，带领企业积极履行社会责任，切实发挥示范带头作用。

四是进一步扩大对外开放。当前，服务业已经成为我省外资引进的重点领域。要营造优良的营商环境，不断加大商贸流通领域的外资引进。在引进外资中，要注重引进新模式、新业态、新品牌，为人民群众营造更好的消费环

境，提供更丰富的商品和服务，让他们获得更好的消费体验，同时也树立起更高的标杆，促进省内更多商贸流通企业创新转型发展。要积极创造条件，鼓励和支持国内优秀企业“走出去”，收购发达国家的市场渠道、商品和服务品牌，与内需市场结合，带动国内商贸流通业的改革创新发展。

四　以务实作风推动商贸流通创新转型落地见效

全省各地商务主管部门要把抓好改革创新转型，作为当前商贸流通工作的重要任务，着力构建与现代流通发展相适应的新体制、新模式，不断优化发展环境，以务实的作风推动我省商贸流通行业创新转型、提质增效。

（一）加强组织领导

各地商务主管部门要进一步提高认识，把推动创新转型列为商贸流通工作的“重中之重”。一把手要亲自过问、亲自抓，时时跟踪，紧盯不放。要明确改革重点事项，准确把握改革时机，找准突破口，有计划、有步骤地一项一项加以解决。要增强改革创新工作的力量配备，指定责任处室安排专人负责流通改革创新工作。要推动建立跨部门的工作协调机制，建立省市、市县之间商务部门的定期沟通协调工作机制，为改革创新的顺利推进提供强有力的工作保障。

（二）做好顶层设计

各地商务部门要把商贸流通改革工作放在中央、省委省政府的大战略中谋划，放在应对中美贸易摩擦等大背景中思考。要认真梳理我省商贸流通工作的短板，集中精力解决制约商贸流通发展的流通成本高效率低、消费新动能不足、营商环境不够优等问题。要加大立法、规划、标准等制度层面的工作力度，通过制度建设固化有效的工作规则、方法和模式，形成促进商贸流通持续健康发展的长效机制。

（三）强化统筹协调

商贸流通工作涉及面广、涉及部门多，深化流通体制改革，有不少工作已经超出商务部门的职责范围，统筹协调的任务很重。要创新工作方式方法，坚持政府引导与市场运作、推动创新与深化改革、重点突破与整体推进相结合，加强部门间的协调配合，构建横向协作、纵向联动的工作新格局。全省各地商务主管部门要站在经济社会发展全局的高度，立足于大流通、大市场体系建设，主动与有关部门对接，把流通改革与当地正在进行的其他领域改革充分衔接，实现改革的整体推进。

（四）狠抓工作落实

商务部等 9 部门发布《关于复制推广国内贸易流通体制改革发展综合试点经验的通知》，复制推广 37 项改革经验。今年省商务厅联合省发改委等部门下发了《关于印发内贸流通体制改革工作方案的通知》，明确了 23 项改革任务。各地要深入学习领会文件精神，认真借鉴试点城市的好经验、好做法，结合实际研究制定复制推广改革经验、深化商贸流通创新转型的工作方案，并把工作任务分解落实到部门和责任人。省商务厅将定期对各地工作开展评估，总结成功经验和典型案例，向全省通报。

同志们，深化创新转型，推动商贸流通高质量发展是当前我省商务领域的重要工作。我们要深入贯彻落实省委“思想大解放、发展高质量”的指示精神，以高度的责任感抓好改革创新工作的组织实施，将已经取得的成果尽快进行推广复制，把商贸流通体制改革和创新转型全面推向深入！

（2018 年 8 月 14 日）

马明龙厅长在全省供应链创新与应用工作联席会议第一次全体会议上的讲话

同志们：

刚才，常青同志对国家推进供应链工作的相关背景、我省所开展工作以及联席会议机制方案做了说明，相信大家对供应链创新与应用工作的重要性、紧迫性有了较为全面的了解。相关成员单位的负责同志也结合各自职能谈了很好的意见建议，请联席会议办公室认真梳理，在今后的工作中不断完善。

去年10月，国务院办公厅下发了《关于积极推进供应链创新与应用的指导意见》(国办发〔2017〕84号)，标志着国家层面的供应链创新与应用工作全面展开。文件出台以后，省商务厅与各兄弟厅局一道密切配合，开展了广泛而深入的调研。今年4月，省政府办公厅印发了《关于推进供应链创新与应用培育经济增长新动能的实施意见》(苏政办发〔2018〕35号)，我省的供应链创新与应用工作进入了具体实施阶段。上半年，商务部等8部委共同开展了国家级供应链试点工作，我省的南京市和张家港市，以及33家企业入选。入选企业仅少于央企集中的北京市，居全国第二；其中南京市16家，仅少于北京与上海，与被称为中国供应链创新与应用摇篮的深圳市齐平。这为我省今后开展供应链创新与应用奠定了坚实基础。

下面，我就推进供应链创新与应用工作讲几点意见。

一　统一思想、提高认识

中国是世界第一制造大国，第二贸易大国，在全球供应链体系中占据着举足轻重的地位。随着经济全球化的发展，国际分工持续深化细化，经济相互依存日益加深，加上信息技术的突飞猛进，现代供应链发展到新的阶段，有力地推动了跨产业、跨区域和跨国际的大规模协同，供应链的竞争与合作将是今后经济发展的重要支撑因素。江苏工业产值连续 7 年保持全国第一，外贸位居全国第二，对现代供应链也有着迫切的需求，因此，我们要从战略高度认识和推进我省的现代供应链体系建设。

（一）推动供应链创新与应用是供给侧结构性改革的重要抓手

发展现代供应链，全面优化企业间、行业间、区域间的经济关系和协同效率，能够优化资源配置，化解过剩产能，降低各类经营成本和交易成本，提高生产效率。发展现代供应链，打通生产到消费的各个环节，能够消除信息不对称，促进市场信息的准确快速传导，增强供给侧对需求变化的适应性和灵活性，从而有利于供需匹配。发展现代供应链，促进生产制造的标准化与柔性化，能够提升产品质量和服务质量，促进便利消费、安全消费、高品质消费，更好地满足人民群众对美好生活的需要。

（二）推动供应链创新与应用是推进高质量发展的本质要求

发展现代供应链，加速产业融合、跨界、协同发展，有利于催生新产业、新业态、新模式，促进传统产业转型升级和战略性新兴产业的突破发展。发展现代供应链，加强设计研发、生产制造、营销服务等产业上下游的有机联结，有利于集聚要素资源，营造良好产业生态环境，帮助创新企业快速成长，吸引更多优质企业落地生根，推动产业迈向价值链中高端。发展现代供应链，积极推进绿色采购、绿色制造、绿色消费，有利于将绿色低碳的理念贯穿于产业体系的各个环节,实现绿色发展。

(三) 推动供应链创新与应用是构筑发展新优势的必由之路

发展现代供应链,促进基于供应链的集成创新、协同创新,有利于激发全社会创造力,增强自主创新能力,对建设创新型省份有着积极的作用。发展现代供应链,全面融入全球供应链网络,为"走出去""引进来"做好全方位支撑和服务,有利于更好地利用两个市场、两种资源,为构建全方位开放新格局夯实基础。发展现代供应链,不断增强服务企业的能力和水平,让企业更加专注于核心业务,有利于优化经济发展环境,提升实体经济的质量和效益,促进现代化经济体系建设。

(四) 推动供应链创新与应用是维护国家经济安全的有力武器

未来的竞争将会是供应链主导权的竞争。一些发达国家的跨国公司之所以强大,关键在于建立了完善的供应链体系,整合了全球资源,掌控着供应链主导权,处于价值链的最高端。中兴通讯、福建晋华被美国禁售,充分说明中国部分行业的供应链仍然十分脆弱。在当前复杂国际背景下,加快发展现代供应链,提高全球供应链的整合和控制力,优化全球供应链布局,推进资源能源、关键技术装备和零部件进口的多元化,才能保障产业安全和经济安全,切实维护国家经济主权。

二 强化落实,扎实推进

(一) 加强调查研究,理清工作思路

江苏具有健全的产业体系、一批特色鲜明的产业集群和一大批行业龙头企业,空间布局相对集中、内部关联度大、产业链协作配套水平高,推进供应链创新与应用具有坚实的基础。但对于从宏观层面指导和推进供应链工作,总体上仍处于起步阶段,要通过调查研究,掌握实际情况,理清工作思路。要在学习了解国内外关于现代供应链理论与实践的同时,深入调研我省供应链发展现状、问题及重点领域。要研究如何将供应链工作同省委省政府宏观导向、

同本部门工作实际、同解决行业发展痛点结合起来，将供应链创新与应用作为推动本行业高质量发展的重要载体和抓手。

（二）加强指导督促，认真开展试点

江苏列入国家试点的企业比较多，但这只是试点的第一步，下一步还将评选100家示范企业；而且这也不是试点的最终目的，关键是要探索可复制可推广的经验模式。近期，要重点加强对试点城市及企业的指导，围绕试点目标，加强与供应链上下游企业的协同整合，着力完善产业供应链体系，促进产业降本增效、绿色发展和创新转型，力争创造一批具有江苏产业特色的供应链技术和模式，构建一批整合能力强、协同效率高的供应链平台，培育一批带动力强的供应链企业，形成一批可复制推广的供应链创新与应用以及政府治理的江苏经验，力争有更多的试点城市和企业成为全国示范城市和企业。

（三）结合部门职责，出台政策举措

目前省政府出台的供应链实施意见只是一个框架性文件，要将工作落到实处，还需要各部门出台相关配套措施，构建“1+N”的供应链政策支撑体系。实施意见中也明确指出，要“围绕供应链管理的重点领域、重点产业和骨干企业，实施企业成长、技术创新、平台建设、人才培养、标准制定等一批供应链创新与应用工程，出台配套政策，引导和激励企业开展供应链创新与应用”。各成员单位要按照实施意见要求，根据部门职能和实际需要，吸收国际国内好经验，研究制定支持本行业供应链发展的政策举措，在安排相关资金项目时，对试点城市和企业给予倾斜，切实推动供应链创新与应用的开展。

三 完善机制，加强协同

（一）理顺工作职责

供应链创新与应用工作综合性、系统性强，苏政办发〔2018〕35号文所列各项任务，与在座的各部门都有关联。省商务厅是牵头单位，我们将主动作为，做好牵头汇总、沟通衔接工作，全面推动落实国家和省里的决策部署。此

外，省商务厅还是流通业供应链的责任主体、全球供应链的重要参与方，所以还要同时做好流通供应链及全球供应链的创新发展工作。省工信厅、省住建厅、省农业农村厅、省地方金融监管局等联席会议副召集人单位，分别是制造业、建筑业、农业供应链和供应链金融的责任主体，要切实承担起本部门供应链创新发展的重任。其他成员单位也要各司其职，积极配合开展相关工作。

（二）健全工作机制

联席会议办公室要与国家有关部委、与省各成员单位保持密切沟通，将相关要求与信息及时向各成员单位传达和分享。要定期、不定期召开全体会议、专题会议、联络员会议，通报工作进展、交流工作经验、研究专题工作。各成员单位内部也要加强相关处室的沟通与协调，一些部门的供应链工作也是与多个处室相关联，希望在座的各位联络员做好牵头协调和汇总工作。要注意加强和借助外部力量，加快成立供应链协会及专业委员会，考虑建立供应链咨询委员会及供应链研究院等机构，共同推进供应链创新与应用工作。

（三）强化信息报送

联席会议办公室要建立健全信息报送制度，强化信息收集、整理和报送，不定期刊发工作简报，重要情况及时报省政府。各单位联络员要定期将本部门供应链工作动态、企业供应链发展诉求、供应链创新与应用先进模式与经验，向联席会议办公室报送。特别是要从正在开展的供应链试点中，发掘和总结基层和企业的创新举措，利用供应链技术和思维创新业态、创新模式的典型案例，形成可复制的经验及时进行总结推广。要利用各种媒体加强舆论引导，广泛宣传各地各部门的有效做法和成功经验，营造良好的社会氛围。

同志们，供应链创新与应用是一项崭新的开创性事业，意义重大，任务艰巨。我们相信，通过大家的共同努力，一定会使现代供应链真正成为我省的发展新动能和经济新增长点，从而为建设“强富美高”新江苏做出新贡献！

（2018 年 11 月 15 日）

江苏省开发区条例

（2018 年 1 月 24 日江苏省第十二届人民代表大会常务委员会第三十四次会议通过）

第一章 总 则

第一条 为了加强开发区建设，规范开发区管理和服务，提升开发区发展质量和水平，发挥开发区功能优势和开放引领作用，促进经济社会发展，根据有关法律、行政法规，结合本省实际，制定本条例。

第二条 本省行政区域内开发区的规划建设、管理服务以及相关活动，适用本条例。

本条例所称开发区，包括经国务院批准设立的国家级经济技术开发区、高新技术产业开发区和省人民政府批准设立的省级经济开发区、高新技术产业开发区。

第三条 开发区应当坚持创新、协调、绿色、开放、共享的发展理念，遵循改革创新、规划引领、集聚集约、特色发展的原则，把握高质量发展要求，加快向现代产业园区转型，成为践行新发展理念和培育发展新动能的引领区、高水平营商环境和便利创业创新的示范区、先进制造业和现代服务业的集聚区、深化改革开放和体制机制创新的先行区。

第四条　县级以上地方人民政府领导开发区工作，将开发区的建设和发展纳入国民经济和社会发展规划，制定促进开发区发展的政策措施，建立议事协调机制，解决开发区建设和发展中的重大问题，落实目标责任制和奖惩制度，推动开发区健康有序发展。

县级以上地方人民政府开发区主管部门负责开发区的指导、服务、协调和管理工作，推动落实开发区建设和发展的各项政策措施。

县级以上地方人民政府其他有关部门按照各自职责，做好开发区的相关工作。

第二章　规划与建设

第五条　省人民政府负责组织编制省开发区总体发展规划，明确开发区的数量、规模、产业布局和发展方向。

设区的市人民政府应当根据省开发区总体发展规划，结合本地区经济基础、产业特点、资源和环境条件，组织编制本市开发区总体发展规划，科学确定开发区的空间布局、产业定位和建设运营模式。

省、设区的市开发区总体发展规划应当符合本地区国民经济和社会发展规划、主体功能区规划、土地利用总体规划、城市总体规划、城镇体系规划和生态环境保护规划。

第六条　开发区管理机构应当根据省、设区的市开发区总体发展规划等有关规划，编制开发区产业发展等相关规划，明确战略目标、产业特色、空间布局、生态环保等内容。设区的市、县（市、区）人民政府应当加强对开发区管理机构编制产业发展等相关规划的指导。

开发区应当科学规划功能布局，突出生产功能，统筹核心区与生活区、商务区和办公区等城市功能建设，促进新型城镇化发展，推进特色化、智慧化发展。

第七条　开发区所在地人民政府应当在城乡规划中统筹安排开发区基础设施和公共服务设施建设。

第八条　开发区应当依法合理、节约集约开发利用土地资源，提升土地产出率。在开发区内可以通过收购储备、鼓励流转、协议置换、合作经营、自主开发等方式，对闲置土地、低效用地等存量建设用地进行再开发。

鼓励支持开发区建设地下综合管廊、海绵城市。

第九条　对开发区列入省级年度投资重大项目的产业项目，应当在土地利用年度计划中优先安排建设用地。

优先保障开发区内重大基础设施、先进制造业、现代服务业项目的合理用地，对科技创新、民生和文化创意等新型产业用地给予倾斜支持。

第十条　对利用现有工业用地新建厂房或者改造原有厂房、增加容积率的，不增收土地出让价款。

经批准后允许工业用地使用权人按照有关规定对土地进行重大产业项目再开发，涉及原划拨土地使用权转让需补办出让手续的，可以采取规定方式办理并按照市场价格缴纳土地出让价款。

第十一条　省人民政府应当建立健全开发区土地集约利用评价制度，评价结果纳入全省开发区综合考核评价体系。对发展较好、集约用地成效显著的开发区，给予用地方面倾斜支持。

第十二条　开发区因开发建设需要征收、征用土地的，开发区管理机构应当配合开发区所在地国土资源、房屋征收等部门依法组织实施。

第十三条　开发区应当按照国家和省有关规定，严格建设项目产业政策、规划选址、环境评价、安全评价、用地标准等方面的条件，鼓励科技含量高、投资强度高、质量效益高、产业关联度高、具有自主知识产权的项目进入开发区。

第十四条　开发区应当发挥规划、环境影响评价在优化空间开发布局、推进区域环境质量改善、推动产业升级转型中的作用，落实生态保护红线制度，严格资源节约和环境准入门槛，推动开发区循环化改造和资源循环利用，促进清洁生产，健全环境安全监测监控体系，引导产业结构向低碳、循环、集约方向发展。

第十五条　开发区应当建立安全风险评估论证机制，确定重点危险区域安全风险等级和风险容量，合理规划企业选址和基础设施建设、生活空间布局，并完善重大安全风险联防联控制度。

第十六条　支持开发区开展横向合作，与其他经济体以合作共建、委托管理等方式，建设跨区域合作产业园区或者产业合作联盟。

鼓励开发区与其他国家（地区）、跨国公司开展国际合作。

第三章　整合优化

第十七条　开发区的设立、升级、调整规划面积或者区位，应当符合省开发区总体发展规划要求，具备国家和省规定的条件。

第十八条　国家级开发区的设立和省级开发区升级为国家级开发区，由设区的市人民政府向省人民政府提出申请，由省商务、科技主管部门按照职责分工会同有关部门共同研究，提出审核意见报省人民政府转报国务院审批。

省级开发区的设立，由设区的市人民政府向省人民政府提出申请，由省商务、科技主管部门按照职责分工会同有关部门提出意见，报省人民政府审批，并报国务院备案。

开发区更名、调整规划面积或者区位的，应当符合规定条件，并按照设立申报程序报请批准。

第十九条　省人民政府应当建立开发区统一协调机制，推动全省开发区协调发展，形成有特色、差异化的发展格局，避免同质化和低水平恶性竞争。

第二十条　开发区应当加快转型升级，增强内生发展动力，提高改革创新能力，提升资源配置和使用效益，率先实现质量变革、效率变革、动力变革。

第二十一条　开发区所在地县级以上地方人民政府应当根据国家和省主体功能区规划、区域发展规划、土地利用总体规划、产业发展规划以及当地经济和社会发展需要，开展开发区整合优化工作，推动开发区空间整合、资源整合和产业调整，优化开发区空间布局和产业结构。

根据开发区发展阶段、区位条件和城市化进程需要，位于中心城区、工业比重低的开发区，可以向城市综合功能区转型；发展规模较小的开发区，可以并入区位相邻近的国家级开发区或者发展水平高的省级开发区，建立统一的管理机构、实行统一管理。

第二十二条　省商务、科技主管部门应当按照职责分工会同有关部门，加强对开发区的分类指导，建立健全开发区综合考核评价体系，并根据综合考核评价结果，按照奖优罚劣的原则实行动态管理。

支持经济综合实力强、产业特色明显、发展质量高的省级开发区扩大规划面积或者升级为国家级开发区。

对资源利用效率低下、环境保护不到位、发展滞后的开发区，由省或者设区的市商务、科技主管部门按照职责分工会同有关部门向开发区所在地县级以上地方人民政府提出整改建议；对整改达不到要求或者无法完成整改任务的，按照有关规定进行撤并整合。

开发区动态管理办法由省人民政府制定。

第四章　管理体制

第二十三条　开发区管理机构作为所在地县级以上地方人民政府的派出机关，在规定的职责范围内行使经济管理权限，提供投资服务。

开发区管理机构应当根据工作职责，按照精简、统一、效能的原则，科学合理设置职能机构，具体承担相应职责。

对于开发区管理机构与行政区人民政府合并的开发区，应当完善政府职能设置，体现开发区精简高效的管理特点。

鼓励开发区创新管理体制，探索建立市场化管理模式。

第二十四条　开发区管理机构依法履行下列主要职责：

（一）负责组织实施省、设区的市开发区总体发展规划和政策措施，编制开发区产业发展等相关规划；

（二）根据国家和省有关产业政策，编制产业发展目录，统筹产业布局，按照有关规定负责审批或者审核开发区内的投资建设项目；

（三）健全招商引资制度，整合招商引资资源，搭建招商引资平台；

（四）健全创新创业制度，搭建招才引智平台，加强创新资源集聚，构建创新创业服务体系；

（五）协调落实区域内基础设施和公共服务设施的建设和管理；

（六）发布公共信息，为企业和相关机构提供指导、咨询和服务；

（七）所在地县级以上地方人民政府赋予的其他与经济管理和投资服务相关的职能。

开发区应当依托所在地人民政府开展社会管理、公共服务和市场监管工作。

第二十五条　设区的市、县(市、区)人民政府按照国家和省有关规定,可以将经济管理、投资服务等权限依照法定程序赋予开发区管理机构。

第二十六条　开发区管理机构应当在法定权限范围内依法履行行政执法职责。

按照国家和省有关规定,经批准可以在开发区成立综合执法机构。

第二十七条　开发区管理机构应当按照国家和省有关规定,依法制定并公布权力清单、责任清单、收费清单,健全权力监督、制约、协调机制,加强事中事后监管。

第二十八条　开发区所在地县级以上地方人民政府职能部门一般不在开发区设置工作机构,确因工作需要设立的,应当严格按照程序报批。

第五章　服务保障

第二十九条　开发区所在地县级以上地方人民政府及其有关部门应当在规划编制、要素供给、项目安排、招商引资、科技创新、基础设施建设、体制创新、政策实施等方面支持开发区的发展。

第三十条　县级以上地方人民政府以及开发区管理机构应当健全与企业的沟通机制,提升金融服务和投资贸易便利化水平,建立公平竞争、运行规范、监管透明、便捷高效的营商环境。

第三十一条　县级以上地方人民政府应当健全开发区财政机制,完善开发区财政预算管理和核算制度。

开发区应当加强债务管理,提升稳健发展能力。开发区所在地县级以上地方人民政府应当加强对开发区债务的举借、使用和管理情况的监督。

第三十二条　开发区应当建立和完善投资主体多元化、融资渠道多样化、投资管理市场化的资产运营管理机制。

发挥政府投资基金在开发区建设和发展中的作用。支持开发区按照市场化原则研究设立产业投资基金、创业投资基金、转型升级投资基金。鼓励和引导外资和社会资本参与开发区建设。

第三十三条　县级以上地方人民政府以及开发区管理机构可以在法定权限范围内制定招商引资优惠政策，加大对高新技术产业、战略性新兴产业、资源禀赋优势产业和绿色高端产业的支持力度。

开发区管理机构应当完善重大招商项目跟踪服务机制，推动优质资源向优势企业集聚。

第三十四条　开发区管理机构对权限范围内的审批事项，应当简化审批流程，推行一个窗口受理、集中办理、限时办结，为企业、投资创业者提供一站式、代办制等优质、便捷服务。

开发区管理机构对受理的权限范围外的审批事项，负责统一向审批部门转报。

开发区可以经批准成立集中审批机构，集中承办审批事项。

第三十五条　开发区管理机构应当建立健全知识产权创造、运用、保护、管理等全链式服务体系，依法保护自然人、法人和非法人组织的知识产权。

第三十六条　支持在开发区内设立金融服务、资产评估、信用评级、投资咨询、知识产权交易、人力资源服务等中介服务机构，为开发区的生产经营和创新创业活动提供服务。

第三十七条　开发区应当加强创新创业服务体系建设，构建创新创业公共服务平台。

发挥企业创新主体作用，加强企业研究开发机构建设，打造创新型企业集群，建立以企业为主体、市场为导向、产学研深度融合的技术创新体系。

鼓励科学家、海外高层次人才创新创业团队、科研机构和高等院校在开发区内设立研究开发机构。

第三十八条　开发区应当建立健全人才培养、引进机制，通过政策和资金扶持，吸引高层次人才在开发区创新创业，支持开发区内企业与高等院校、研究开发机构联合培养高层次人才。

支持开发区通过设立科技孵化资金、知识产权作价入股等方式，搭建科技人才与产业对接平台，支持科技成果转化。

对引进高层次人才的企业，鼓励开发区通过奖励补助方式予以支持；对企业发展做出突出贡献的人才，开发区应当给予一定的奖励补助。

第三十九条　对于开发区管理机构或者其所属事业单位因特殊需要聘用

的高层次管理人才和招商人员，可以按照有关规定探索实行年薪制、协议工资制等多种分配形式。

鼓励开发区创新选人用人机制，支持开发区按照规定实行聘任制、竞争上岗制、绩效考核制。支持开发区探索试行外籍雇员制度，引进需要的外籍专家、技术人员等。

第四十条　任何单位不得在开发区内违规设立收费项目，并收取相关费用。

第四十一条　开发区管理机构应当建立健全投诉协调机制，受理企业和投资者反映的诉求及其对各类违法、违规行为的投诉和举报。

第四十二条　任何国家机关及其工作人员不得滥用职权干扰开发区管理机构正常行使管理职权。

第六章　附则

第四十三条　本省行政区域内经国务院和省人民政府批准设立的海关特殊监管区域、旅游度假区等其他类型的园区，可以参照本条例执行。

第四十四条　本条例自 2018 年 5 月 1 日起施行。1986 年 12 月 20 日江苏省第六届人民代表大会常务委员会第二十三次会议通过的《江苏省经济技术开发区管理条例》同时废止。

（2018 年 1 月 24 日）

省政府关于促进外资提质增效的若干意见

各市、县(市、区)人民政府,省各委办厅局,省各直属单位:

为全面贯彻党的十九大精神,落实《国务院关于扩大对外开放积极利用外资若干措施的通知》(国发〔2017〕5 号)、《国务院关于促进外资增长若干措施的通知》(国发〔2017〕39 号)要求,促进我省外资提质增效,推动全省开放型经济高质量发展,现提出以下意见。

一　进一步放宽市场准入

根据国家部署,对全省外商投资实施准入前国民待遇加负面清单管理制度,落实专用车和新能源汽车制造、船舶设计、支线和通用飞机维修、国际海上运输、铁路旅客运输、加油站、互联网上网服务营业场所、呼叫中心、演出经纪、银行业、证券业、保险业对外开放举措,进一步减少外资准入限制。推动我省服务业扩大开放,争取率先复制北京市服务业扩大开放综合试点经验。深化苏州工业园区开放创新综合试验、构建开放型经济新体制综合试点试验,在全省复制推广试验改革经验。深化苏州市、南京江北新区服务贸易创新发展试点。启动合格境外有限合伙人(QFLP)试点,制定试点方案。(责任单位:省发展改革委、商务厅、科技厅、财政厅、交通运输厅、文化厅、工商局、新闻出版广电局、金融办、通信管理局,人民银行南京分行、国家外汇管理局江苏分局、江苏银监局、江苏证监局、江苏保监局,各设区市人民政府)

二　加大招商选资力度

重点招引世界500强企业(以《财富》排行榜为准,下同)、全球行业龙头企业来我省投资,鼓励设立跨国公司总部和功能性机构,积极引进全球产业链中高端环节和核心技术,推动我省高新技术产业、战略性新兴产业等先进制造业、现代服务业和现代农业发展。对年实际到账外资金额超过2亿美元的世界500强企业投资项目,省级商务发展专项资金按"一事一议"方式给予重点支持。修订完善跨国公司地区总部和功能性机构鼓励政策,吸引跨国公司总部和功能性机构落户。支持符合条件的外商投资企业申请省级现代服务业发展专项引导资金、现代服务业发展基金。各级人民政府和开发区可在法定权限内制定招商引资优惠政策,对促进地方就业、经济发展、技术创新的外资项目予以奖励补助。加强跨国公司总部和功能性机构企业信用培育,认定一批海关高级认证企业和检验检疫高等级信用企业,提供进出口货物通关便利。支持具有境内外资金管理中心功能的跨国公司总部开展外汇集中运营管理试点,跨国公司总部可以建立统一的内部资金管理体制,按照规定对自有资金实行统一管理。具有投资和财务管理功能的跨国公司总部和功能性机构可按照规定参与跨国公司外汇资金集中管理、境外放款等试点业务。(责任单位:省商务厅、财政厅,南京海关、江苏检验检疫局、国家外汇管理局江苏分局,各设区市人民政府)

三　集聚全球创新资源

加强对外资研发中心建设国家级、省级企业技术中心政策辅导,对开展创新基础能力提升、关键核心技术突破更新、智能化绿色化制造等工程的企业技术中心,采用适当方式给予专项支持。依法简化具备条件的外资研发中心研发用样本样品、试剂等进口手续，为外资研发中心运营创造便利条件。对外资研发中心优先办理报检资质审批，优先考虑提升信用及分类管理等级。支持外资研发中心研发成果在本地实行产业化，鼓励有条件的地区对研发成果转化项目在土地、人才等方面提供便利，给予资金扶持或奖励。鼓励有条件的地区开展外商投资企业知识产权质押贷款业务。（责任单位：省科技厅、经济和信息化委、商务厅、知识产权局、国税局，南京海关、江苏检验检疫局、人民银行南京分行、江苏银监局，各设区市人民政府）

四　保障外资项目用地

对列入省重大项目的先进制造业和现代服务业外资项目用地，在计划指标方面予以重点支持。外商投资企业工业物业产权和跨国公司总部自建办公物业产权，允许以幢、层等固定界限为不动产单元分割登记和转让，用于引进产业链合作伙伴项目，其中跨国公司总部自建办公物业累计分割登记和转让面积不得超过总建筑面积的40%。鼓励外资项目工业用地实行弹性年期出让。外商投资企业租赁工业用地的，可凭与国土资源部门签订的土地租赁合同和缴款凭证办理规划、报建等手续；租赁期内，地上建筑物、构筑物及其附属设施可以转租和抵押。对外商与政府共同投资建设的非营利性医疗、教育、文化、养老、体育等公共服务项目，可使用划拨土地的，允许采用国有建设用地作价出资或入股方式供应土地。对年度综合考核评价前十名的经济类开发区、前五名的高新类开发区，给予用地方面倾斜支持。（责任单位：省国土资源厅、发展改革委、商务厅、住房城乡建设厅、科技厅，各设区市人民政府）

五　加强载体和机制建设

按照全省“1+3”功能区总体布局，充分发挥省、市各类产业发展基金作用，以股权投资等社会化方式引导外资投向特定区域、特色产业，推动利用外资同质竞争向协同发展转变。重点支持中韩（盐城）产业园、昆山深化两岸产业合作试验区、淮安台资企业产业转移集聚服务示范区、中德（太仓）产业合作创新试验区、苏澳（常州）合作园区等合作园区加快建设。充分发挥新苏合作理事会、苏港合作联席会议、江苏—澳门·葡语国家工商峰会、友城双边(多边)联委会等机制作用,推进国际交流合作。加大省级商务发展专项资金对苏中、苏北地区承接加工贸易转移的支持力度,降低加工贸易企业用地、用工、用电等各项成本,推动省内加工贸易向苏中、苏北地区有序转移。按照“资源互享、优势互补、发展互惠”的原则,推进江苏辽宁对口合作、江苏陕西扶贫协作和经济合作等省外对口支援合作机制建设,推动共同发展。(责任单位:省商务厅、发展改革委、经济和信息化委、科技厅、财政厅、外办〔港澳办〕、台办,各设区市人民政府)

六　优化开发区投资环境

落实国家级开发区全链审批赋权清单,取消预审环节,简化申报程序。对具有公共属性的审批事项,由企业单独申报调整为开发区整体申报。持续做好地方政府债券发行工作,支持重点引资平台基础设施和重大项目建设。继续推进“区域能评、环评+区块能耗、环境标准”覆盖项目能评、环评试点工作,适时扩大试点范围,探索制定适应我省开发区进区项目的准入标准,提升进区项目审批效率。完善南北共建园区“合作共建、产业共育、利益共享”机制,共建园区引进外资项目投产后形成的财政收入市县留成部分,可由合作双方商定按比例分成,地区生产总值、实际到账外资等主要经济指标统计按国家相关制度执行,考核时按双方商定比例分别计入。(责任单位:省商务厅、科技厅、编办、发展改革委、经济和信息化委、财政厅、环保厅、工商局、统计局,各设区市人民政府)

七　积极引进国际高端人才

落实外国人来华工作许可制度,推进工作许可属地办理,采用“告知+承诺”“容缺受理”等方式,为外国人才来我省工作、创业开辟“绿色通道”。放宽外国人才签证有效期限,对符合条件的外国人签发长期(有效期5年)多次往返签证,并可凭该签证办理工作许可、按规定申请工作类居留证件。对外商投资制造业企业急需的外国专业人才,可放宽年龄和学历要求。对苏南国家自主创新示范区内符合认定标准的外国高端人才及其配偶、未成年子女，经相关部门推荐，可直接申请在华永久居留；具有博士研究生以上学历的外籍华人在苏南五市工作，可直接申请在华永久居留。对外国专家来华工作、入境许可、申请居留实行“一口受理”“一窗发放”。外商投资企业高层次人才（包括高级管理人员和高端研发人才）的子女需在我省入托或在中小学就读的，本着“就近就便、适当照顾”的原则，由所在地人民政府协调有关学校提供便利。鼓励有条件的地区视外商投资企业高层次人才对本地的贡献给予奖励。（责任单位：省公安厅、人力资源社会保障厅、外办〔港澳办〕、教育厅，各设区市人民政府）

八　提升投资贸易便利化水平

全面推进“互联网＋政务服务”“不见面审批”服务模式，加快推进商务备案与工商登记“一窗一表”改革试点。支持符合条件的省内跨地区经营且具有独立法人资格的外商投资企业总机构及其分支机构汇总缴纳增值税，分支机构可就地入库。完善海关特殊监管区域“一次备案、多次使用”制度，推进仓储货物按状态分类监管，优化非报关货物管理。推进苏州工业园区综合保税区、昆山综合保税区、无锡高新区综合保税区、苏州高新区综合保税区、镇江综合保税区、淮安综合保税区、吴江综合保税区增值税一般纳税人资格试点，争取扩大试点范围。鼓励外资通过合资合作、并购重组等方式参与国有企业混合所有制改革。建设全省统一的国际贸易“单一窗口”，覆盖所有上线项目、所有口岸。根据实际情况，在有条件的地区推进跨境人民币业务创新。（责任单位：省商务厅、发展改革委、财政厅、工商局、国税局、地税局、国资委，南京海关、江苏检验检疫局、国家外汇管理局江苏分局，各设区市人民政府）

九　加强知识产权保护

完善知识产权行政执法机制，深入推进知识产权综合行政执法体制改革。整合行政执法力量，加大对知识产权侵权易发高发行业、市场区域的监管力度，开展打击互联网领域知识产权侵权行为专项执法行动，将知识产权失信行为纳入公共信用信息系统。完善知识产权维权援助工作体系，实现设区市知识产权维权援助网络全覆盖，扩大知识产权维权援助资金规模。面向我省重点优势产业建设知识产权保护平台，开展知识产权快速审查、快速确权、快速维权服务，探索开展知识产权司法鉴定服务，推进审查确权、行政执法、维权援助、仲裁调解、司法衔接相联动的快速协同保护工作。加快中国（常州·机器人及智能硬件）知识产权保护中心、中国（南京）知识产权保护中心建设，支持其他有条件的地区围绕重点优势产业做好知识产权保护工作。（责任单位：省知识产权局、商务厅、科技厅、工商局、新闻出版广电局、贸促会，各设区市人民政府）

十 创新招商引资模式

鼓励各地组建专业化招商机构，建立市场化招商机制，通过政府购买服务，优化招商效果。支持建立以产业链为主导的招商组织架构，鼓励成立区域招商联盟。加强招商引资激励，每年度对全省利用外资成绩突出的单位和个人给予通报表扬，取得突出成绩的招商人员在同等条件下优先推荐参加各级劳动模范等荣誉称号评选。鼓励有条件的地区对招商引资成效显著的单位和个人给予适当奖励。推广苏州工业园区市场化招商模式，成立专业招商公司，对公司工作人员薪酬等事项实行企业化考核激励。（责任单位：省商务厅、科技厅、发展改革委、人力资源社会保障厅，各设区市人民政府）

十一 完善外商投资服务体系

建立利用外资工作协调机制，健全部门之间信息互通和共享机制，协调解决利用外资重大问题。完善外商投资重点企业和重点项目联系服务制度，对外商反映的突出问题提供“直通车”服务。加强事中事后监管，按照“双随机、一公开”原则，完善外资备案监督检查制度，全面开展备案监督检查工作。完善外商投资企业投诉机制，支持江苏省国际商事法律服务中心试点开展商事纠纷调解工作，支持中国国际经济贸易仲裁委员会江苏仲裁中心拓展商事仲裁服务，提升外商投资服务的专业化、社会化水平。严格执行国家政策法规，不得擅自增加对外商投资企业的限制。坚持内外资公平竞争、一视同仁的原则，外商投资企业可全面享受省、市出台的各项产业扶持政策，公平参与政府采购招标。严格兑现向投资者及外商投资企业依法做出的政策承诺，认真履行在招商引资等活动中依法签订的各类合同，保障投资者和外商投资企业合法权益。（责任单位：省商务厅、发展改革委、经济和信息化委、科技厅、财政厅、工商局、贸促会，各设区市人民政府）

十二 建立外资提质增效评价体系

紧紧围绕推动高质量发展走在前列、加快建设“强富美高”新江苏战略部署，按照“科学合理、简明实用，统筹兼顾、综合评价”的原则，研究制定全省外资提质增效评价体系。在考核利用外资规模、增速的同时，突出外资产业结构、创新能力、社会贡献、营商环境等质量效益指标的导向作用，科学客观地评价全省各地利用外资的质量水平，引导各地各部门把提升引资质量放在更加突出的地位，加快外资结构优化升级，全面提升利用外资的质量和效益。设区市可结合实际，制定本地区外资提质增效评价体系。（责任单位：省商务厅、发展改革委、经济和信息化委、科技厅、统计局，各设区市人民政府）

各地要高度重视新形势下利用外资工作，加强组织领导，结合实际提出具体措施，认真抓好落实。各部门要按照职责分工，主动作为，密切配合，形成合力。省商务厅要会同有关部门加强督促检查和考核评估，确保各项措施落到实处，不断提升我省利用外资质量效益，促进全省经济高质量发展。

（2018 年 5 月 23 日）

省政府办公厅关于推进供应链创新与应用培育经济增长新动能的实施意见

各市、县(市、区)人民政府,省各委办厅局,省各直属单位:

近年来,随着信息技术的发展,供应链与互联网、物联网深度融合,已进入到智慧供应链的新阶段。党的十九大报告提出,在现代供应链等领域培育新增长点、形成新动能。加快推进供应链创新与应用,是落实党中央、国务院决策部署的重要举措,有利于促进产业协同发展、深化供给侧结构性改革,有利于促进供需精准匹配、引领消费升级,有利于深度融入全球供给体系、提升产业国际竞争力。为贯彻落实《国务院办公厅关于积极推进供应链创新与应用的指导意见》(国办发〔2017〕84 号),经省人民政府同意,现提出以下意见。

一 总体要求

(一) 指导思想

以习近平新时代中国特色社会主义思想为指导,全面贯彻党的十九大精神,统筹推进“五位一体”总体布局和协调推进“四个全面”战略布局，坚持以人民为中心的发展思想，坚持稳中求进工作总基调，牢固树立和贯彻落实创新、协调、绿色、开放、共享的发展理念，以提高发展质量和效益为中心，以推进供给侧结构性改革为主线，以供应链与互联网、物联网深度融合为路径，以信息化、标准化、信用体系建设和人才培养为支撑，高效整合各类资源和要素，打造大数据支撑、网络化共享、智能化协作的智慧供应链体系，为实现经济高质量发展、建设“强富美高”新江苏提供强大动力。

（二）基本原则

——创新驱动。深入实施创新驱动战略，加强人工智能、物联网、大数据、云计算等新技术在供应链领域的广泛应用，提升供应链智能化水平，提升供应链企业的创新力和竞争力，进一步促进供应链模式、业态和服务创新。

——需求导向。坚持以需求为导向，加强供应链上、下游企业的联动，强化需求信息的获取和反馈，进一步优化产品和服务供给，促进供需精准匹配，推动产业转型升级，提高经济运行质量和效益。

——协同共享。加强资源整合和流程优化，促进产业协同发展、跨界发展。引导企业在竞争中加强合作，打破相对封闭的传统管理和运作模式，共享供应链资源、信息和渠道。深化社会分工，推动地区之间、城乡之间、产业之间、企业之间加强供应链协同合作。

——绿色发展。坚持节约资源和保护环境的基本国策，倡导绿色生产、绿色流通和绿色消费，将绿色、环保、可持续的发展理念贯穿于供应链各个环节。积极构建绿色供应链体系，建立全社会逆向物流体系，促进全产业链条的绿色发展。

——开放安全。树立开放发展的理念，积极推进供应链全球布局，通过更广、更深地融入全球供给体系，推进“一带一路”建设。坚持“引进来”和“走出去”并重，面向全球吸纳高端生产要素，提升供应链核心竞争力。建立完善风险预警体系，提升风险防控能力，提高全球供应链安全水平。

（三）目标任务

力争到 2020 年，培育一批包括供应链核心企业、服务企业和终端企业在内的供应链骨干企业，其中，主营业务收入在千亿元以上的龙头企业 3～4 家，进入全国供应链百强的领先企业 15～20 家。形成一批供应链新技术和新模式，供应链资源整合能力显著提升，重点产业建成智慧供应链，基本建立绿色供应链体系，有效融入全球供应链网络，跨界融合共享的供应链生态初步形成。供应链综合竞争力位居全国前列，争创全国供应链创新与应用的先行区和示范区。

二　重点举措

（一）以供应链创新促进我省优势产业发展

1. 推进制造业协同化、智能化。鼓励引导制造企业应用精益供应链等管理技术，建立和完善从研发设计、生产制造到售后服务的全链条供应链体系。支持供应链核心企业建立协同平台，带动上下游企业协同采购、协同制造、协同物流。出台工业互联网发展支持政策，加快发展工业互联网，培育工业互联网平台，推动企业“上云”。加快发展大数据产业，提供数据挖掘和商业智能服务，鼓励企业运用大数据开展柔性化生产、个性化制造和精准营销。推进重点行业供应链体系的智能化，加快人机智能交互、工业机器人、智慧物流等技术装备的应用，不断增强智能制造、敏捷制造能力。（省经济和信息化委、省发展改革委、省科技厅、省商务厅负责）

2. 发展基于供应链的生产性服务业。鼓励相关企业向供应链上游拓展协同研发、众包设计、解决方案等专业服务，向供应链下游延伸远程诊断、维护检修、仓储物流、技术培训、融资租赁、消费信贷等增值服务，推动制造供应链向产业服务供应链转型。开展多层次服务型制造试点示范，探索推进“产业联盟＋总集成总承包”“电商＋个性化定制”等服务模式。实施服务型制造示范企业培育计划，培育 300 家发展模式典型、示范推广性强的服务型制造示范企业。（省经济和信息化委、省发展改革委、省科技厅、省商务厅、省金融办负责）

3. 进一步提升我省建筑业竞争优势。鼓励总承包商等供应链核心企业与上下游企业密切合作，形成稳定的供应链条。支持企业以多种方式拓展工程咨询、系统集成、运营维护、监测维修等全产业链业务。构建面向建筑工业化的供应链，大力发展装配式建筑，推动建筑全装修。推广“互联网＋集采”方式，搭建标准化、规范化的交易体系。鼓励建立物流联盟，共享物流节点，提高物流效率。推广“建营一体化”，更多采用EPC、BOT、PPP等模式，促进工程与投资相结合。推进对外承包工程，鼓励上下游企业互补合作，抱团出海。（省住房城乡建设厅、省经济和信息化委、省商务厅、省交通运输厅、省发展改革委负责）

4. 加快供应链技术的创新和应用。加快人工智能、云计算、大数据、物联网等新技术在供应链领域的应用，支持供应链核心企业牵头组织、联合攻关，加快关键和共性技术研发，提高供应链智能化水平。加强对供应链先进技术的引进、消化、吸收和再创新，不断提升供应链核心竞争力。推动感知技术在供应链关键节点的应用，促进全链条信息共享和综合集成，逐步推行供应链的可视化。推动大中型企业全面开展两化融合管理体系贯标，提升企业供应链应用水平。积极支持符合条件的供应链企业申报高新技术企业，调动供应链企业创新积极性。（省经济和信息化委、省科技厅、省发展改革委、省商务厅、省质监局负责）

（二）提升流通现代化水平

1. 推动流通业创新和转型。支持南京、无锡、徐州等地开展商贸流通改革创新试点，积极探索流通领域供应链创新与应用。实施“商贸＋互联网”工程，利用信息技术加快传统商业改造，努力打造精准感知需求、信息互联互通、客户资源共享、业态功能互补的现代化智慧商圈。推动实体零售创新转型，探索智慧商店、无人商店等新业态新模式。提高商品批发和大型零售企业对上下游渠道的资源整合能力，以平台化、信息化、国际化为发展方向，向供应链核心企业转型。支持餐饮、住宿、养老、文化、体育、旅游、生活服务、资源回收等各类服务业企业运用新一代信息技术，以供应链思维和方式创新商业模式，提升服务水平。（省商务厅、省发展改革委、省科技厅负责）

2. 推进流通与生产深度融合。强化信息技术在供应链终端企业的广泛应用，促进流通的扁平化、集约化、共生化。鼓励销售终端与生产商、代理商直接对接，减少中间环节。鼓励批发零售物流企业整合供应链资源，构建采购、分销、仓储、配送供应链协同平台，深化数据挖掘、分析与预测，及时准确传导需求信息，引导前端企业根据市场变化，加速产品创新和结构调整。加强物流标准化在生产和流通领域的推广应用，着力推进标准托盘循环共用体系建设，进一步降低物流成本，提高生产和流通效率。（省商务厅、省经济和信息化委、省农委、省质监局负责）

3. 提升供应链服务实体经济水平。实施“供应链服务企业成长工程”，大力培育新型供应链服务企业。引导传统商贸企业、物流企业、外贸综合服务企业、信息咨询和科技服务企业等向供应链服务企业转型，向市场提供供应链金融、供应链管理、代理采购分销、产品质量追溯、知识产权服务、虚拟生产、报关报检、国际国内物流等各类专业化供应链业务。推动供应链综合服务平台建设，聚合核心企业、物流企业、金融机构、增值服务商等各类企业，提供覆盖生产、消费全生命周期的“一站式”供应链服务。探索构建生物医药等专业化供应链体系，积极打造影视制作企业交流平台，助力相关产业集聚发展。支持苏州市供应链体系建设综合试点，在物流标准化、供应链平台搭建、追溯体系建设等供应链服务功能提升上先行先试。（省商务厅、省经济和信息化委、省科技厅、省交通运输厅、省金融办、省质监局、江苏检验检疫局、南京海关、省食品药品监管局、省新闻出版广电局负责）

（三）推动农村产业融合发展

1. 优化农村产业组织体系。鼓励和支持农业种养殖、加工企业向下游延伸，农产品流通企业向上游延伸，建立集农产品生产、加工、流通、服务于一体的农业供应链体系，发展种养加、产供销、内外贸一体化的现代农业。鼓励承包农户采用土地流转、股份合作、农业生产托管等方式融入农业供应链体系，积极推进农业产业化联合体建设，完善“企业＋合作社＋基地＋农户”的生产经营模式，促进多种形式的农业适度规模经营。加强产销衔接，优化种养结构，增加绿色优质农产品供给，推动农业生产向消费导向型转变。（省农委、省供销合作总社、省海洋与渔业局、省商务厅负责）

2. 加强农业支撑体系建设。大力发展农业生产性服务业，推动农业生产服务外包，提升农业生产专业化水平。大力发展智慧农业，推动现代信息技术在农业生产、经营、管理、服务各环节和农村经济社会各领域的广泛应用，促进农业信息化和数字化。推动建设农业供应链信息平台，促进政策、市场、科技等信息共享。落实乡村振兴战略，实施新供销服务三农综合平台建设工程，推动三农服务链创新发展。大力发展“互联网＋冷链物流”，强化冷链物流基础设施建设，着力提升冷链物流信息化水平。大力发展农产品精深加工，推进农产品标准化体系建设，打造区域性农产品品牌。多方合作拓展农业供应链金融服务。（省农委、省供销合作总社、省海洋与渔业局、省科技厅、省商务厅、省金融办、人民银行南京分行、江苏银监局、江苏保监局负责）

3. 大力发展农村电子商务。大力发展农村电商公共服务平台，完善人才培训、普惠金融、物流配送和综合服务网络，实现人才、信息、物流等资源共享。推动快递和电商协同发展，深入推进快递下乡工程。支持打造“网上供销合作社”，充分发挥既有经营网络优势，进一步畅通工业品下乡、农产品进城通道。继续推进县、镇、村三级示范体系建设，推动农村电商集聚发展。到2020年，建成30个农村电商示范县、100个农村电商示范镇、500个农村电商示范村、100个乡镇电商特色产业园（街）区。（省商务厅、省农委、省供销合作总社、省交通运输厅、省邮政管理局负责）

（四）积极稳妥发展供应链金融

1. 推进供应链金融服务实体经济。推动省联合征信公司、金融机构、供应链核心企业等开放共享信息。鼓励政府采购中心、供应链核心企业以及大型供应链服务企业与人民银行应收账款融资服务平台对接，为供应链上下游中小微企业融资提供便利。支持符合条件的供应链核心企业和大型供应链服务企业申请设立或合作设立民营银行、企业财务公司、融资租赁公司、担保公司、商业保理公司、小额贷款公司等。大力发展商业保理，支持供应链上下游关联企业联合发行集合债券、票据，推动供应链企业开展资产证券化业务。支持省政府投资基金加大在供应链领域的投资力度，鼓励供应链企业利用股权投资基金等相关金融工具，以市场化方式整合供应链资源。鼓励供应链企业上市，支持定位于开展全球性业务的供应链企业在海外上市。鼓励保险机构与供应链企业加强合作，服务供应链企业发展。（省金融办、人民银行南京分行、江苏银监局、江苏证监局、江苏保监局、省发展改革委、省财政厅、省商务

厅、省经济和信息化委负责)

2. 有效防范供应链金融风险。推动金融机构、供应链核心企业建立债项评级和主体评级相结合的风险控制体系。健全供应链金融担保、抵押、质押机制,鼓励开展应收账款及其他动产融资质押和转让登记,防止重复质押和空单质押。按照"谁审批、谁监管,谁主管、谁监管"原则,完善各类新型金融组织的监管和风险处置机制。推动供应链金融健康稳定发展,鼓励金融机构运用大数据、区块链、物联网、人工智能等新技术,加强对供应链金融的风险监控,提高风险管理水平,确保资金流向实体经济。(省金融办、人民银行南京分行、江苏银监局、省商务厅负责)

(五) 积极倡导绿色供应链

1. 大力推动绿色制造。积极创建国家生态文明建设示范县(市),在创建活动中支持绿色产业发展,鼓励采购绿色产品和服务,推动形成绿色制造供应链体系。建设生态工业园区,按照相关标准对工业园区进行生态化改造,引导企业使用低毒无害原料、引入绿色生产工艺、生产绿色生态产品。大力发展循环经济,突破循环经济关键链接技术,推动企业内部、各关联企业及产业之间循环利用和耦合发展。健全环保信用体系,开展环保失信企业联合惩戒。(省经济和信息化委、省环保厅、省发展改革委、省商务厅、省质监局负责)

2. 积极推行绿色流通。在全社会培育健康科学的消费文化,倡导绿色环保有机的消费理念,普及绿色消费知识,以绿色消费引领绿色流通。鼓励流通企业采购和销售绿色产品,落实流通领域节能环保技术产品推广目录,开发应用绿色包装材料,建立绿色物流体系。推动运输、装卸、仓储等相关企业贯彻执行绿色标准。培育一批集节能改造、节能产品销售和废弃物回收于一体的绿色商场。(省商务厅、省环保厅、省经济和信息化委、省交通运输厅、省发展改革委负责)

3. 建立逆向物流体系。优化再生资源产业链,鼓励建立基于供应链的废旧资源回收利用平台。加快再生资源回收体系建设,创新再生资源回收模式,依托线上线下开展再生资源回收,建设线上废弃物和再生资源交易市场。重点针对电子、电器、汽车、轮胎、蓄电池、包装物等产品领域,落实生产者责任延

伸制度，促进产品回收和再制造发展。（省发展改革委、省经济和信息化委、省商务厅负责）

（六）努力构建全球供应链

1. 积极参与国家“一带一路”建设。加强与国际国内互联互通，加快推进交通枢纽、物流通道、信息平台等基础设施建设，结合沿线国家工业化和基建需求，推动我省钢铁、水泥等优势产能走出去。全面落实《江苏省中欧班列建设发展实施方案（2017—2020）》，加强对全省中欧班列的统筹协调和资源整合，加快形成布局合理、设施完善、便捷高效、安全畅通的中欧班列综合服务体系，进一步增强中欧班列区域竞争力。加强与“一带一路”沿线国家和地区的园区合作，加强与境外园区的对接，打通供应链，实现融资、物流、商务服务等方面的联动，搭建我省开发区与境外园区间的高效互动合作机制。（省发展改革委、省商务厅、省财政厅、省交通运输厅负责）

2. 积极融入全球供应链网络。推动国际产能合作和装备制造业走出去，支持我省优势产业到境外设立生产加工基地，建设营销网络，逐步建立本地化的供应链体系。鼓励境外产业园区建设，借鉴新加坡等境外工业园区建设经验，实行“建工厂＋建市场”相结合。大力发展跨境电子商务，依托公共海外仓等载体平台，建立完善跨境电商境内外物流配套体系，加快融入境外零售网络体系。建立面向全省企业、高校、国际留学生的走出去企校国际人才信息平台，服务江苏企业走出去。（省商务厅、省发展改革委、省教育厅、省人力资源社会保障厅负责）

3. 提升供应链全球竞争力。开展上市公司海外并购专项行动，鼓励我省企业通过并购扩大市场渠道、获得关键技术和国际品牌。加强自主品牌建设，鼓励企业提升品牌国际影响力，培育一批有较高国际知名度的区域品牌。推动我省优势出口行业在重点国别地区培育一批展示中心、分拨中心、批发市场、零售和售后服务网点。加大力度吸引跨国公司以及国际知名供应链服务企业在江苏设立地区总部和研发、营销、供应链管理、财务结算、利润中心等功能性机构。（省商务厅、省发展改革委、省工商局、省质监局负责）

三 支撑体系

（一）加强质量安全追溯体系建设

坚持政府引导与市场化运作相结合，利用先进信息技术，加快推进全省农产品、食品、药品、农业生产资料、特种设备、危险品、稀土产品等七大类重要产品追溯体系建设，形成来源可追、去向可查、责任可究的信息链条。完善追溯运行管理机制，推进跨部门、跨地区追溯体系对接和信息互通共享。提升追溯体系综合服务功能，扩大追溯信息在事中事后监管、行业发展促进、信用体系建设等方面的应用。鼓励建设消费者深度参与的双向互动追溯模式，开通统一服务窗口，提供“一站式”查询服务。（省质监局、省农委、省经济和信息化委、省食品药品监管局、省商务厅、省发展改革委负责）

（二）加快培养多层次供应链人才

支持各类高等院校和职业学校设置供应链相关专业和课程，鼓励企业和专业机构加强培训，培养供应链专业人才。出台吸引国内外优秀供应链人才优惠政策，用好“外专百人计划”等人才政策，为外国供应链人才来苏提供工作生活便利。成立供应链战略咨询委员会，支持高校、研究机构开展供应链重大问题研究，提供决策参考，为供应链发展提供智力支持。（省教育厅、省人力资源社会保障厅、省商务厅负责）

（三）加快供应链信用监管体系建设

加强各类供应链平台对接，充分利用现有信息共享平台对接国家级信用信息系统，强化对信用评级、信用记录、风险预警、违法失信行为等信息的披露和共享。研究利用区块链等新技术，建立基于供应链的信用评价机制。创新供应链监管机制，整合市场准入、进出口、产品质量监督、检验检疫、寄递物流等方面政策，加强供应链风险管控，促进供应链健康稳定发展。（省经济和信息化委、省发展改革委、省商务厅、省交通运输厅、省金融办、人民银行南京分行、江苏银监局、南京海关、省工商局、江苏检验检疫局、省质监局、省邮政管理局负责）

（四）推进供应链标准体系和统计调查体系建设

建立政府引导、中介组织推动、骨干企业示范的供应链标准实施应用机制。加快建立供应链标准体系，研究制定信息、技术、服务等领域的关键性标准，引导重点企业开展供应链标准化试点示范。推动企业提高供应链管理流程标准化水平，推进供应链服务标准化，提高供应链系统集成和资源整合能力。支持企业参与国际、国家标准化活动，推动江苏供应链标准国际化进程。完善供应链统计体系，积极开展供应链行业统计调查。（省质监局、省商务厅、省发展改革委、省经济和信息化委、省统计局负责）

（五）加强供应链行业组织建设

推动建立供应链行业协会、学会、商会、联合会等组织，加强供应链研究，制定满足市场和创新需要的标准。鼓励行业组织建立供应链公共服务平台，提供供应链信息咨询、人才培训等专业化服务。支持行业组织加强行业自律，促进行业健康有序发展。（省民政厅、省发展改革委、省经济和信息化委、省商务厅、省质监局负责）

四　保障措施

（一）加强组织领导

建立省供应链创新与应用工作联席会议机制，联席会议办公室设在省商务厅，定期召开会议，研究提出工作目标和任务，协调各方行动，形成工作合力。

（二）强化政策支持

围绕供应链管理的重点领域、重点产业和骨干企业，实施企业成长、技术创新、平台建设、人才培养、标准制定等一批供应链创新与应用工程，出台配套政策，引导和激励企业开展供应链创新与应用。

（三）开展试点示范

积极开展供应链试点示范，组织地方和企业申报国家级试点，及时总结、复制推广先进地区的经验和做法。加大对供应链创新与应用的宣传力度，调动全社会参与的积极性，为供应链创新与应用营造良好的发展环境。

各地各有关部门要高度重视供应链创新与应用工作，健全工作机制，明确任务分工，加强跟踪服务，确保各项目标任务落到实处。各地要结合实际，制定本地区的具体实施方案，细化政策措施，精心组织实施。各有关部门要制定配套措施，加强协作配合，共同推进全省供应链创新与应用工作。

（2018 年 4 月 6 日）

省政府办公厅关于推进电子商务与快递物流协同发展的实施意见

各市、县(市、区)人民政府,省各委办厅局,省各直属单位:

为全面贯彻落实习近平新时代中国特色社会主义思想和党的十九大精神,深入实施"互联网+流通"行动计划,培育经济发展新动能,推进电子商务高质量发展,根据《国务院办公厅关于推进电子商务与快递物流协同发展的意见》(国办发〔2018〕1号),结合我省实际,提出以下实施意见。

一 完善电子商务快递物流基础设施建设

(一) 加强基础设施网络建设。积极融入"一带一路"与长江经济带建设,引导快递物流企业围绕物流通道和物流枢纽,完善快递物流网络布局;加强快件处理中心、航空及陆运集散中心和基层网点等网络节点建设,构建适应电子商务发展需要的快递物流服务平台和配送网络。优化农村快递资源配置,健全以县级快递物流配送中心、乡镇配送节点、村级公共服务点和农村综合服务社电商服务站为支撑的农村配送网络,鼓励在村邮站叠加

快递和电子商务服务功能，避免重复建设和资源浪费。（省发展改革委、省商务厅、省邮政管理局）

（二）推进园区建设和功能提升。推动电子商务园区与快递物流园区融合发展，强化产业集聚，增强区域辐射能力。加快培育具备仓配一体、智能分仓、快递集散、电子商务孵化、展示体验等功能的电子商务物流园，促进电子商务物流综合服务一体化建设。建立电子商务物流园评估体系，制定电子商务快递产业园认定标准，建设一批省级电子商务快递产业示范园。培育壮大电子商务物流运作主体，结合跨境电子商务综合试验区和跨境电子商务试点城市建设，积极开展跨境电子商务物流快递业务。（省商务厅、省发展改革委、省邮政管理局，地方各级人民政府）

（三）推广智能投递设施。支持各地将智能快件箱、住宅智能信报箱纳入便民服务、民生工程等项目，在社区、高等院校、商务中心、地铁站周边等末端节点加快布局智能投递设施。制定实施住宅智能信报箱、智能快件箱管理服务规范等江苏省地方标准。新建住宅小区应配套建设住宅智能信报箱，并与住宅小区同步规划、同步建设、同步施工；鼓励老旧小区出新改造时补建智能信报箱。多个经营快递业务的企业应共享末端服务设施，为用户提供便捷的快递末端服务。（省邮政管理局、省住房城乡建设厅、省质监局，地方各级人民政府）

二　推进电子商务快递物流标准化智能化发展

（四）加强快递物流标准体系建设。贯彻落实国家各项快递物流标准，鼓励各地出台快递物流行业地方标准。鼓励快递企业参与制定快递物流行业标准，对符合条件的主导制（修）订国际标准、国家标准和地方标准的快递企业，省级财政根据相关政策给予适当补助。（省财政厅、省质监局，地方各级人民政府）

（五）提高信息化智能化应用水平。鼓励和引导快递企业采用先进技术，促进自动化分拣设备、机械化装卸设备、智能末端服务设施、快递电子运单以及快递信息化管理系统等推广运用。推动发展“互联网＋”快递，鼓励快递企业充分利用移动互联网、物联网、大数据、云计算等信息技术，提升运营管理效率,创新服务模式,加快向综合型快递物流运营商转型。推广全自动、半自动分拣装备和智能标签识别等快速分拣技术的应用,实现分拣中心作业流程信息化、标准化;加大快件在线监测、实时跟踪技术的投入和使用,推广使用智能化手持终端,全面提升分拣、运输、末端投递的智能化水平。(省经济和信息化委、省科技厅、省邮政管理局,地方各级人民政府)

(六)推动供应链协同发展。开展电子商务与快递物流协同发展试点,引导供应链相关企业加强大数据分析运用,支持快递企业与上下游服务企业优势互补、信息互通,提供仓储、金融、保险、通关、货代等一体化解决方案,鼓励快递企业通过自建、合作、并购等方式建设跨境物流网络和公共海外仓,提升快递企业跨境业务承接能力,促进快递业与电子商务服务业、制造业等相关产业协同发展。(省商务厅、省邮政管理局、省经济和信息化委)

三 鼓励电子商务快递物流企业创新服务

(七)鼓励快递末端集约化服务。加强新技术应用研究,鼓励和支持快递物流企业运用无人机等先进技术开展快递投送,提高快递物流服务效率。鼓励快递物流企业开展投递服务合作,建设快递末端综合服务场所,开展联收联投。鼓励快递物流企业、电子商务企业与连锁商业机构、便利店、物业服务企业、高等院校开展合作,提供集约化配送、网订店取等多样化、个性化服务。支持邮政、快递企业参与农村共同配送体系建设,推动交通运输、商贸流通、农业、供销、邮政等部门与电子商务、快递企业在农村物流服务网络和设施方面有效衔接,鼓励多站合一、资源共享;推动农村发展第三方配送、共同配送,建立完善农村公共仓储配送体系。(省商务厅、省农委、省邮政管理局、省交通运输厅、省供销社)

(八)推进冷链物流体系建设。鼓励和引导电子商务和快递物流企业创新经营理念,拓展经营业务,大力发展生鲜温控供应链,推广各种新型冷链物流运作模式。加快构建生鲜电子商务交易平台、冷链物流资源交易平台,探索建立对接产销、供需的大数据分析中心,实现精准营销、高效配送。鼓励快递物流企业与农村生鲜电子商务协同发展,加快建设涉农电子商务平台,为特色农产品提供包装、仓储、运输的标准化、定制化服务。贯彻实施《道路冷链物流运输服务规则》,规范冷链物流企业经营行为,推动解决冷链物流运输环节“断链”现象。推进冷链物流系统软件的开发与应用,按照规范化、标准化要求,配备车辆定位跟踪和全程温度自动监测、记录、控制系统,逐步完善冷链物流体系建设,实现质量可追溯、责任可追查。(省商务厅、省交通运输厅、省农委、省发展改革委、省邮政管理局)

四 优化电子商务快递物流配送运营管理

(九) 推动配送车辆规范运营。鼓励各地对快递服务车辆实施统一编号和标识管理,依法规范快递服务车辆管理使用,加强快递服务车辆驾驶人交通安全教育,建立从业人员退出机制和黑名单管理制度,执法部门、行业管理部门和企业共享快递服务车辆、驾驶人、交通管理等信息,实施针对性管理。支持快递企业为快递服务车辆统一购买交通意外险。引导企业使用符合国家标准、安全、美观、实用的配送车型,推动配送车辆标准化、厢式化。(省邮政管理局、省交通运输厅、省公安厅,地方各级人民政府)

(十) 便利配送车辆通行。县级以上地方人民政府公安、交通运输等部门和邮政管理部门应当加强协调配合,建立健全快递运输保障机制,依法保障快递服务车辆通行和临时停靠的权利,不得禁止快递服务车辆依法通行。认真落实省邮政管理局、公安厅、交通运输厅、工商局等部门关于加强快递企业运输车辆管理的有关规定,完善城市配送车辆科学发展、报废淘汰、通行管理等政策措施,对快递服务车辆给予通行便利。推动各地完善商业区、居住区、高等院校等区域停靠、装卸、充电等设施,推广分时停车、错时停车,提高停车设施利用率。(省交通运输厅、省邮政管理局、省公安厅,地方各级人民政府)

五 推动电子商务快递物流绿色发展

(十一) 推动绿色运输。鼓励快递物流领域加快推广使用新能源汽车和满足更高排放标准的燃油汽车,逐步提高新能源汽车使用比例。邮政、快递企业应加大甩挂运输、多式联运等先进运输组织方式的应用,加快调整运输结构,逐步提高铁路等清洁运输在快递物流领域的应用比例。(省经济和信息化

委、省环保厅、省交通运输厅、省邮政管理局）

（十二）推广绿色包装和配送。鼓励和支持快递企业制定适应电子商务寄递需求的定制化包装、专业化服务等规范，根据服务对象的商品特点，加大研发投入，生产使用可回收、可循环利用的包装材料及可降解的物料辅料，降低原材料和能源消耗。加快制定促进我省快递物流行业绿色发展的标准规范，支持邮政快递企业建设绿色末端和绿色回收体系，在电子商务企业和快递企业推广使用“共享快递盒”。倡导绿色消费，鼓励快递包装循环利用，推行快递包装垃圾分类处理，引导消费者自觉保护环境、低碳消费。（省商务厅、省发展改革委、省住房城乡建设厅、省环保厅、省邮政管理局，地方各级人民政府）

六　强化政策支撑

（十三）加强土地供给保障。县级以上地方人民政府在城乡规划和土地利用总体规划中应统筹考虑快件大型集散、分拣等基础设施用地的需要，支持将总部机构设在我省的龙头快递企业发展。鼓励再开发利用低效产业用地建设电子商务快递物流基础设施，在不改变用地主体、规划条件的前提下，利用存量房产和土地资源建设电子商务快递物流项目的，可在5年内保持土地原用途和权利类型不变，5年期满后需办理相关用地手续的，可采取协议方式办理。地方各级人民政府对利用废旧、闲置厂房改建的快递物流园区、站点，应给予必要的扶持、奖励。（省国土资源厅、省发展改革委，地方各级人民政府）

（十四）加强末端投递保障。进一步明确智能信报箱、智能快件箱及快递末端综合服务场所的公共属性，新建工业、商业项目和居住小区应为快递物流配送末端网点建设预留条件。已建的居住面积5万平方米以上的居民小区，应按照《中华人民共和国物权法》规定，在征得业主同意的基础上，提供不低于25平方米的邮政快递服务场所；在校学生数量超过1万人的高等院校，应提供（预留）一定的邮（快）件用房，以满足邮政快递服务需要，保障邮（快）件安全。（省住房城乡建设厅、省国土资源厅、省教育厅、省邮政管理局，地方各级人民政府）

（十五）支持乡（镇）、村快递物流发展。地方各级人民政府应加强对农村地区电子商务与快递物流协同发展的支持，鼓励各类快递企业深入农村开展投递服务合作，在乡（镇）、村布站设点，实现“技术先进、服务优质、安全高效、绿色节能”。对在乡（镇）、村布站设点和快件量达到一定数量的快递企业，视情给予政策激励。（地方各级人民政府）

（十六）加强政策引导。鼓励和支持符合条件的快递重点企业、建设项目和产业园区申请现代服务业发展引导资金，对重要的快递基础设施建设项目，提供补助、贴息扶持，经批准可给予城市基础设施配套费减免优惠。鼓励和支持地方政府、快递企业、承运人以分摊处置的方式，共同购买符合标准的快递物流配送车辆。（省发展改革委，地方各级人民政府）

七 创新行业监管体制机制

（十七）贯彻落实《快递暂行条例》。地方各级人民政府要结合贯彻《快递暂行条例》，立足电子商务发展需要，进一步优化环境，支持快递物流企业创新商业模式和服务方式，引导快递物流企业健全管理制度，提升服务质量，完善安全保障措施，为用户提供迅速、准确、安全、方便的快递物流服务。（省邮政管理局，地方各级人民政府）

（十八）加强规划协同引领。县级以上地方人民政府应当将快递业发展纳入本级国民经济和社会发展规划。地方各级人民政府应制定出台《城市和农村地区快递物流配送体系基础设施建设中长期规划》，将快递园区、快件处理中心、航空及陆运集散中心、基层网点、智能快递末端服务场所及设施、县级物流配送中心、乡镇配送节点及村级公共服务点等纳入规划，统筹考虑，加强相关规划间的有效衔接。针对电子商务全渠道、多平台、线上线下融合等特点，科学引导快递物流基础设施建设，构建适应电子商务发展的快递物流服务体系。（省国土资源厅、省住房城乡建设厅，地方各级人民政府）

（十九）深化“放管服”改革。落实快递业务经营许可简化程序和改革后的快递企业年度报告制度，探索对快递企业实行同一工商机关管辖范围内“一照多址”模式，细化我省快递末端网点备案管理规定。落实国家邮政局快递业务经营许可管理信息系统相关优化措施，实现许可备案事项网上统一办理。加强对我省邮政快递企业的事中事后监管，全面推行“双随机、一公开”制度。（省邮政管理局）

八 加强组织领导

（二十）强化工作协调。充分发挥省和各地电子商务工作领导小组作用，在省级层面建立推进电子商务与快递物流协同发展联席会议制度，加强工作统筹，研究制定政策措施，及时协调解决发展中遇到的各类问题，特别是针对城镇智能投递设施和农村服务网点建设、快递配送车辆依法安全通行、快递物件包装污染、无人机投递等事关产业发展和民生改善的突出问题，要进一步创新工作思路，制定切实可行的具体举措，强化协调配合，认真加以解决。（省各有关部门，地方各级人民政府）

各地各有关部门要深刻认识推进电子商务与快递物流协同发展的重要作用，结合本地本部门实际，制定细化实施方案，明确任务分工，落实工作责任。省、市牵头部门和主要职能部门要加强指导监督和跟踪问效，确保各项工作落实到位。

（2018 年 7 月 16 日）

省政府办公厅关于促进进口的实施意见

各市、县(市、区)人民政府,省各委办厅局,省各直属单位:

为深入贯彻习近平新时代中国特色社会主义思想和党的十九大精神,进一步发挥进口对优化经济结构、满足消费升级需求、推动体制机制创新、促进外贸协调发展等方面的积极作用,根据《国务院办公厅转发商务部等部门关于扩大进口促进对外贸易平衡发展意见的通知》(国办发〔2018〕53号),现就我省促进进口提出如下实施意见。

一 优化进口商品结构

(一) 鼓励先进技术设备和关键零部件进口。结合我省产业发展情况,充分发挥国家和省《鼓励进口技术和产品目录》的引导作用,鼓励企业扩大先进技术、设备和关键零部件进口,提升我省产业技术含量和装备水平,促进引进消化吸收再创新。(省商务厅、省发展改革委、省工业和信息化厅等按职责分工负责)

(二) 支持关系民生的产品进口。积极扩大优质日用消费品进口,助推消费升级。鼓励亟需的药品、医疗器械和康复、养老护理等设备进口；对进口的高精尖且省内尚处于空白的乙类大型医用设备，在国家政策允许的范围内，优先予以审批。支持地方建设进口商品展销中心，支持符合条件的航空口岸申请设立进境免税店，引导境外消费回流。（省商务厅、省发展改革委、省工业和信息化厅、省文化和旅游厅、省卫生健康委、省市场监管局、省税务局、南京海关、省药监局等按职责分工负责）

（三）稳步扩大农产品和资源性产品进口。适度增加国内紧缺的农产品和有利于提升农业竞争力的农资、农机等产品进口，积极帮助企业争取粮食、棉花、羊毛、食糖等农产品进口资质和配额，促进我省农业供给侧结构性改革。鼓励我省紧缺的资源性产品进口，促进高质量、低污染资源性产品的进口。（省发展改革委、省生态环境厅、省农业农村厅、省商务厅、南京海关等按职责分工负责）

（四）优化服务贸易进口。加大资本技术密集型服务和特色服务等高附加值服务进口力度，大力发展新兴服务贸易，促进服务贸易创新发展。落实国家《鼓励进口服务目录》，扩大建筑设计、商贸物流、咨询服务、研发设计、节能环保、环境服务等生产性服务进口，促进我省战略性新兴产业和先进制造业发展。完善苏港服务贸易合作协议，深化会展、物流、咨询服务等合作，进一步扩大相关服务进口。（省商务厅、省发展改革委、省工业和信息化厅、省生态环境厅、省交通运输厅、省卫生健康委、南京海关、人民银行南京分行、外汇局江苏省分局等按职责分工负责）

二 积极培育进口主体

（五）壮大进口经营企业。推动外贸流通企业利用渠道和业务优势，由出口为主向进出口并重转型，积极拓展进口业务。积极培育进口龙头企业，增强竞争力和带动力。鼓励有条件的零售企业整合进口和国内流通业务，拓展全球直接采购业务，通过设立自营销售平台、进口商品体验直销中心、分销连锁网点等方式，拓展进口商品销售渠道。培育壮大进口商品交易中心，鼓励经营主体创新交易模式，做专做强进口业务，提高进口综合效应。（省商务厅、省发展改革委、省工业和信息化厅等按职责分工负责）

（六）提升机电产品国际招标代理机构能力。充分发挥机电产品国际招标竞争择优、降本增效的作用，引导我省机电产品招标代理机构提升专业咨询和招标服务水平，推动关键设备和核心技术的引进，提升企业装备水平，促进产业结构调整。（省商务厅、省发展改革委、省工业和信息化厅等按职责分工负责）

（七）强化行业组织作用。发挥我省机械、化工、纺织、半导体、光伏等重点行业商协会的作用，加强行业指导和信息发布，开展进口业务咨询培训，引导企业开展国际交流合作，加强行业协调自律，积极争取定价话语权。（省发展改革委、省工业和信息化厅、省商务厅等按职责分工负责）

三　推进平台载体建设

（八）加强进口载体建设。充分发挥我省海关特殊监管区域优势，加快复制推广自贸试验区试点经验，大力推进海关特殊监管区域功能整合和监管模式创新。加大对医药、木材、粮食、水果、肉类、水产品等进口指定口岸建设的支持力度。继续推动苏州工业园区国家级进口贸易促进创新示范区试点建设。（南京海关、省商务厅、省市场监管局、省税务局、省药监局等按职责分工负责）

（九）培育进口展会平台。积极参与中国国际进口博览会，组织专业采购商、参展商对接洽谈，扩大投资贸易合作；鼓励企业利用“6 天＋365 天”一站式交易服务平台，加强展示宣传，促进相关产品进口。发挥省内专业进口展会平台作用，办好中国（昆山）品牌产品进口交易会、江苏国际农业机械展、南京国际消费品进口博览会等重点进口展会，不断提升展会国际化、市场化和专业化水平。支持重点进口企业参加境外知名展会，加强与国外优质出口商的合作，扩大适合国内市场需求的产品进口。（省商务厅、省发展改革委、省工业和信息化厅、省外办等按职责分工负责）

（十）创新进口贸易方式。推进苏州、南京、无锡国家级跨境电子商务综合试验区建设，加快发展跨境电商零售进口业务，积极争取开展跨境电商“网购保税＋线下自提”新模式试点。推进张家港保税港区汽车平行进口试点建设，稳步扩大汽车平行进口规模，引导试点地区错位发展，打造汽车改装产业基地，加快形成辐射华东、面向全国的进口汽车交易市场。（省商务厅、省发展

改革委、省工业和信息化厅、省生态环境厅、省交通运输厅、省税务局、南京海关、人民银行南京分行等按职责分工负责)

四 优化国际市场布局

（十一）加强“一带一路”国际合作。加强自“一带一路”沿线国家和地区进口，积极开拓进口来源地。加快推进连云港新亚欧大陆桥经济走廊节点城市和“一带一路”倡仪支点城市建设，支持中哈物流合作基地和上合组织国际物流园建设，为扩大自沿线国家和地区进口提供物流支持。进一步整合中欧班列资源，优化运营线路，加大对回程班列的支持力度，增加特色优质产品进口。推动省内企业积极申请国家“一带一路”产能专项合作贷款，扩大进口规模。（省发展改革委、省工业和信息化厅、省交通运输厅、省商务厅、省外办、南京海关等按职责分工负责)

（十二）全面落实自贸区战略。加强与我国达成自贸区协议国家的经贸合作，引导企业利用自贸区优惠贸易协定扩大进口，降低成本，实现进口来源地多元化。（省商务厅、南京海关等按职责分工负责)

（十三）发挥外资对扩大进口的带动作用。积极引导外资投向战略性新兴产业、高技术产业、节能环保等领域，进一步发挥外资在引进先进技术、管理经验和优化进口结构等方面的作用。促进加工贸易转型升级，支持我省具备条件的电子信息、轨道交通、高端医疗器械等行业的重点企业争取全球检测维修业务试点，延伸产业链、提升价值链。综合运用财税、金融、土地、用工等措施，引导加工贸易向苏中苏北地区有序转移，促进全省加工贸易协调发展。（省商务厅、省发展改革委、省工业和信息化厅、省生态环境厅、省税务局、南京海关、人民银行南京分行等按职责分工负责)

（十四）推动对外投资和贸易双向互动。推动柬埔寨西港特区、埃塞俄比亚东方工业园和中阿产能合作示范园等境外经贸合作区建设，深化国际能源资源开发、农林业等领域的合作，鼓励企业“走出去”参与优质农产品和战略性资源开发，带动棉纱、不锈钢等相关产品进口。（省商务厅、省发展改革委、省工业和信息化厅、省农业农村厅、南京海关等按职责分工负责)

五 强化财税金融支持

（十五）加大财税扶持力度。用足用好国家进口贴息政策，调整优化我省贴息政策，落实鼓励项目引进技术设备免征关税等优惠政策，支持重大装备制造企业免税进口关键原材料和零部件，促进企业增强创新能力，提升国际竞争力。（省商务厅、省财政厅、省发展改革委、省工业和信息化厅、省税务局、南京海关等按职责分工负责）

（十六）改善进口金融服务。加强进口信贷支持，鼓励金融机构进一步优化、创新进口信贷产品和服务，提供多元化融资便利。发挥国家开发银行、中国进出口银行等政策性金融机构的作用，优先安排进口信贷资金扶持战略性新兴产业发展。鼓励金融机构创新进口贸易融资模式，通过跨境人民币境外投融资模式和产品创新，为符合人民币结算条件项目提供优惠利率，降低企业财务成本，规避汇率波动风险。（人民银行南京分行、外汇局江苏省分局、国家开发银行江苏省分行、中国进出口银行江苏省分行等按职责分工负责）

（十七）加强进口保险服务。鼓励保险机构开展进口信用保险业务，积极争取在全国率先开展进口预付款保险等进口信用保险服务创新试点，对投保企业予以保费支持。支持信保机构对国家和省重点鼓励的产品进口提供风险保障。充分利用信保机构海外征信渠道，加强对重点进口企业资信服务支持。鼓励信保机构利用国内贸易信用保险业务对优质进口产品加强国内再销售专门支持。（省商务厅、中国出口信用保险公司江苏分公司等按职责分工负责）

六 推进贸易便利化

（十八）降低进口环节合规成本。贯彻落实国家关于口岸提效降费的部署要求，按照财政部等 6 部委制定的《清理口岸收费工作方案》，全面实行口岸收费目录清单制度，清单之外一律不得收费。对进出口环节的收费进行清理规范，能取消的一律取消；暂不能取消的，属于政府定价、指导价的，降低收费标准；属于市场调节定价的，通过扩大竞争、加强监管，打破垄断经营、降低收费标准；对进出口企业普遍缴纳的收费项目进行归并。各地要结合本地实际出台清费降费措施，实现进出口环节合规成本明显降低。（省财政厅、省发展改革委、省交通运输厅、省商务厅、省市场监管局、南京海关等按职责分工负责）

（十九）提升贸易便利化水平。简化进出口环节监管证件，优化通关流程和作业方式，加快全国通关一体化改革，推进跨部门联合检查，提升查验工作效率，有效压缩进口整体通关时间。深入推进国际贸易“单一窗口”建设，进一步拓展江苏特色应用项目，打造高水平口岸信息化综合管理和服务平台。推进海关预裁定制度，加大海关“经认证的经营者”（AEO）企业的认证力度。深化外贸领域“放管服”改革，有序推进进口许可证无纸化工作。（南京海关、省商务厅等按职责分工负责）

（二十）进一步优化营商环境。加强外贸诚信体系建设，依托“江苏省商务诚信公众服务平台”等信用平台实施分类监管。推进进口商品质量可追溯体系建设，建立和完善进口消费质量安全投诉平台，强化知识产权保护，严厉打击假冒伪劣和侵权商品，规范和维护市场秩序。落实固体废物进口管理政策，全面禁止洋垃圾入境，确保生态环境安全。（省商务厅、省发展改革委、省工业和信息化厅、省生态环境厅、省市场监管局、南京海关、省知识产权局等按职责分工负责）

各地各部门要充分认识新形势下扩大进口的重大意义，按照职责分工各司其职，明确责任，结合本地实际制定具体政策措施，促进全省进口持续健康发展，为推进贸易强省建设，推动全省经济高质量发展提供有力支撑。

（2018 年 10 月 30 日）

省政府办公厅转发省商务厅省财政厅关于鼓励跨国公司在我省设立地区总部和功能性机构意见的通知

各市、县(市、区)人民政府,省各委办厅局,省各直属单位:

省商务厅、省财政厅《关于鼓励跨国公司在我省设立地区总部和功能性机构的意见》已经省人民政府同意,现转发给你们,请认真组织实施。

关于鼓励跨国公司在我省设立地区总部和功能性机构的意见

为贯彻落实《国务院关于促进外资增长若干措施的通知》(国发〔2017〕39 号)、《国务院关于积极有效利用外资推动经济高质量发展若干措施的通知》(国发〔2018〕19 号)、《省政府关于促进外资提质增效的若干意见》(苏政发〔2018〕67 号)要求,鼓励跨国公司在我省设立地区总部和功能性机构,进一步提高利用外资的质量和水平,推动我省新一轮高水平对外开放,制定如下意见。

一 申报标准

（一）本意见中所称跨国公司地区总部是指注册地在境外的跨国公司在我省设立的，以投资或授权管理形式履行跨省以上区域范围投资、管理和服务职能的总部类型的外商投资企业（境外母公司占股需超过50%）。

跨国公司功能性机构是指注册地在境外的跨国公司在我省设立的，履行跨省以上区域范围的研发、资金管理、采购、销售、物流、结算、支持服务等营运职能的外商投资企业（境外母公司占股需超过50%）。

（二）跨国公司地区总部需符合下列条件：

1. 符合本意见第一条关于跨国公司地区总部的定义。

2. 申报企业具有独立法人资格，且注册地及主要工作场所在江苏境内，申报企业实际缴付的注册资本不低于1 000万美元。

3. 母公司资产总额不低于3亿美元。服务业领域企业设立地区总部的，母公司资产总额不低于2亿美元。

4. 申报企业被授权管理的境内外独立法人企业不少于4家（其中至少有1家注册地在江苏省以外地区）；或母公司已在中国境内累计缴付的注册资本不低于1 500万美元，且申报企业被授权管理的境内外独立法人企业不少于2家（其中至少有1家注册地在江苏省以外地区）；或母公司已在中国境内累计缴付的注册资本不低于1 500万美元，且申报企业设立的境内分支机构不少于6家（其中至少有1家注册地在江苏省以外地区），所有分支机构均有持续业务贡献。

（三）跨国公司功能性机构需符合下列条件：

1. 符合本意见第一条关于跨国公司功能性机构的定义。

2. 申报企业具有独立法人资格，且注册地及主要工作场所在江苏境内，申报企业实际缴付的注册资本不低于200万美元。

3. 母公司资产总额不低于2亿美元，且母公司已在中国境内累计缴付的注册资本不低于800万美元。

4. 申报企业被授权管理的境内外独立法人企业数不少于3家（其中至少有1家注册地在江苏省以外地区）；或制造业领域，申报企业被授权管理的境内分支机构不少于 4 家(其中至少有 1 家注册地在江苏省以外地区),且所有分支机构均存在真实制造业务。

5. 已在我省设立地区总部和功能性机构的跨国公司可以在我省设立符合功能性机构标准的其他功能性机构。

二 资金补助

(一) 开办补助。对 2018 年 1 月 1 号后新认定的跨国公司地区总部和功能性机构,分别给予不超过 600 万元和不超过 200 万元的一次性开办补助,分 3 年按 40%、30%、30%的比例发放。对 2012 年 1 月 1 日以后认定的功能性机构提升能级,并经重新认定为跨国公司地区总部的企业,增加发放不超过 400 万元的开办补助,分 3 年按 40%、30%、30%的比例发放。企业在享受资金补助期间必须满足总部或功能性机构的认定条件。

(二) 增资扩能奖励。对已拿满 3 年开办补助的跨国公司地区总部和功能性机构,自 2018 年度起,企业当年在江苏扩大投资,年度增资达到一定额度,给予奖励。企业可将增资扩能奖励资金用于人才引进。

已享受地区总部和功能性机构政策的跨国公司在我省设立的其他功能性机构不再享受开办补助及资金奖励政策。

(三) 资金分配方式。上述资金包含在江苏省利用外资提质增效考核资金中切块至各市、县(市),单列使用。切块资金下达后,各市、县(市)优先审核拨付跨国公司地区总部和功能性机构补助资金。

三 便利化措施

(一) 简化出入境手续。

1. 紧急入境。对跨国公司地区总部和功能性机构,可直接给予口岸签证商务备案单位资格。其邀请的临时来江苏的外籍人员如因紧急事由未及时在中国驻外使领馆申办签证的,可按规定向拟入境口岸签证部门申请口岸签证。其注册地在苏南国家自主创新示范区的,其外籍技术人才和高级管理人才,办妥工作许可证明的,可在入境口岸申请工作签证入境;来不及办理工作许可证明的，可凭企业出具的邀请函件申请人才签证入境。

2. 临时入境。对需多次临时入境的外籍员工，可以申请办理1年至5年多次入境有效、每次停留不超过180日的访问签证。

3. 长期居留。对需在我省长期居留的外籍员工，可以凭外国人工作许可证件申请最长5年的外国人居留许可。

4. 永久居留。跨国公司地区总部和功能性机构的法定代表人和评选出的优秀高级管理人员可按《外国人在中国永久居留审批管理办法》，优先推荐申办《外国人永久居留证》和参评"荣誉公(市)民"和国家及省级"友谊奖"。

5. 办理健康证明。跨国公司地区总部和功能性机构法定代表人以及相关的高级管理人员凭省商务厅的认定证明在办理健康证明时，海关有关部门可采取预约办理、优先办理等便利措施。

6. 因商务需要出国的跨国公司地区总部和功能性机构中的江苏户籍员工，可凭身份证申办护照；外省户籍员工，可凭合法有效居住证(登记备案的国家工作人员除外)，在其居住地的县级(含)以上城市申请办理因私出入境证件。

7. 赴香港、澳门。因商务需要赴香港、澳门的跨国公司地区总部和功能性机构中的中国员工，可申办多次有效商务签注。

8. 赴台湾。因商务需要赴台湾的跨国公司地区总部和功能性机构中的中国员工，如参加紧急会议和谈判、签订合同，可以加急办理《大陆居民往来台湾通行证》。

9. 跨国公司地区总部和功能性机构符合条件的中国籍员工可以申办亚太经合组织商务旅行卡。

(二) 工作许可。在符合条件的跨国公司地区总部和功能性机构中担任副总经理以上职务，或享受同等待遇的外籍高级专业技术及管理人员，持Z字签证或其他签证入境的，均可直接办理最长期限达5年的《外国人工作许可证》。其他外籍员工，包括取得硕士及以上学位的优秀外国留学生及外籍知名高校毕业生，可按规定程序申请办理《外国人工作许可通知》和《外国人工作许可证》。

(三) 对符合条件的跨国公司地区总部和功能性机构的海外高层次人员，可以申领《江苏省海外高层次人才居住证》，并享受相关的政策待遇。

对符合条件的跨国公司地区总部和功能性机构引进国内优秀人才的，可以优先按规定办理本省户籍。

（四）对符合条件的跨国公司地区总部和功能性机构高级管理人员的子女需在我省入托或在中小学就读的，本着“就近就便、适当照顾”的原则，由所在地人民政府及其教育部门负责协调有关学校提供便利，方便解决。

（五）海关对符合条件的跨国公司地区总部、功能性机构以贸易便利化为重点，创新监管制度和监管模式，加强企业信用培育，助推成为海关高级认证企业，着力提升通关效率，为其进出口货物提供通关便利。对设立保税物流中心和分拨中心，进行物流整合的，海关、外汇等部门对其采取便利化的监管措施。

（六）积极支持具有境内外资金管理中心功能的跨国公司总部开展外汇集中运营管理试点工作和跨境双向人民币资金池业务，建立统一的内部资金管理体制，对自有资金实行统一管理。涉及外汇资金运作的，应当按照有关外汇管理规定执行；涉及人民币资金运作的，应当按照人民银行有关规定执行。符合条件的具有投资性和财务管理功能的地区总部、功能性机构可以按照有关规定，参与跨国公司外汇资金集中管理、跨境双向人民币资金池、境外放款等业务。

外国投资者在中国境内独资设立的投资性公司可以设立财务公司，为其在中国境内的投资企业提供集中财务管理服务。

（七）推动跨国公司地区总部与税务部门签订《税收遵从合作协议》或税企备忘录，帮助企业提高政策确定性，及时解决遇到的涉税问题。

四 管理职责

（一）建立我省跨国公司地区总部和功能性机构联席会议工作机制。办公室设在省商务厅，成员由省商务厅、省财政厅、省人力资源社会保障厅、省公安厅、省教育厅、省科技厅、省税务局、省委台办、省外办（港澳办）、人民银行南京分行、外管局江苏省分局、江苏银保监局筹备组、南京海关等有关部门职能处室负责人组成。各成员单位根据各自职责分工，主动作为，密切配合，加强信息共享和风险提示，共同做好对跨国公司地区总部和功能性机构的管理工作,提供便利化服务。省商务厅要会同成员单位加强督促检查,确保各项措施落到实处。

(二) 省商务厅负责全省跨国公司地区总部和功能性机构的认定工作,每年下发申报通知,明确申报时间、申报材料及申报程序等内容,组织符合条件的企业申报,省商务厅在申报材料齐全后30个工作日内完成认定工作。省商务厅及时将审核通过的跨国公司地区总部和功能性机构名单反馈给省各有关部门,并在政府门户网站及有关媒体公布。省商务厅及各市商务主管部门根据省财政厅每年下发的商务发展专项资金支持项目申报工作通知,组织企业申报补助资金。

(三) 省财政厅、省商务厅根据《江苏省省级商务发展专项资金管理办法》,及时做好相关资金的绩效评价和监督管理等工作。

五 其他

(一) 香港、澳门、台湾地区的投资者在我省设立跨国(境)公司地区总部和功能性机构的,参照本意见执行。

(二) 申报跨国公司地区总部和功能性机构认定的企业在申请落实相关政策的全过程中,需承诺所提交材料真实、合法,符合国家、省级各项规定,积极配合和接受省各有关部门就此事项开展的评估和监督。

(三) 各市、县(市)可以根据本规定,制定本地区具体鼓励政策和措施。

(四) 本意见自印发之日起实施,执行期限为2018年度至2020年度,由省商务厅负责解释并牵头协调解决执行过程中的具体问题。

2015年8月7日《省政府办公厅转发省商务厅省财政厅关于鼓励跨国公司在我省设立地区总部和功能性机构意见的通知》(苏政办发〔2015〕79号)同时废止。

(2018年11月5日)

2018年全省商务系统法治政府建设工作要点

2018年全省商务系统法治政府建设工作要以习近平新时代中国特色社会主义思想为指导，深入贯彻落实省委、省政府《江苏省贯彻落实〈法治政府建设实施纲要（2015—2020年）〉实施方案》，按照省全面推进依法行政工作领导小组《江苏省2018年法治政府建设工作计划》的总体要求，坚持新发展理念，紧紧围绕全省商务重点工作，牢牢把握高质量发展的要求，深入推进法治政府建设各项任务的落实，为全省商务事业发展提供有力的法治保障。

一 依法履行商务行政管理职责

1. 深化“放管服”改革。继续推进行政审批制度改革，推行“不见面审批服务”，推进国家级开发区、南京江北新区商务领域赋权改革举措，支持地方各类相对集中行政审批权改革。深化外资管理体制改革，全面实施外资准入前国民待遇加负面清单管理模式。推进外资企业商务备案与工商登记“单一窗口”受理。落实对外承包“项目备案＋负面清单”管理方式，适时将对外承包工程项目备案权下放到设区市。

2. 加强事中事后监管。全面推进“双随机一公开”检查事项全覆盖，推动事中事后监管责任落实。创新市场监管方式，建立透明、规范、高效的商务监管机制，加大市场监管执法力度，积极运用大数据、云计算、物联网等信息化手段进行监管，推动法治市场建设。

3. 健全规范性文件管理机制。落实《江苏省规范性文件制定和备案规定》，实现规范性文件目录和文本动态化、信息化管理。加强规范性文件备案审查制度和能力建设。建立规范性文件清理长效机制，根据全面深化改革、经济社会发展需要，以及上位法制定、修改、废止情况，及时清理规范性文件，并将清理结果向社会公布。

4. 推动重点领域立法工作。以破解改革发展难题、推动法制体系完善为目标，发挥法规规章对涉及外经贸管理、商品流通管理等领域工作的推动作用。协助有关部门做好报废汽车回收管理、成品油市场、单用途商业预付卡等行业领域法规和规章的制定、修订工作。

二 全面规范行政决策行为

5. 落实重大行政决策制度。加强合法性审查，坚持集体讨论决定，增强公众参与实效，提高专家论证和风险评估质量，提高决策过程的科学性和决策程序的正当性。加强对重大行政决策执行情况的跟踪检查，根据实际需要进行重大行政决策后评估，跟踪决策执行情况、实施效果和社会影响。根据国家制度安排，落实重大行政决策终身责任追究制度和责任倒查机制。

6. 完善法律顾问制度。落实《省政府关于建立政府法律顾问制度的意见》，建立以法制机构人员为主体、吸收律师和专家参加的法律顾问队伍，组织法律顾问围绕重大行政决策、重大改革举措、重大突发性事件、重要协议、规范性文件制定、疑难行政复议与诉讼案件等开展咨询论证和法律服务，促进依法办事，防范法律风险。

三 严格规范公正文明执法

7. 推进商务综合执法体制改革。深入开展商务综合行政执法体制改革工作,有效整合部门内部执法职能和资源,加强综合执法队伍建设,创新监管手段和机制,提高依法行政和事中事后监管能力。复制推广商务综合行政执法体制改革经验做法,指导徐州市完成商务行政执法全过程记录制度试点。

8. 贯彻落实行政执法程序规范。重点规范行政许可、行政处罚、行政强制等执法行为。推行行政执法公示制度、执法全过程记录制度、重大执法决定法制审核制度等"三项制度"。落实行政执法责任制,加强行政执法监督力度,组织开展执法检查活动,规范行政权力运行。

四 强化对行政权力的监督制约

9. 全面推进政务公开。坚持以公开为常态、不公开为例外原则,积极推进决策、执行、管理、服务、结果"五公开"。依法依规妥善处理政府信息公开申请,完善例行发布、应急发布、政策解读、热点回应等机制,及时回应群众关切。深入推进行政权力网上公开透明运行,全面提升政府网站信息发布、在线服务和互动交流水平。

10. 强化内部监督。贯彻落实《江苏省依法行政考核办法》,将依法行政考核作为商务部门目标考核、绩效考核的重要组成部分,把考核情况作为衡量领导干部工作实绩的重要内容,不断提高依法行政工作实效在绩效管理中所占比重。加强权力风险防控,对商务发展资金分配使用、国有资产监管、基建工程建设等权力集中的内设机构和岗位,推进定期轮岗和流程控制,防止权力滥用,构建纪检监督与流程监督、绩效管理有机衔接的立体化监督格局。

11. 自觉接受外部监督。自觉接受党内监督、人大监督、民主监督、司法监督。及时办理人大代表建议和政协委员提案。自觉支持人民法院依法受理行政案件,尊重并履行人民法院生效判决。积极配合检察机关对在履行职责中发现的行政违法行为进行监督。完善社会监督和舆论监督机制,畅通举报箱、电子信箱、热线电话等监督渠道,重视运用和规范网络监督。

五 依法有效化解社会矛盾纠纷

12. 加强行政复议工作。加强行政复议能力建设,切实提高行政复议人员素质,充分发挥行政复议在解决行政争议中的重要作用。推动全省商务主管部门复议机构设置、人员配备与所承担的工作任务相适应,保障一般案件至少有 2 人承办、重大复杂案件有 3 人承办。落实行政复议办案场所、办案用车、办案装备等保障措施,行政复议经费列入本级财政预算。提高行政复议办案质量,积极推进行政机关负责人出席行政复议听证,探索推行行政复议决定网上公开制度。

13. 完善信访工作制度。推行"阳光信访",建立健全网上受理信访平台和办理制度,健全及时就地解决群众合理诉求机制。实行诉访分离,推进通过法定途径分类处理信访投诉请求,引导群众在法治框架内解决矛盾纠纷,完善涉法涉诉信访依法终结制度。

14. 健全社会矛盾化解机制。健全行政调解、行政裁决、行政复议和行政应诉制度,依法开展行政调解、行政裁决和行政复议工作。探索行政调解、行政裁决和行政复议过程中政府购买法律服务工作方式,提高行政调解、行政裁决和行政复议工作质量,有效化解社会矛盾纠纷。

六 落实法治建设工作保障

15. 强化组织领导。建立由商务部门主要负责人牵头的依法行政工作领导协调机制,明确办事机构和主办人员,将推进依法行政工作纳入单位和部门年度工作计划。严格执行领导班子集体学法制度,年度举办 1 期以上领导干部法治专题培训班,进一步强化领导干部运用法治思维和法治手段进行行政管理、化解矛盾纠纷的能力和水平。

16. 加大法治教育培训力度。建立健全商务系统领导干部及公务员法律培训制度,提高法治思维和依法行政能力。组织开展商务行政执法人员通用法律知识、专门法律知识、新法律法规等专题培训,强化对新入职公务人员初任培训、任职培训中法律知识的培训。推进普法责任制,提升普法服务的能力和水平。

17. 加强法制工作队伍建设。进一步充实法制工作队伍，加强商务系统法制机构建设和法制工作投入力度，积极探索省、市、县三级商务法制资源和社会资源整合利用，加强工作互联互动，研究不同层级、不同区域商务法制机构之间协助配合机制，加强与律师事务所等第三方机构的交流合作，为全省商务事业改革发展提供有力的法制保障。

（2018 年 4 月 28 日）

省商务厅关于复制推广商贸流通创新转型典型经验的通知

各设区市商务局，昆山市、泰兴市、沭阳县商务局：

近年来，全省各地以贯彻落实党中央国务院和省委省政府关于推进流通现代化发展系列文件部署为抓手，锐意改革，大胆创新，在流通创新发展促进机制、市场规制体系、基础设施发展模式、管理体制等方面进行了有益探索，形成了一批典型经验和做法，现予以印发在全省复制推广。

各地要结合地方发展实际，坚持问题导向，对标借鉴典型经验做法，积极转变职能，深化体制改革，创新制度机制，优化营商环境，逐步构建与现代流通发展相适应的新体制、新机制，推动全省商贸流通高质量发展。

附件：全省商贸流通创新转型可复制推广典型经验

全省商贸流通创新转型可复制推广典型经验

序号	典型经验	主要做法	代表性地方
1	以精准服务保障为核心的实体商业转型促进机制	建立常态化政企交流机制，提供“一企一策”的精准式综合服务保障，协调解决企业在创新转型过程中遇到的体制性障碍，促进企业整合国内国际资源、线上线下资源，通过收购国外品牌和网络品牌，提升企业品牌自营能力和融合发展能力	南京市
2	以提升标准托盘循环共用率为核心，加速建设物流标准化体系	以大型商贸连锁企业苏宁云商、孩子王为核心，在扩大自身标准化托盘使用量的同时，带动提升供应链整体标准化水平；以快消品生产企业紫乐饮料、太古可口可乐为核心，联系上、下游企业逐级推进标准化托盘循环共用；以第三方物流企业南京合运为主体，带动仓储和物流内外运作一贯化，拓展标准化托盘应用的空间和范围；抓住标准装备生产源头，充分发挥货架、托盘龙头生产企业的带动作用，提升流通应用环节物流技术装备标准化水平	南京市
3	组建联盟，带动都市圈共推物流标准化	依托区位优势和都市圈的经济影响力，组建南京都市圈物流标准化联盟。突出联盟的平台作用，为区域企业合作架设桥梁、畅通渠道，充分维护区域联盟企业的相关利益；探索托盘互换新模式，做到都市圈联盟企业联合流转、降低成本、收益分享；实践物流综合信息平台互联互通，建立联合诚信体系，用区块链理念推进企业诚信建设；开展都市圈物流标准化评优评先活动，提升联盟成员企业品牌形象和核心竞争力，形成物流标准化发展共同体和新优势	南京市
4	探索建立“规划引领、法制保障、信息服务”三位一体的商业网点管理机制，合理布局、有序建设，促进实体零售健康发展	在修编《南京市商业网点规划（2016—2030 年）》的基础上，率先在全国副省级、省会城市以政府规章形式正式出台《南京市商业网点规划建设管理办法》，提高规划刚性约束力；以全国首批社会信用体系建设示范城市为契机，加快商务领域诚信体系建设，出台《南京市电子商务企业信用管理办法（试行）》，探索建立线上线下公平竞争的监管环境；健全放心消费保障体系，形成各市场监管部门共同参与的放心消费联席会议、执法协作、消费维权联动等制度；大力推进商贸流通领域知识产权保护工作，在各大商场实施“正版正货”承诺推进计划	南京市

（续表）

序号	典型经验	主要做法	代表性地方
5	“政府控股、企业运营、稳价保供”的公益性农产品批发市场建设运营机制	明确公益性农产品批发市场法定地位，建立政府控股、企业运营的建设运行模式，突出政府调控能力；建立稳价保供长效机制，加强区域供应合作，形成在田储备、实物储备、应急调运三级常态化保供体系，遇灾害性天气和突发事件减免市场交易费；完善质量安全保障体系，实现从“点监管”到“链监管”的全过程管理；建立直采直供网络，开展生鲜连锁配送，实现便民惠民	南京市
6	科学规划，健全组织架构，推动示范区建设工作有序高效开展	无锡市梁溪区研究制定《梁溪区“十三五”省级商贸流通创新发展示范区规划》和《关于推进省级商贸流通创新发展示范区建设的实施方案》，将梁溪区定位于业态领先的商文旅融合发展示范区、企业领先的商贸流通核心区、管理领先的美好生活先行区。成立市政府协调推进工作组、市区两级商务局联合工作组、区政府跨行业示范区建设领导小组和梁溪区商业联盟，形成上下联动、横向协作的工作机制	无锡市
7	合理布局，打造社区商业发展新模式	根据各类大型商贸设施密集，居住小区相对分散的特点，采取沿街布点方式，在人流集中、交通便利处设置连锁超市、生鲜超市、便利店、中小型连锁餐饮店、连锁药店等商业网点；中央交通枢纽地区，采取集中布点方式设置大型综合超市、农贸市场、便利店、中小型餐饮店、连锁旅店等商业网点；中部老小区，采取升级改造方式，鼓励连锁商业、服务业网点进入，提升社区商业经营档次，并增加居民休闲娱乐、文教医疗等社区服务设施。按照“政府保障、立足服务、创新生活、提升品位”的要求，引进、培育和发展连锁经营企业，打造社区商业品牌。积极引导社会资本加大对社区商业投入，建设睦邻中心，便民服务项目，辅助配置部分银行、餐饮、便民超市等商业项目，保障社区居民日常所需	无锡市

（续表）

序号	典型经验	主要做法	代表性地方
8	统一布局，加快特色商业街区建设	无锡市梁溪区统一按照“一核、一轴、一带、五园区、五街区”发展思路，进一步优化无锡核心城区商业布局和业态结构，整合现有的资源优势，重点打造惠山古镇、崇安寺、南禅寺、南长街、小娄巷等商文旅融合发展特色街区，促进城区服务功能完善、文化品位彰显、形象品质提升。以建设古运河风光带为着力点，实现商文旅绿融合发展。优化中山路商业街、崇安寺生活步行街区和清名桥历史文化街区等街面景观和公共配套设施，加快南下塘老字号特色街、小娄巷历史文化街区和人民路地下商业街的建设，提升锡沪路建材家居一条街、人民西路电子数码一条街和大成巷创意市集的知名度和美誉度。鼓励古运河南长街、清名桥等有条件的特色商业街区发展跨界创新业态，推动街区的特色化、差异化、潮流化发展	无锡市
9	扩大开放合作，推动商贸流通国际化发展	无锡市梁溪区注重引进500强商贸零售企业、先进技术、管理经验、世界知名品牌、特色产品，推动Ole'、丸悦礼阁仕等精品超市发展，探索城市进口商品直销经营模式，建立两家上海自贸区进口商品直销中心，在茂业亿百引进绿地G-super全球直销中心等品牌，打造海外商品内销平台。扩大无锡邮政跨境电商园的载体规模，参与包括速卖通、EBAY、亚马逊、WISH等8个国际知名跨境电商平台经营，扩大进出口业务规模，吸引规范化运作的跨境电子商务企业及产业链上、下游企业落户邮政跨境产业园区。加大对流通企业境外投资的支持力度，统筹规划商贸物流型境外经济贸易合作区建设	无锡市
10	突出规划引导，优化商业布局	市政府常务会议通过出台《徐州现代商圈建设布局规划》，明确主城区104个商贸服务功能区的空间布局和功能定位。在规划指导下，主城区各板块加快重点项目建设和结构调整，形成了“一主四副”的城市商业新格局：“一主”是指以彭城广场为核心的中心商圈，集聚了苏宁商务广场、徐州金鹰、金地百货等10余家亿元以上商业体，商业总面积50万平方米，辐射半径100公里，是区域体量最大、现代化程度最高、消费集聚力最强的零售商圈；“四副”分别是以三胞广场为核心的南部商圈、以云龙万达为核心的东部商圈、以淮海环球港为核心的开发区商圈、以段庄广场为核心的西部商圈	徐州市

（续表）

序号	典型经验	主要做法	代表性地方
11	着力打造社区微商圈，进一步健全和完善社区商业体系	由市、区政府投资为主，改造和新建40个社区街坊中心，基本实现主城区全覆盖。街坊中心集菜市场、餐饮服务、便民超市等多种服务功能，优化社区消费环境、丰富市民生活。支持本土连锁便利店和基于“O2O”的智慧零售体布局近200家，覆盖主城区骨干社区，为社区居民提供全新的消费体验。由市区快递“三通一达”重组的“盟递宅配”，在整合网点资源的基础上，切实加强与社区便利店的深入合作，进一步畅通社区商业最后“一百米”	徐州市
12	创新流通模式，完善产销链条，加快构建农产品现代流通新体系	推动农产品流通向两头延伸，形成“上联产地、下联销地”的稳定产销关系。新建社区配套菜市场，合理配置城市零售网点，努力打造居民一刻钟生活圈，加快推动乡镇农贸市场标准化改造，形成以城市菜市场、乡镇农贸市场、大卖场、连锁超市、社区直销店为节点的农产品零售终端网络。依托农产品批发市场的集散资源优势，打造集批发交易、短期存储、订单处理、检疫检测、分拣包装、流通加工、冷藏储存、集货配送、信息服务等为一体的新型市场服务体系	常州市
13	加强市区商业网点建设宏观指导，完善商业网点布局和结构，加快商贸业转型升级	出台《市政府办公室关于加强市区商业网点建设管理的意见》，明确城市综合体、特色商业街、百货店、大型超市、仓储式商场、专业店和商品交易市场等大型商业网点的规划布局和业态配置，增强城市服务功能，提高居民生活品质。通过商业与商务，商业与旅游文化结合，采取腾笼换鸟等手段，引入国际高端业态和品牌，引进国际先进管理经验和流通技术，增强城市商业中心集聚功能。以“方便、快捷、舒适”为出发点，加快建设社区商业中心，形成社区15分钟商业圈，居民步行15分钟可享受各类商业服务。鼓励餐饮网点向各级商业中心、特色餐饮街区集中布局，形成分布合理、业态丰富、管理规范、环境整洁的发展格局。严格按照商业网点规划，打破区域之间各自为政的商业发展模式，合理配置各级商圈的开发规模及分配关系	常州市

（续表）

序号	典型经验	主要做法	代表性地方
14	聚焦特色打造和模式创新，增加市场有效供给	市政府出台《加快苏州商业特色街区建设改造提升的指导意见》，推进商业街区建设、改造和提升。制定《“苏州老字号”认定办法（试行）》，打造老字号培育体系，扶植一批具有较强文化遗产价值的企业和品牌，展现城市深厚底蕴。针对新零售时代的商业关系、利益关系、组织方式、经营形态、零售产出以及经营理念等多方面出现的变革，积极引导企业向新型供应链转型升级，开展供应链体系建设试点。以信息技术为依托，稳步推进流通智慧化	苏州市
15	加强规划调控、推进存量资源转型，引导市区商业优化升级	针对当前中心城区内商业综合体云集、空间布局集中度过高的现状，市政府印发《供给侧结构性改革去库存实施方案》，明确要求“十三五”期间，市区除新城区范围以外原则上不再供应商业综合体用地，控制商业办公规模，明确商业、办公支持比例，加强对商业、办公房地产调控；通过完善光纤宽带、无线网络接入，引入智能交通引导、移动支付、商圈 App、微信公众号和大数据分析等应用，优化商圈生态和消费环境，打造线上线下协同发展的信息化智能型商业街区；推动建设一批集聚效应明显、文化底蕴深厚、建筑风格鲜明、基础设施完备、拉动消费作用明显的特色商业示范街区，引导餐饮企业集聚化发展	南通市
16	完善市场功能，推动批发市场转型升级	落实《淮安市中心城区市场体系、商业网点规划》要求，积极拓展市场功能，引导专业市场细分市场、产品、客户，实施特色化、差别化、专业化经营，开展错位竞争；推进“互联网＋流通”创新发展，增强市场批发零售业线上信息交互、在线交易、精准营销等功能，充分发挥线上线下功能差异化优势，激发批发市场活力；加快集聚一批有竞争力的现代物流企业，构建“互联网＋物流＋金融”的新型物流业态，促进市场发展成现代物流服务中心	淮安市

（续表）

序号	典型经验	主要做法	代表性地方
17	发挥流通先导作用，服务产业发展	完善工业品流通体系。围绕盐城汽车、机械等五大传统产业和新能源、大数据等六大新兴产业，培育特色工业产品市场和重点经销企业。积极推广中恒宠物“触网”的成功模式，鼓励工业企业开展 B2B、B2C 业务，不断拓宽工业产品销售渠道。健全农产品流通体系。立足于盐城农业大市实际，积极推动农村商贸流通网络建设，拓展农产品流通渠道，大力培育农产品批发市场、集散中心，鼓励江苏雅家乐等本土连锁超市网点向农村地区延伸，实施品牌战略，打响盐城农产品品牌知名度。推动专业市场转型升级。依托盐城制造业优势产业基础，加快推进中心城区专业市场的“改、撤、迁”，规划建设永宁汽车城等专业市场，进一步增强盐城专业市场的区域影响力和竞争力	盐城市
18	突出民生服务功能，共享商贸发展成果	健全社区商业服务体系，通过政府引导和政策支持，以服务社区居民为核心，注重社区公益性服务业和社区经营性服务业并举，充分发挥 2 个省级电商社区试点带动效应，推动智慧社区建设，满足社区居民消费需求；推动住宿餐饮业健康发展，以建军路、东进路等餐饮集中街区为基础，重点引入一批盐城本地传统风味餐饮店、国内外特色食品店等入街经营，着力打造盐城传统特色美食街；围绕城市商务发展需求，推进经济型酒店、星级酒店和农家乐的多层次发展，满足不同群体消费需求；提升农副产品市场建设水平，将农贸市场改造项目纳入市政府为民办实事工程，深入推进“星级农贸市场”评比活动，改善农贸市场整体环境，提升居民满意度	盐城市
19	推进集聚街区建设，助力老字号创新发展	以双东街区、国庆路为核心打造老字号特色街区，实施杆线下地、雨污分流、景观改造等更新改造工程，在街区内增加老字号分布图等标识、景观，增强老字号文化氛围；通过绩效考核、资金奖补等形式鼓励老字号街区招引老字号企业，形成老字号特色产品和服务的集聚，争创省级老字号集聚街区；在市级服务业引导资金、“双创示范”商务资金等专项资金中对老字号企业进行扶持，支持一批具有一定品牌影响力和市场认知度的老字号企业进行技术改造、创新发展，培育知名老字号品牌；开展“扬州老字号”认定工作，保护一批具有优秀文化传统、能够体现扬州地域文化特色的老字号品牌，给予相应扶持	扬州市

（续表）

序号	典型经验	主要做法	代表性地方
20	健全惠民体系，推动中心城区商业便利化	创新培育消费促进品牌，打造“嗨在宿迁”消费品牌，在餐饮购物、休闲娱乐、文化旅游等领域策划组织促进消费系列活动，引领消费升级，繁荣商贸经济；正式启动首届“嗨在宿迁”美食节，同步推出“嗨卡”和“嗨宿迁”公众号，近100家知名美食餐饮企业参与优惠促销，实现企业发展和市民消费“双赢”；强化社区商业服务功能，以社区商业服务为重点，规划建设社区服务中心和城市之家，配套建设卫生、养老、农超、金融服务等专项服务设施，有序推进永阳、青海湖路、世纪大道等7个城市之家和苏宿园区邻里中心建设；加快线上线下融合，积极鼓励零售企业在社区建设电商平台线下自有门店、合作服务点、储物柜等各类O2O实体，支持宿迁市幸福街道幸福社区、宿豫区顺河街道京东社区进行社区商业示范街区，并与京东集团深度洽谈，推动电子商务进社区	宿迁市
21	推进农产品流通体系，增强中心城市商业带动力	编制《宿迁市标准化菜市场建设导则》，制定《标准化菜市场立体货架建设导则》《鱼类交易区规范化建设管理导则》《农贸市场家禽交易区规范化建设管理导则》等，为菜市场建设提供标准化导引；协同推进农贸市场标准化建设，制定《2017年市区“两场一厕”及路灯建设改造工程考核办法》，指导城市之家合理配置菜市场和商超等业态；大力推动华东农业大市场、南菜市两个农产品批发市场配送体系建设，提升冷链服务功能，推动农产品网上销售	宿迁市

（2018年8月7日）

附　录

2018年江苏省商务厅大事记

1月3日—4日，商务部外资司会同海关总署、税务总局、工商总局、外汇局等相关部门来江苏调研外商投资“审批改备案”情况，并召开相关座谈会，副厅长朱益民参加会议。

1月4日，副厅长周常青带队赴南京调研供应链管理企业。

1月9日，副厅长姜昕带队在南京开展生活服务业调研工作。

1月9日，省商务厅召开内贸流通工作座谈会，周常青、副巡视员仲锁林和郁冰滢出席会议并讲话。

1月9日，副厅长孙津会见来访的俄罗斯华侨华人联合总会秘书长、俄罗斯华侨华人青年联合会会长吴昊及莫斯科华人华侨联合会会长李娜一行。

1月10日，党组书记马明龙主持召开厅党组中心组学习，专题学习《习近平谈治国理政》第二卷。

1月10—12日，商务部市场建设司李党会副巡视员带队对江苏扩消费专项行动情况开展督查。仲锁林、郁冰滢参加督查会议。

1月12日，省商务厅在南京召开全省跨境电商工作座谈会，副厅长周晓阳出席会议并讲话。

1 月 13 日—20 日，巡视员赵进带领省双向投资促进代表团访问缅甸和斯里兰卡。

1 月 15 日，副省长陈震宁率领江苏省友好代表团访问印度并在德里与印度工业联合会举行会谈。会后，厅长马明龙与印度工业联合会副总干事阿米塔·萨卡女士共同签署《江苏省商务厅与印度工业联合会关于建立经贸合作伙伴关系的备忘录》。

1 月 15 日，孙津会见来访的马来西亚—中国总商会代表团一行，并与马中总商会第一副总会长卢国祥共同签署第八届马中企业家大会合作备忘录。

1 月 15 日—19 日，郁冰滢带队赴徐州、淮安、宿迁等地开展节日市场供应和安全生产工作情况督查。

1 月 16—17 日，姜昕带队赴无锡检查商贸流通领域安全生产及市场保供情况并调研无锡市服务贸易、服务外包产业发展情况。

1 月 16 日—18 日，孙津带队赴辽宁省考察调研，开展经贸合作交流。

1 月 17 日，周常青带队在南京开展汽车流通工作调研。

1 月 19 日，上海市商务委杨朝副主任带领外资调研组来省商务厅调研并召开座谈会，朱益民参加座谈交流。

1 月 19 日，孙津在溧水会见美国驻上海总领事谭森、首席商务领事温凯润等一行。

1 月 19 日，省商务厅在溧水举办江苏省驻海外经贸代表和境外驻苏经贸机构代表工作交流活动，孙津出席活动并讲话。

1 月 22 日，江苏省出国外派境外工作人员人身意外伤害保险第三期项目签约暨新闻发布仪式在南京举办，姜昕出席会议并致辞。

1 月 22 日，郁冰滢带队在南京开展肉菜流通追溯体系建设运行督查调研。

1 月 23 日，全省商务工作会议在南京召开。马明龙出席会议并讲话，厅领导陈晓梅、姜昕、周常青、孙津、周晓阳、王润亮、赵进、仲锁林、郁冰滢、王存出席会议。

1 月 23 日，省商务厅在南京召开首届中国国际进口博览会江苏招展招商工作会议，马明龙主持会议并讲话，周晓阳介绍相关情况，商务部驻宁特派员办事处贾国勇特派员，厅领导陈晓梅、姜昕、周常青、仲锁林、王存出席会议。

1月24日，省商务厅牵头起草的《江苏省开发区条例》通过省人大十二届常委会第三十四次会议审议，于2018年5月1日起施行。

1月24日，商务部国际贸易经济合作研究院张威副院长一行到省商务厅就"一带一路"贸易投资发展情况进行调研并召开座谈会，副厅长陈晓梅参加会议并讲话。

1月25日，省商务厅召开年度海外工作会议，马明龙讲话，孙津主持会议，姜昕、朱益民、周常青、高成祥、赵进、仲锁林、王存等厅领导出席会议并讲话。

1月25日，马明龙主持召开厅党组(扩大)会议，专题学习习近平总书记在中纪委二次全会上的重要讲话，中纪委二次全会和省纪委三次全会精神。

1月26日，周常青就政府引导基金相关专业知识进行专题授课。

1月26日，孙津应邀赴上海出席美国各州驻华协会新春答谢会，并拜会上海美国商会会长季瑞达和美中贸易全国委员会上海代表处首席代表欧文。

1月28日—30日、2月8日，周常青带队赴盐城、连云港、苏州等地开展节日市场供应和安全生产工作情况督查。

1月30日，中韩(盐城)产业园建设工作联席会议第三次会议在省商务厅召开，马明龙与盐城市政府市长戴源共同主持会议，孙津出席会议。

1月31日—2月1日，孙津副带队赴淮安调研并对接2018中国(淮安)国际食品博览会招展招商工作。

2月1日，省政府召开新闻发布会，周常青参会并介绍相关工作情况。

2月2日，孙津会见来访的挪威新任驻沪总领事尹克婷女士、挪威驻华商务参赞兼挪威创新署中国负责人索黎先生一行。

2月2日，孙津会见来访的荷兰北布拉邦省经济发展署副署长博林柯一行。

2月5日，省商务厅召开省级外经贸集团外贸工作座谈会，省政协经济委员会副主任笪家祥、副厅长周晓阳出席会议并讲话。

2月6日，省商务厅召开2017年度党员领导干部民主生活会。马明龙主持会议，通报民主生活会准备情况，代表厅领导班子做对照检查，带头作个人对照检查。11名厅领导逐个进行对照检查，开展批评与自我批评。省委省级机关工委副巡视员李晓岚率领第三督导组参加会议。

2月6日，省商务厅会同省外商投资企业协会在南京举办江苏外商投资企业高管新春茶话会，马明龙出席会议并讲话，孙津主持会议。

2月6日，省商务厅召开春节期间商贸流通领域安全生产工作专题会议，周常青出席会议并讲话。

2月6日，全省公益性农产品批发市场建设试点工作座谈会在泰州召开，周常青出席会议并讲话。

2月6日，孙津会见来访的星巴克企业管理(中国)有限公司副总裁崔复秋一行。

2月7日，“2017—云剑联盟”新闻发布会在杭州召开，郁冰滢出席发布会并介绍相关情况。

2月9日，2018年全省服务贸易和商贸服务业工作座谈会在淮安召开，姜昕出席会议并讲话。

2月9日，周常青赴中信保江苏分公司调研江苏出口信用保险工作。

2月9日，“hao 荔枝”好享购物全球跨境商品体验店开业。周常青出席开业仪式。

2月12日，副省长郭元强率队检查节日市场保供和经营场所安全生产工作，马明龙、仲锁林陪同检查。

2月26日，根据省绩效办通知，经省绩效管理工作联席会议审定，省商务厅2017年度机关绩效综合考评结果为第一等次。

2月26日—27日，赵进带队赴常州调研，了解苏澳合作园区建设进展情况，探讨江苏与中国澳门及葡语国家商贸合作服务平台建设事宜。

2月27日，马明龙与中信银行南京分行陆金根行长签署战略合作协议，周常青主持签约仪式。

2月28日，省商务厅召开全省外贸工作座谈会，传达全国、全省商务工作会议精神，部署2018年外贸工作，周晓阳出席会议并讲话。

3月1日，周常青参加全国市场建设部际联席会议全体会议暨全国基层市场治理工作电视电话会议。

3月2日，全省打击侵权假冒工作座谈会在南京召开，郁冰滢主持会议并讲话。

3月5日，省商务厅召开2018年部门预算分解暨规范预算管理会议，周常青出席会议并讲话。

3 月 5 日—6 日，姜昕率队赴宿迁开展服务贸易专题调研。

3 月 6 日，省商务厅召开机关党的建设工作会议，陈晓梅传达省级机关党的建设工作会议精神并部署厅机关 2018 年党建工作和党风廉政建设工作任务，驻厅纪检监察组长高成祥传达省纪委三次全会精神并部署 2018 年纪检监察工作，孙津主持会议，厅领导姜昕、朱益民、周常青、周晓阳、仲锁林、郁冰滢出席会议。

3 月 6 日，孙津会见来访的斯洛文尼亚驻沪领馆馆长史伯杨。

3 月 6 日，省商务厅会同中国纺织品进出口商会在南京召开墨西哥聚酯短纤反倾销调查应诉协调会，周晓阳出席会议并讲话。

3 月 7 日，中国进出口银行江苏省分行行长吴钢一行来省商务厅交流工作，陈晓梅出席会议并讲话。

3 月 7 日—9 日，商务部贸易救济调查局副局长刘丹阳带队赴江苏亨通光电股份有限公司、中天科技精密材料有限公司，进行对美国、日本的进口光纤预制棒反倾销期终复审实地核查和产业调研，周晓阳陪同核查和调研。

3 月 7 日—9 日，郁冰滢带队赴淮安、连云港调研电子商务与快递物流发展情况。

3 月 7 日—10 日，商务部外贸司商务参赞支陆逊一行赴南京、常州调研并召开外贸政策与形势座谈会，周晓阳陪同调研。

3 月 8 日，2017 年度中国电视购物行业年会在南京举行，周常青出席年会。

3 月 8 日—16 日，孙津率领江苏省贸易投资促进代表团访问美国和墨西哥，进一步加大江苏对美经贸工作力度，拓展对墨经贸合作，并指导检查江苏驻美东、美西经贸代表处工作。

3 月 9 日，朱益民会见来访的福建省商务厅副厅长陈靖一行，双方就开发区的建设和发展进行座谈交流。

3 月 9 日，全省外经工作座谈会在宁召开，陈晓梅出席会议并讲话。

3 月 9 日和 20 日，周常青带队分别对苏宁易购、伊斯特维尔开展供应链工作专题调研。

3 月 13 日，周常青主持召开长三角商务合作专题工作协调会。

3 月 15 日，省商务厅组织开展供应链创新与应用专题讲座，周常青主持讲座并部署相关工作。

3 月 15 日，赵进见来访的江苏苏澳合作园区建设办公室副主任都文平一行，双方就园区平台建设相关工作进行座谈交流。

3 月 16 日，全省开发区条线工作会议在溧阳召开，朱益民出席会议并讲话。

3 月 19 日，孙津会见来访的尼日利亚工业贸易及投资部工业发展司 ALANEME FRANCIS 副司长一行。

3 月 19 日—21 日，郁冰滢带队赴常州、无锡调研电子商务与快递物流发展情况。

3 月 20 日，受厅党组书记马明龙同志委托，厅党组成员、副厅长陈晓梅主持召开厅党组会中心组学习会，专题学习《中华人民共和国宪法修正案》。

3 月 21 日—23 日，朱益民带队赴广东调研开发区改革创新发展，深入了解广东开发区创新驱动发展情况和体制机制创新举措。

3 月 21—23 日，省商务厅在杭州举办全省跨境电子商务培训，周晓阳出席开班仪式并致辞。

3 月 22 日，姜昕会见来访的宁夏回族自治区商务厅副厅长陈生荣一行，并召开推进协调小组第一次会议，就两省区商务领域重点合作事项进行对接。

3 月 22 日，全省商务系统电子商务条线会议在无锡召开。郁冰滢出席会议并讲话。

3 月 23 日，姜昕在南京专题调研生活服务业八大行业协会，并召集行业协会负责人进行交流座谈。

3 月 23 日，2018 中国(昆山)品牌产品进口交易会组委会会议在宁召开，副省长郭元强、中国贸促会副会长张伟、商务部外贸发展局贾国勇书记、省政府黄澜、中国机电产品进出口商会副秘书长郭奎龙、省商务厅副厅长周晓阳、省贸促会副会长王存、苏州市副市长金洁等出席会议。

3 月 27 日，马明龙主持召开美国 301 调查影响分析会，分析研究美国 301 调查对江苏可能造成的影响和对策建议，周晓阳参加会议。

3 月 29 日，中韩产业园合作协调机制第二次司局级工作组会议在北京召开，孙津参加会议并发言。

3月29日—30日，商务部电商司副巡视员贾舒颖率队来江苏调研，郁冰滢陪同调研。

3月29日—30日，全国外资工作会议在北京召开，孙津参加会议。

3月30日，苏陕合作共建"区中园"江苏对接会在宁召开，朱益民、巡视员王润亮出席会议。

4月3日—4日，商务部流通司副司长王选庆一行调研徐州市物流标准化试点和城乡高效配送体系建设情况，周常青陪同调研。

4月16日—17日，郭元强率江苏代表团赴郑州参加第12届中国（河南）投资贸易洽谈会并考察，周常青陪同。

4月19日，2018中国（淮安）国际食品博览会开幕。副省长缪瑞林出席开幕式，姜昕带队参加开幕式及相关活动。

4月19日，朱益民会见由商务部国际贸易经济合作研究院、商务部外资司开发区处和联合国工发组织组成的联合调研组并进行交流座谈。

4月20日—22日，由江苏省人民政府、香港江苏社团总会和江苏旅港同乡联合会共同主办，省商务厅、省港澳办、省旅游局、省文联、省演艺集团承办的"2018香港江苏文化嘉年华"活动在香港维多利亚公园成功举办，马明龙、周常青参加活动。

4月25日，全国政协外事委员会调研组来江苏调研"推进境外经贸合作区建设"情况并在南京召开座谈会，省政协主席黄莉新、省政府副秘书长黄澜出席会议并讲话，省商务厅副厅长陈晓梅参加会议。

4月25日，姜昕赴凤凰出版传媒集团和小鱼儿网调研。

4月25—26日，郁冰滢带队赴泰兴、江阴两市开展综合行政执法体制改革和相对集中处罚权改革试点工作调研。

4月26日，姜昕参加江苏大运河文化带建设研究院成立大会。

4月26日，由江苏省商务厅、江苏省贸促会、南京市江北新区管委会共同主办的国际知识产权应用暨项目合作大会在南京召开，孙津、王存、南京市江北新区管委会副主任刘志伟出席大会并致辞。

4月26日—27日，朱益民带队赴镇江调研开发区发展情况。

4月28日，朱益民主持召开《江苏省开发区条例》施行专题解读会。

5月2日，商务部研修学院承办的"2018年非洲法语国家中国援外项目管理及金融服务官员研修班”赴省商务厅召开推动区域经济合作座谈会，陈晓梅出席会议并致辞。

5 月 3 日—4 日，郭元强调研第 123 届广交会，视察江苏参展企业并召开第 123 届广交会江苏外贸企业座谈会，黄澜、周晓阳陪同调研。

5 月 4 日，陈晓梅出席江苏走出去校企合作信息平台（人才地图）工作推进会暨江苏首届走出去企业留学生专场招聘会并致辞。

5 月 4 日，周常青率队赴仪征市新集镇江宁村开展支部活动。

5 月 4 日，周常青率队赴扬州市召开片区财务工作会议。

5 月 4 日，孙津会见德国百菲萨钢铁服务有限责任公司首席执行官哈维尔、副总裁阿西亚、百菲萨驻北京代表处首席代表付晓一行。

5 月 4 日，孙津会见香港交易所华东区代表刘云志。

5 月 7 日—9 日，中共中央政治局委员、国务院副总理胡春华在江苏调研商务工作，并召开江浙沪粤四省市商务工作座谈会。国务院副秘书长丁向阳、商务部副部长傅自应、海关总署署长倪岳峰、人力资源社会保障部副部长游钧，省委书记娄勤俭、省长吴政隆、副省长郭元强先后陪同调研和参加座谈会。省商务厅厅长马明龙参加调研和座谈会，副厅长周晓阳参加座谈会。

5 月 8 日—9 日，姜昕赴北京参加全国贸易救济工作会议并汇报江苏贸易救济工作。

5 月 9 日，孙津出席江苏—澳门・葡语国家工商峰会理事会投资及贸易合作推进小组会议并发言。

5 月 10 日，朱益民带队赴南京江北新区开展行政审批赋权专项调研。

5 月 10 日，郁冰滢赴徐州出席淮海经济区电子商务发展大会。

5 月 11 日，马明龙同志主持召开中心组学习，传达学习习近平总书记在博鳌亚洲论坛 2018 年年会开幕式上的重要讲话和娄勤俭在全省党委中心组学习会上的讲话精神，研究部署在厅机关开展解放思想大讨论活动。会议还传达学习了国务院、省政府第一次廉政工作会议精神，并研究讨论了《省商务厅党组落实党风廉政建设主体责任实施办法》和《省商务厅党组落实党风廉政建设主体责任清单》。

5 月 14 日，孙津会见尼日利亚联邦共和国驻上海总领事安德森・恩克马科南・马杜比克先生一行。

5 月 14 日，孙津出席 2018 江苏欧洲日活动及江苏—欧盟投资论坛活动并致辞。

5 月 15 日，孙津带队赴盐城召开中韩(盐城)产业园推进工作座谈会。

5 月 16 日，2018 中国(昆山)品牌产品进口交易会暨第七届世界工商领袖(昆山)大会开幕。国务院发展研究中心副主任隆国强，省委常委、苏州市委书记周乃翔，副省长郭元强，中国贸促会副会长陈洲，中国外商投资企业协会会长陈德铭等出席开幕式。省商务厅厅长马明龙参加大会相关活动。

5 月 16 日—20 日，郁冰滢带队赴拉萨参加拉萨市电子商务进农村综合示范县创建工作动员暨培训会议。

5 月 17 日，孙津率"新加坡—江苏合作理事会"江苏方秘书处赴上海与新方秘书长、新加坡企业发展局中国司司长何致轩及新方秘书处举行工作会晤。

5 月 18 日，周常青会见来访的吉林省商务厅副厅长许涛一行。

5 月 19 日，周晓阳出席 2018"一带一路"叠石桥进出口商品交易会开幕式并致辞。

5 月 21 日，孙津会见法国驻上海总领事馆经济参赞白沙漠及阿柯玛(中国)投资有限公司亚太区高级副总裁、大中华区总裁戴仁威一行。

5 月 21 日，孙津会见荷兰外商投资局中国事务首席代表钟铠任、荷兰贸促会南京代表处首席代表理查德等一行。

5 月 22 日，第 22 届"中国江苏出口商品展览会"在日本大阪开幕，周晓阳走访参展企业并调研。

5 月 23 日，陈晓梅会见商务部西亚非洲司舒骆玫商务参赞(副司级)一行。

5 月 23 日，孙津率队赴菲尼克斯(中国)投资有限公司进行调研。

5 月 24 日，马明龙应邀出席中国现代供应链创新与应用高峰论坛并致辞。

5 月 24 日，孙津会见英国埃塞克斯郡政府国际部主任马宁、埃塞克斯郡驻南京代表处首席代表镇文静等一行。

5 月 28 日，第五届中国(北京)国际服务贸易交易会江苏主题日活动在国家会议中心举办。商务部副部长王斌南、副省长郭元强、北京市副市长卢彦、中国国际贸易促进委员会副会长陈洲、省政府副秘书长黄澜、省商务厅厅长马明龙等出席活动，副厅长姜昕作《科技引领，创新驱动》的专题推介。

5 月 29 日，省商务厅在南京举办江苏省与墨西哥科阿韦拉州经贸合作交流会，孙津、墨西哥科阿韦拉州州长里克尔梅、墨西哥驻上海总领事柳若兰等出席会议并致辞。

5 月 29 日，周晓阳出席省级部门公平竞争审查制度落实情况第四专项督查组协调会并讲话。

5 月 29 日—30 日，郁冰滢出席 2018 中国电子商务大会·国际视野——全球电商城市发展论坛。

5 月 30 日，孙津出席“2018 年菲尼克斯电气创新与行业发展论坛(PHIIDF 2018)暨南京智能制造论坛”。

6 月 1 日，马明龙赴上海参加 2018 年长三角地区主要领导座谈会合作项目签约仪式。

6 月 1 日，姜昕出席第九届中国大学生服务外包创新创业大赛并为获奖高校颁奖。

6 月 1 日，中韩(盐城)产业园发展工作协调小组第一次会议在南京召开，郭元强出席会议并讲话，孙津出席会议并汇报了省级层面推进产业园建设相关工作。

6 月 3 日—5 日，商务部外资司司长唐文弘一行在苏州调研外资和开发区工作，马明龙、朱益民、孙津分别陪同调研。

6 月 4 日，吴政隆在南京会见台湾瑞仪光电集团董事长王本然一行，马明龙陪同。

6 月 5 日，郭元强来省商务厅开展解放思想大讨论调研并与厅领导班子成员座谈，马明龙同志汇报解放思想大讨论工作情况、开放型经济高质量发展情况。

6 月 5 日，省政府召开新闻发布会解读《关于促进外资提质增效的若干意见》，孙津出席发布会介绍相关情况并答记者问。

6 月 6 日，孙津出席《商务发展与研究》通讯员会议并讲话。

6 月 7 日，孙津率队赴常州开展利用外资高质量发展调研。

6 月 7 日，周晓阳出席全国农产品冷链物流发展现场交流会并致辞。

6 月 8 日，江苏省政府召开首届中国国际进口博览会江苏交易团工作会议，郭元强出席会议并讲话。马明龙、周常青参加会议。

6月12日，姜昕出席第十六届中国国际软件与信息服务交易会开幕式并参加相关论坛活动。

6月12日，第一届中韩产业园合作交流会开幕，郭元强出席开幕式活动并致辞，孙津出席会议。

6月12日，中韩产业园合作协调机制第二次会议在江苏省盐城市举行。孙津参加会议并发言。

6月12日—13日，周晓阳率省级部门公平竞争审查落实情况第四专项督查组赴相关省级机关开展公平竞争审查落实情况专项督查。

6月13日，孙津会见河南省商务厅调研组并座谈。

6月14日，马明龙主持召开中心组学习，专题学习习近平总书记在纪念马克思诞辰200周年大会上的重要讲话。

6月14日，姜昕赴杭州参加国家文化出口基地推进会。

6月14日，孙津会见保加利亚国际关系协会主席萨维切夫、副主席伊斯克洛夫、保加利亚经济部中小企业发展局首席专家巴克罗夫等一行。

6月15日，吴政隆在南京会见美国康宝莱公司全球首席执行官顾礼诗一行，马明龙陪同会见。

6月15日，马明龙围绕“进一步解放思想，激励新时代新担当新作为”，为厅机关全体党员和处以上干部做专题党课辅导。

6月20日，第二届中国（徐州）国际服务外包合作大会开幕，郭元强、黄澜、马明龙等出席开幕式。

6月20日，姜昕出席督查激励新闻通气会并进行了新闻发布。

6月20日，郁冰滢出席2018交叉智能前沿峰会。

6月21日，国务院副总理胡春华主持召开首届中国国际进口博览会筹备委员会第三次会议暨全国交易组织工作会议。郭元强出席会议并汇报江苏前期工作和下一步工作打算。马明龙参加会议。

6月21日，姜昕出席全省餐饮场所燃气使用安全专项治理活动部门协调会。

6月21日，商务部产业安全与进出口管制局副局长江前良一行赴苏州开展两用物项出口管制相关工作调研，周晓阳陪同。

6 月 21 日，周晓阳带队赴苏州就中美贸易摩擦影响情况开展专题调研。

6 月 25 日，中国国际进口博览会江苏交易团秘书处召开江苏交易团联络员工作会议，周常青主持会议。

6 月 26 日，周常青带队赴上海与进口博览局进行工作对接。

6 月 26 日—29 日，郁冰滢副巡视员带队赴扬州、南通、盐城开展电子商务高质量发展专题调研。

6 月 28 日，孙津会见韩国 SK 海力士半导体（中国）有限公司副总裁郑银泰一行并出席江苏省与韩国 SK 集团共同研究小组对接会议。

6 月 28 日，省商务厅召开国际经贸摩擦应对省级部门联络员会议，周晓阳主持会议并讲话。

6 月 29 日，周常青代表省商务厅与江苏省食品集团有限公司、南京雨润食品有限公司签订猪肉储备合同。

7 月—8 月，周常青前往工信部、商务部、中国电子学会，对接首届中国国际进口博览会配套现场活动组织准备工作。

7 月 3 日，省商务厅与省外商投资企业协会在南京联合举办促进外资提质增效意见政策说明会，孙津出席会议并讲话。

7 月 4 日，孙津在省商务厅与香港贸发局华东、华中首席代表钟永喜就苏港合作联席会议第六次会议相关事项举行工作会谈。

7 月 5 日—8 日，商务部运行司副巡视员陈平率队来江苏对流通企业在发展新业态新模式、降成本提效率、扩大有效供给、引领消费升级及农村消费市场运行情况进行调研，周常青陪同。

7 月 9 日，孙津在厅机关会见香港捷成洋行集团董事李家祥先生一行，双方就江苏省汽车产业等领域投资环境及发展机遇进行交流。

7 月 10 日—11 日，商务部外资司副司长朱冰一行来江苏调研应对中美贸易摩擦工作。马明龙、孙津分别与调研组进行交流，周晓阳陪同调研并参加座谈。

7 月 10—12 日，郁冰滢率队赴苏州市、扬州市开展打击侵权假冒工作督查。

7 月 10 日，周常青主持召开进口博览会江苏交易团金融机构座谈会。

7 月 11 日—13 日，姜昕带队赴广东省进行调研，学习广东省在推动服务贸易、服务外包产业发展以及如何做大会展业、如何推进电子口岸建设方面的成功经验。

7月12日，省商务厅举办“江苏省与韩国SK集团战略合作研究小组启动会议”，马明龙主持会议并致辞，孙津参加会议。

7月13日，省商务厅召开信用体系建设领导小组会议，郁冰滢出席会议并讲话。

7月14日，周常青出席2018江苏汽车流通行业发展高层论坛并致辞。

7月16日，孙津会同香港贸发局华东、华中首席代表钟永喜、江苏代表张汶锋赴连云港市，就苏港合作联席会议第六次会议相关筹备事宜开展调研和对接工作。

7月17日—19日，郭元强率队赴江阴、张家港、常熟及苏州工业园区开展开放型经济工作调研，并在苏州召开座谈会。黄澜、马明龙、周晓阳陪同调研。

7月17日，周常青出席省政府中国国际进口博览会江苏交易团工作情况暨“1246”招商行动新闻发布会，就江苏交易团工作进展情况和相关招商行动向媒体进行介绍，并接受新华日报等记者提问。

7月18—19日，朱益民率队赴常州、南通、镇江对中以常州创新园、中意海安生态园、中瑞镇江生态产业园3个国际合作园区开展工作调研。

7月18日，商务部服贸司副司长李元率队来江苏开展“服务贸易高质量发展指标体系及未来目标”专题调研，姜昕陪同调研。

7月18日，商务部流通司司长郑文一行赴南京市调研高品位步行街建设工作，并先后召开了高品位步行街建设工作座谈会和中华老字号宣传工作座谈会，周常青陪同调研并出席会议。

7月18日，省商务厅在镇江召开全省外资工作座谈会，孙津出席会议并讲话。

7月18日，郁冰滢赴沭阳参加省政府召开的涟沭结合部片区“十三五”整体帮扶工作会议。

7月23日，进口博览会江苏交易团秘书处联合省工商联，共同组织召开了首届中国国际进口博览会江苏省交易团商协会座谈会，省工商联副主席丁荣余致辞，省商务厅副厅长周常青发表讲话。

7月25日，省商务厅与香港投资推广署在南京共同举办“善用香港平台苏港合作共赢”座谈会，孙津出席会议并致辞。

7 月 25 日，孙津在省商务厅会见台湾中华两岸交流协会常务副会长刘仲宇率领的企业家代表团。

7 月 25 日，周晓阳带队，会同省财政厅、南京海关赴常州开展开放型经济工作调研，走访典型企业，并召开相关政府部门和开发区座谈会。

7 月 26 日，省委省级机关工委副书记杨庆国一行 3 人来省商务厅进行党建工作年中走访调研。厅直属机关党委书记陈晓梅就深化解放思想大讨论引领商务高质量发展等几个方面进行专题汇报。

7 月 27 日，商务部、上海市在上海展览中心召开首届中国国际进口博览会“冲刺 100 天、决胜进博会”誓师动员大会及授旗仪式。中共中央政治局委员、国务院副总理胡春华和中共中央政治局委员、上海市委书记李强出席大会并讲话，省商务厅厅长马明龙参会并上台接旗，副厅长周常青率江苏交易团参加会议。

7 月 30 日，中国进口博览局在国家会展中心召开进口博览会全国交易团现场工作对接会，筹委会办公室副主任、商务部副部长兼中国进口博览局局长王炳南出席并讲话，马明龙、周常青应邀参加会议。

7 月 31 日，省经济和信息化委员会、省电力公司承办的江苏大面积停电事件应急演练在南京举行，周常青参加并观摩演练。

8 月 1 日，孙津在省商务厅会见南非驻沪总领事何安娜一行，双方就加强经贸合作进行了交流。

8 月 2 日，进口博览会江苏交易团秘书处组织召开进口博览会成交统计工作专题会议，周常青出席会议。

8 月 3 日，振兴苏酒二十周年庆典活动暨 2018 第四届中国(南京)国际糖酒食品交易会在南京国际展览中心隆重开幕，周常青到会并致辞。

8 月 8 日—10 日，周常青带队赴江西、湖北、河南三省调研交流商贸流通工作。

8 月 9 日—13 日，姜昕带队赴扬州、镇江开展中美经贸摩擦专题调研。

8 月 9 日—10 日，周晓阳带队赴盐城开展中美经贸摩擦专题调研。

8 月 9 日—10 日，郁冰滢赴无锡、苏州调研垂直电商发展情况。

8 月 13 日—14 日，孙津带队赴泰州开展中美经贸摩擦专题调研。

8月13日—14日，郁冰滢赴无锡参加全省商贸流通创新转型经验交流会。

8月13日，“2018苏港同行”——苏港经济金融合作推进会在南京举行，孙津出席推进会和苏港产融合作绿色通道正式开通仪式。

8月13日，周常青主持召开审计整改工作布置会，通报2017年部门预算执行审计、商务发展专项资金审计情况及整改意见。

8月14日—16日，商务部台港澳司副司长武川率队来江苏调研台资企业情况，孙津出席调研组在南京市召开的台资企业座谈会并讲话。

8月14日，省商务厅在无锡市梁溪区召开全省商贸流通创新转型经验交流会。商务部流通司副司长王选庆到会讲话，马明龙出席会议并讲话，周常青、郁冰滢出席会议。

8月15日—16日，周常青带队赴淮安、宿迁开展中美经贸摩擦专题调研。

8月15日，江苏与中国出口信用保险公司签署深化合作协议。吴政隆出席签约仪式并会见中国出口信用保险公司董事长王毅一行，马明龙、周常青出席。

8月15日，进口博览会江苏交易团秘书处组织重点企业召开进口博览会采购成交专题会议，周常青出席会议。

8月16日，朱益民带队赴连云港开展调研，围绕打造新一轮改革开放试验田、应对中美贸易摩擦分别召开了座谈会。

8月17日，进口博览会江苏交易团秘书处召开交易分团联络员会议，周常青出席会议。

8月20日，周常青参加在河南郑州举办的2018全国农产品产销对接行启动仪式暨首场对接活动。

8月21日—22日，商务部贸易救济调查局局长余本林率队赴丹阳市开展调研，了解相关产业发展情况，姜昕陪同调研。

8月21日—22日，省商务厅与省人社厅联合举办“供应链创新与应用”高级研修班，周常青、省人社厅相关处室负责人出席开班式并分别致辞。

8月23日—24日，周常青率队赴北京、天津两市交流调研商贸流通工作。

8月23日，马明龙、孙津与新苏合作理事会新方秘书长、新加坡企发局中国司司长何致轩、驻上海办事处主任叶栢安等一行，就11月在新加坡召开的理事会第十二次会议事宜举行工作会商。

8月23日，孙津在厅机关会见欧盟商会南京分会董事会主席魏博先生一行，就改善外资企业营商环境等议题进行了交流。

8月24日，省政府召开张家港保税港区汽车平行进口试点协调小组第一次会议，黄澜主持会议并讲话，周晓阳参会并作交流发言。

8月25日—9月2日，按照2018年国务院第五次大督查工作总体部署，国务院第十督查组来江苏组织开展大督查工作，副组长、商务部外贸司副司长宋先茂带队在南京、常州、南通和苏州等市开展了开放型经济专题督查。省商务厅厅长马明龙、省政协经济委员会副主任笪家祥，以及省商务厅副厅长孙津和周晓阳分别参加督查组有关调研和座谈活动。

8月27日，省政府召开中韩（盐城）产业园发展工作协调小组第一次会议，郭元强出席会议并讲话，马明龙、孙津参加会议。

8月27日，马明龙、孙津会见香港贸发局中国内地总代表吴子衡一行，双方就苏港合作联席会议第六次会议相关筹备事宜进行交流，并就进一步加强江苏与中国香港全方位交流合作开展讨论。

8月28日，由省商务厅主办的江苏省与巴拿马省经贸合作交流会在苏州举行，孙津出席会议并致辞。

8月28日，郁冰滢带队赴南京市围绕重点环节追溯体系建设运行情况开展专题调研。

8月29日，马明龙主持召开《推动开放高质量发展走在前列的政策举措》征求意见专题会议。

8月29日，马明龙召开专题工作会议，对集成复制自贸试验区经验、推动打造“1+3”新一轮改革开放“试验田”进行了工作部署，朱益民主持会议。

8月29日，马明龙、周晓阳会见中国进出口银行江苏省分行行长吴钢一行。

8月30日—9月1日，第六届中国—亚欧博览会在新疆乌鲁木齐市举行，胡春华出席开幕式并致辞，姜昕参加开幕式并考察江苏展区。

8月30—31日，郭元强赴南京市调研内贸流通工作，周常青陪同调研。

8月30日，郁冰滢在南京出席江苏省国际商会商务大数据专业委员会成立大会。

8月31日，省商务厅举行以“人人参与慈善扶贫，携手共创幸福江苏”为主题的“精准扶贫·慈善一日捐”活动，厅机关252名同志捐赠善款共计叁万捌仟壹佰元整，出差在外的厅领导和其他同志专门委托他人捐款。

8月31日，省商务厅召开商务诚信平台建设工作会议，郁冰滢出席会议并讲话。

9月3日，省商务厅在无锡召开投资柬埔寨重点企业座谈会，王润亮出席会议。

9月5日—6日，进口博览会江苏交易团秘书处邀请新华社、人民日报、新华日报、中央电视台等20余家主流媒体，集中采访报道江苏筹备工作情况，周常青出席活动并讲话。

9月5日—7日，郁冰滢率队赴黑龙江省开展电商大数据调研。

9月6日，省商务厅联合国家机电商会在南京举办欧盟光伏产品“双反”调查案件总结工作会，商务部贸易救济调查局副局长刘丹阳出席会议，周常青代表省商务厅发言。

9月6日，孙津在省商务厅会见白俄罗斯驻沪总领事马采利，双方就江苏政府主要领导9月下旬访问白俄罗斯相关经贸活动筹备工作进展情况进行深入交流。

9月6日，对外开放利用外资40周年座谈会暨中国投促会开发区投资促进工作委员会成立大会在厦门举行，王润亮参会并发言。

9月7日，2018第八届中国江苏国际餐饮博览会在南京国际展览中心隆重开幕，姜昕出席开幕式并致辞。

9月8日—11日，第二十届中国国际投资贸易洽谈会在厦门举办，王润亮率江苏代表团参加投洽会。

9月8日，郁冰滢参加全省第二次非洲猪瘟疫情防控工作会议。

9月9日—12日，贵州第八届酒博会在贵阳召开，周常青出席。

9月10日—13日，娄勤俭出访俄罗斯，马明龙陪同出访。

9月10日—11日，周常青赴上海拜会英国领馆、新加坡—江苏合作理事会等15家外国领馆、商协会和美国强生公司，对接进口博览会工作。

9月10日—13日，郁冰滢赴四川省凉山州西昌市参加商务部召开的全国电商扶贫工作会。

9月10日，副省长郭元强在南京会见香港贸易发展局总裁方舜文一行，省政府副秘书长黄澜、省外办副主任黄锡强参加会见，省商务厅副厅长孙津陪同。

9月10日，周晓阳赴张家港调研汽车平行进口试点工作，并出席张家港保税港区汽车平行进口试点方案发布暨张家港保税区国际汽车城开业仪式。

9月11日，由江苏省人民政府、香港贸易发展局共同举办的苏港合作联席会议第六次会议在连云港市召开。副省长陈星莺和香港贸发局总裁方舜文出席会议并致辞，省商务厅副厅长孙津在"苏港利用香港平台，共同进行'一带一路'建设"主题环节发言，并与香港贸发局华东、华中首席代表钟永喜签署了《苏港合作联席会议第六次会议纪要》。

9月12日，第十五届中国—东盟博览会、中国—东盟商务与投资峰会在广西南宁开幕。中共中央政治局常委、国务院副总理韩正出席开幕大会并发表主旨演讲，商务部副部长王炳南陪同出席并致辞。郭元强、黄澜、姜昕、王存参加开幕大会并调研了江苏展区。

9月12日，孙津出席"落实习总书记重要指示精神　推动徐州高质量发展"恳谈会。

9月12日，由中国国投国际贸易有限公司与中国毛纺织行业协会共同主办的第30届中国国际毛纺大会在江苏南京召开，周晓阳出席会议。

9月13—14日，商务部安管局在南京举办两用物项和技术出口管制许可培训班。安管局副局长江前良出席并做动员讲话，朱益民代表省商务厅致辞并陪同调研。

9月13—14日，商务部市场秩序司副司长穆小红带队，在江苏开展"构建以信用为核心的流通治理新秩序"专题调研，郁冰滢陪同调研。

9月13日，进口博览会江苏省交易团召开第二次工作会议，郭元强出席会议并讲话，周常青参加会议。

9月13日，商务部、财政部、市场监管总局联合组成总结验收组由穆小红带队，来江苏开展商务诚信体系建设试点总结验收工作，郁冰滢向总结验收组报告了江苏商务诚信体系建设工作情况。

9月17日—24日，姜昕率团参加英国伦敦百分百设计展，并分别在英国伦敦和爱尔兰都柏林举办江苏经贸推介会。

9月18日—21日，郭元强出访新加坡并出席中新双边合作联合委员会第14次会议和中新苏州工业园区联合协调理事会第19次会议，朱益民陪同。

9月18日，周常青赴上海拜会荷兰总领事万鹤庭、中国欧盟商会上海董事会主席代开乐等，对接进口博览会工作。

9月19日，马明龙、孙津出席在南京举行的第八届马中企业家大会。大会由马来西亚—中国总商会主办，南京市人民政府、江苏省商务厅、江苏省侨联、中国马来西亚商会给予支持。中马双方共300位企业家出席大会，共同探讨促进两国特别是江苏与马来西亚经贸合作的途径和前景。

9月19日，省商务厅在上海组织召开主要面向美国企业的首场进口博览会跨国公司吹风会，与微软、宝洁、卡特彼勒、霍尼韦尔等近20家跨国公司中国总部相关负责人对接进口博览会工作，周常青出席。

9月19日，孙津在南京会见日本瑞穗金融集团常务执行董事安原贵彦一行，双方就加强经贸合作进行交流。

9月19日，第五届中国(连云港)丝绸之路国际物流博览会在连云港工业展览中心开幕，周晓阳参加开幕式。

9月19日，省商务厅在南京组织召开全省商务诚信体系建设工作推进会，郁冰滢出席会议并讲话。

9月20日—29日，马明龙、孙津陪同吴政隆访问挪威、德国、白俄罗斯，先后举办江苏—挪威高新技术产业交流圆桌会议、江苏在德投资企业座谈会、江苏—德国开放创新合作论坛、“一带一路”江苏—白俄罗斯经贸合作论坛，并考察徐工欧洲研发中心。

9月20日，商务部在山东省潍坊组织召开全国农商互联工作现场会，周常青参加会议并做经验交流发言。

9月20日，省商务厅在南京组织召开全省重要产品追溯体系建设工作现场会，郁冰滢出席会议并讲话。

9月25日—27日，周晓阳带队赴南通、苏州开展公平竞争审查制度落实情况专项督查工作。

9月25日，省商务厅召开进口博览会江苏交易团吹风会，周常青出席会议并介绍江苏交易团相关情况。

9月26日，“江苏友谊奖”(2017年度)颁奖仪式在南京举行，郭元强出席并讲话，黄澜主持，朱益民出席。

9 月 26 日，省商务厅在上海组织召开主要面向日本企业的第二场进口博览会跨国公司吹风会，与丰田、索尼、三菱、伊藤忠等近 20 家跨国公司中国总部相关负责人对接进口博览会工作，周常青出席。

9 月 26 日，郁冰滢出席 2018（第六届）江苏互联网大会。

9 月 27 日，周常青赴上海拜会德国副总领事施可雅，对接进口博览会工作。

9 月 27 日—28 日，进口博览会江苏交易团在苏州、南京举办消费品、智能制造及高端装备展前贸易对接会，周常青出席对接会。

9 月 28 日，国务院督查组听取江苏非洲猪瘟疫情防控工作情况汇报并反馈督查情况，周常青参加会议。

9 月 28 日，郁冰滢出席 2018 中国·江苏电商大会。

9 月 29 日，江苏省公安厅治安总队总队长徐敦虎一行与进口博览会江苏交易团秘书处对接进口博览会江苏交易团安保工作，周常青出席会议。

10 月 8 日，周常青在昆山主持召开首届进博会期间“2018 智能科技与产业国际合作论坛”具体工作现场办公会议。

10 月 8 日，周常青在省商务厅会见巴基斯坦驻上海总领事纳依姆·汗先生一行，双方就进博会期间巴基斯坦方相关活动进行交流。

10 月 8 日，省商务厅召开征求落实省政府政务诚信建设等系列文件任务分工意见会议，郁冰滢出席会议并讲话。

10 月 11 日，郁冰滢赴无锡参加 2018 实体经济发展大会。

10 月 12 日，郁冰滢赴无锡出席 2018 海峡两岸（江苏）名优农产品展销会开幕式。

10 月 15 日—11 月 4 日，第 124 届中国进出口商品交易会在广州琶洲会展中心举办，周晓阳率团参会并调研参展企业。江苏交易团下设 25 个分团，由 11 个省级分团、13 个市（县）级分团及 1 个联合分团组成，参展企业超过2 300 家。

10 月 15 日，孙津率队前往淮安市盱眙县开展调研，实地考察盱眙县岁宝翰联旅游开发等台资项目，了解淮安台资集聚示范区建设的相关情况。

10 月 15 日，2018 年度全省农村电商工作推进会在徐州睢宁召开，郁冰滢出席会议并讲话。

10 月 16 日—18 日，郁冰滢赴宿迁、徐州开展电商专题调研。

10 月 17 日，周常青赴上海参加商务部召开的全国供应链创新与应用试点工作会议。

10 月 18 日—20 日，第 23 届澳门国际贸易投资展览会在澳门威尼斯人金光会展中心举行。马明龙率队赴澳门参加省政府举办的“第八届江苏—澳门・葡语国家工商峰会”相关活动，省商务厅负责筹备实施的“江苏形象展示馆”获得大会“设计奖”和“环保奖”两个奖项，受到省领导好评。

10 月 18 日，周常青应英国驻上海总领事馆邀请，率队赴上海出席英国“英伦精选”展会，双方就进博会期间相关配套活动进行了进一步交流。

10 月 18 日，孙津应挪威驻上海总领事馆邀请，赴上海出席挪威—中国工商峰会，并代表省商务厅和挪威创新署签署合作备忘录，落实吴政隆出访挪威访问成果。

10 月 19 日，首届进博会江苏交易团秘书处召开商协会座谈会，研究“2018 智能科技与产业国际合作论坛”重点企业报名组织工作，周常青主持会议并讲话。

10 月 22 日，商务部国家级经开区对口帮扶边合区、跨合区工作座谈会在苏州工业园区召开，朱益民出席会议并致辞。有关省(市)商务主管部门和国家级经开区代表 80 余人参加会议，全省 8 家国家级经开区与对口边合区、跨合区签署合作协议。

10 月 22 日，新加坡企发局中国司司长何致轩、副司长郑光裕、驻上海办事处主任叶栢安等拜会省商务厅，商讨于 11 月 20 日在新加坡召开的理事会第十二次会议筹备工作。马明龙、孙津会见了新方秘书处一行。

10 月 23 日，德国北威州经济部长平克瓦特率队到江苏访问，马明龙陪同吴政隆在省政府会见德国北威州经济部长平克瓦特一行。访问期间，双方还就进一步推进双方经贸合作，建立“江苏—北威州合作联席会议”机制进行交流，并合作举办德国北威州—中国江苏省经贸合作论坛等经贸交流活动，郭元强、马明龙、孙津出席参加相关活动。

10 月 24 日，孙津在省商务厅会见中国美国商会主席、美国科恩集团高级顾问蔡瑞德先生一行。

10月25日，省商务厅召开全省商务系统财务处长座谈会，周常青出席会议并讲话。

10月25日，周常青出席省政府"借力进口博览会，促进发展高质量"新闻发布会，就江苏交易团情况及进博会期间江苏举办的重要活动安排向媒体做了介绍。

10月26日，第一届中日第三方市场合作论坛在北京举行。国务院总理李克强和日本首相安倍晋三出席论坛并致辞，中日两国政府官员、重点行业组织和代表性企业负责人参会。孙津出席，江苏各地商务部门、企业代表共40多人参加。

10月29日，省商务厅牵头组织召开服务贸易试点经验推广工作会议，讨论研究江苏复制推广服务贸易创新发展试点经验方案，建立服务贸易试点经验推广工作联系机制。姜昕出席会议并讲话，省发改委等相关省级部门参加会议。

10月30日，省商务厅召开江苏省对外劳务扶贫第二次联席会议，陈晓梅出席会议并讲话，相关省级部门和厅机关处室参加会议。

10月31日，台积电(南京)开幕暨量产典礼在南京举行，娄勤俭、吴政隆等省领导出席，朱益民参加活动。

10月31日，孙津在南京会见美国纽约州中小企业发展总署署长布里恩·高尔斯坦先生一行。

10月31日，省政府在南通市召开金融支持实体经济工作推进会，副省长王江出席会议并讲话，郁冰滢参加会议。

11月2日，郁冰滢带队检查南京市打击侵权假冒工作。

11月3日，孙津在南京会见联合国贸易和发展会议秘书长穆希萨·基图伊先生一行。

11月5日—8日，商务部流通司郑文司长一行在南京、无锡、苏州市调研内贸流通体制改革和高品位步行街建设工作，周常青、郁冰滢参加调研。

11月5日—10日首届中国国际进口博览会在上海举办，江苏交易团组织近2万家企业和机构、5万多名专业观众参会报名，参会企业数全国第一，受到商务部高度评价。江苏与上海市一道代表地方交易团接受胡春华授旗，并先后三次在商务部专题会议上做典型发言。娄勤俭在省商务厅关于进博会情况的专题报告上批示“准备充分有序”。进博会期间，江苏成功举办“2018智能科技与产业国际合作论坛”“中新合作服务贸易创新论坛”“跨境电商进口商品采购洽谈会”“2018全球智慧供应链峰会”等系列活动，近800家企业达成成交意向，意向成交额位居全国地方交易团的前列，智能及高端装备类成交占比为39.5%，高于全国平均数11个百分点，较好地体现了产业升级、消费升级的需求。

11月5日，孙津在南京会见来访的荷兰北布拉邦省副省长保利一行，并参加由北布拉邦省经济发展署举办的“北布拉邦—江苏CEO晚宴”。

11月5日，周晓阳出席加拿大驻上海总领事馆联谊交流招待会。

11月6日上午，“2018智能科技与产业国际合作论坛”在上海国家会展中心成功举办。工信部部长苗圩、省长吴政隆出席主论坛并致辞，副省长马秋林和郭元强出席主论坛，并分别赴太仓、昆山分论坛做主旨发言。主论坛期间，省政府举办了智能科技与产业国际合作重大项目签约仪式，吴政隆、马秋林、郭元强出席并全程见证签约。省政府秘书长陈建刚、副秘书长黄澜、张乐夫，马明龙、姜昕、周常青分别出席有关活动。活动间隙，马明龙、周常青陪同吴政隆、马秋林、郭元强参观进博会国家综合展区，马明龙陪同吴政隆先后会见韩国SK集团副会长兼SK海力士株式会社首席执行官朴星昱一行和美中贸易全国委员会会长克雷格·艾伦一行。

11月6日下午，省政府在上海举办以“开放引领　创新驱动　合作共赢”为主题的江苏开放创新发展国际咨询会议。吴政隆出席会议并讲话，郭元强主持会议，南京市市长蓝绍敏，陈建刚、黄澜，省级职能部门、13个设区市政府及南京江北新区、苏州工业园区管委会主要负责同志，与以世界500强企业为主的近40家跨国公司全球总部来沪参加进口博览会的最高负责人共同出席会议。马明龙、周常青、孙津出席会议。

11月6日，周常青做客东方卫视“新时代，共享未来”直播室，围绕江苏承接溢出效应促升级，推动长三角协同发展的主题与主持人进行交流互动，介绍江苏构建对外开放新格局，积极推动长三角一体化发展的思路举措。

11月6日，孙津出席“澳门投资合作论坛—中国与葡语国家商贸合作服务平台推介”活动。

11月6日，周晓阳出席“国际贸易·香港经验”论坛和维多利亚州政府维州之友商务交流晚会。

11 月 6 日，笪家祥出席日中“匠心·创新”合作论坛。

11 月 7 日，孙津出席中国—白俄罗斯商业论坛。

11 月 7 日，周晓阳陪同郭元强在上海会见澳大利亚中国工商业全国委员会主席、前维多利亚州州长约翰·布伦比。

11 月 7 日，“跨境电商进口商品采购洽谈会”在上海国家会展中心举办。郭元强、蓝绍敏、黄澜、周晓阳出席活动。郭元强代表省政府致辞，周晓阳代表省商务厅与东浩兰生集团、江苏盐业、上海贸促会签署四方合作协议。

11 月 7 日，由省政府主办的中新合作服务贸易创新论坛在上海国家会展中心举行。商务部副部长王炳南、新加坡贸工部许宝琨部长、副省长郭元强出席活动并致辞，姜昕出席论坛并正式发布《2018 江苏服务贸易发展研究报告》。

11 月 7 日，周常青走进中国江苏网、东方网、浙江在线及中安在线联合搭建的进博会直播室，以探发展、享经验、展收获、话未来为主题，就江苏交易团有关情况与网友进行互动交流。

11 月 8 日，马明龙在金陵饭店会见阿联酋联邦国家议会副议长阿普杜拉·扎阿比先生一行，双方重点就中阿产能合作示范园建设、中小企业服务等经贸合作议题展开交流，并就如何进一步加深合作进行探讨。

11 月 8 日，孙津出席芬欧汇川在华 20 周年庆典活动，并调研考察安利、特斯拉等 11 家参加进博会的外资企业。

11 月 13 日—16 日，朱益民率队赴湖北、四川两省调研商务行政审批制度改革工作。

11 月 13 日，郭元强赴无锡 SK 海力士半导体二工厂项目调研并召开协调推进会，马明龙陪同调研，省政府办公厅、省重大项目办、工业和信息化厅和无锡市、无锡高新区及 SK 海力士半导体(中国)有限公司有关负责人参加会议。

11 月 13 日，商务部在北京召开高品位步行街建设工作座谈会，王炳南出席会议并讲话，周常青参加会议。

11 月 14 日，省商务厅与南京海关、省贸促会在南京联合举办“FTA 惠苏企”主题论坛。副厅长孙津、南京海关副关长顾华丰、省贸促会副会长肖铁军出席论坛并致辞，商务部国际司处长陈志阳、商务部驻南京特派员办事处处长邵斌应邀出席论坛。南京海关、省贸促会、各设区市和直管县商务局、海关系统和贸促会系统、省商务厅的相关人员，以及全省150家进出口企业代表，约270人出席论坛。

11月14日，省委常委、省纪委书记、省监察委员会主任蒋卓庆赴挂钩联系的阿里巴巴江苏总部项目调研并召开协调推进会，马明龙、郁冰滢陪同调研。

11月14日，第二十届中国国际高新技术成果交易会在深圳国际会展中心开幕，周晓阳率团参会并调研。

11月15日，江苏省供应链创新与应用工作联席会议第一次会议在南京召开，马明龙到会讲话，周常青主持会议，联席会议24个成员单位负责人及联络员参加了会议。

11月15日，郁冰滢在南京参加全国农业农村电子商务工作会议。

11月下旬，根据《江苏省机构改革方案》：商务厅典当行监管、融资租赁公司监管、商业保理公司监管职责划转至省地方金融监管局，8名同志转隶到省地方金融监管局工作；商务厅国家战略和应急储备物资的收储、轮换和日常管理职责划转至省粮食和物资储备局；商务厅打击侵犯知识产权和假冒伪劣商品、经营者集中反垄断执法职责划转至省市场监管局；省政府办公厅口岸管理职责划转至省商务厅，4名同志转隶到省商务厅工作。

11月16日，省商务厅邀请省级机关纪工委王明同志来厅机关做学习贯彻《中国共产党纪律处分条例》专题辅导报告会，陈晓梅、高成祥参加。

11月16日，长三角重要产品追溯联盟成立大会在上海召开，郁冰滢出席大会并致辞。

11月19日—21日，第17次泛黄海中日韩经济技术交流会议在韩国全罗北道群山市举行。郁冰滢带队参会，并在全体会议上就推动江苏与日韩在新能源汽车和跨境电商领域的合作发言。

11月20日，新加坡—江苏合作理事会第十二次会议在新加坡成功召开，会议由吴政隆和新加坡财政部部长王瑞杰共同主持，吴政隆和王瑞杰分别致辞，郭元强和新加坡贸易与工业部高级政务部长许宝琨分别致结束语。郭元强和许宝琨代表双方签署《新苏合作理事会第十二次会议纪要》，省商务厅厅长马明龙和新加坡企业发展局中国司司长何致轩分别代表理事会双方秘书处向大会报告了理事会 2018 年度工作总结和 2019 年度工作计划。会后，双方还举行新苏合作重点项目签约仪式，涉及投资贸易、互联互通、金融支撑、三方合作、科教创新、企业交流等领域。会议期间，郭元强出席新加坡江苏会科创论坛，省商务厅副厅长孙津参加南京、连云港两市以及省产业技术研究院、省青年企业家联合会在新加坡举办的相关配套活动。

11 月 20 日，省商务厅召开全省百城万村家政扶贫工作座谈会，姜昕出席并讲话。

11 月 20 日，副省长费高云赴张家港市对挂钩联系的张家港长城宝马光束汽车项目开展调研并召开协调推进会，朱益民参会并代表省商务厅发言。

11 月 20 日，江苏全国人大代表财经商贸专业组在南京召开“应对中美贸易摩擦”座谈会，了解有关部门应对中美贸易摩擦所做工作及相关对策建议等情况。周晓阳参加会议并作工作交流，省发展改革委、工业和信息化厅、统计局、南京海关、人民银行南京分行负责同志参加。

11 月 22 日—23 日，商务部贸易救济调查局局长余本林率队来江苏调研光伏产业情况，先后赴常州天合、江苏赛拉弗等企业了解中美经贸摩擦及国外贸易救济调查对江苏光伏企业出口形势带来的影响。马明龙与余本林进行工作交流，周晓阳陪同调研。

11 月 27 日，苏陕扶贫协作共建“区中园”联席会议暨现场经验交流会在陕西省汉中市召开，朱益民、陕西省商务厅唐宇刚出席会议。两省各设区市商务(招商)主管部门、对口共建开发区、江苏帮扶陕西工作队及驻有关市、县(区)联络组等相关单位负责人，共计 100 余人参加会议。

11 月 28 日—12 月 6 日，孙津参加省人大立法工作组团组出访美国、圭亚那、古巴。

11 月 29 日，马明龙在厅机关会见乌兹别克斯坦塔什干州副州长埃尔佐德·卡西莫夫一行，陈晓梅、姜昕一同出席会见。

11 月 29 日，省商务厅召开农村市场假冒伪劣商品问题摸底排查工作会议，郁冰滢出席会议并讲话。

11 月 30 日，周常青在省商务厅会见省对口支援新疆克州前方指挥部党委副书记、纪委书记、副州长姜东，研究商谈如何进一步做好江苏商务条线的对口支援工作。

12 月 3 日—4 日，商务部合作司副司长韩勇一行来江苏开展调研，召开江苏承包工程企业座谈会，听取对《对外承包工程项目备案（核准）管理办法（草案）》的意见，并就“境外企业和对外投资联络服务分平台”建设情况进行专题座谈调研，陈晓梅陪同调研，省商务厅人员及相关企业参加。

12 月 4 日—6 日，全省垂直电商专题培训班在常州举行，郁冰滢出席并讲话。

12 月 4 日，商务部、中国出口信用保险公司在南京召开“政府＋银行＋保险”经验交流会。中信保公司查卫民副总经理、商务部财务司副司长袁晓明、省商务厅副厅长周常青等出席会议并讲话。

12 月 5 日—6 日，商务部在北京召开全国地方世贸组织（WTO）工作会议，商务部副部长兼国际贸易谈判副代表王受文出席会议并讲话，17 个国家部委，31 个省、自治区、直辖市和新疆生产建设兵团，4 个计划单列市，12 个驻地方特办的百余名代表参加。周晓阳参加会议。

12 月 5 日，浙江省商务厅厅长盛秋平率工作组来江苏走访调研机构改革工作并考察苏宁集团，姜昕陪同调研。

12 月 6 日，2018 年度省级机关绩效管理创新创优目标评审会在南京召开，周常青代表省商务厅进行创新评优项目陈述。

12 月 6 日，朱益民出席在重庆举行的 2018 长江经济带东西部国家级经开区交流合作活动。商务部外资司和商务部驻成都特办、上海特办、南京特办领导到会指导，上海、江苏、四川、西藏、重庆等 5 省区市商务主管部门和国家级经开区代表参加活动。朱益民出席活动并发言，江宁、昆山等 8 家国家级经开区有关负责同志参加活动。

12 月 6 日，2018 中国（扬州）传统商贸业数字化创新发展大会在扬州召开，周常青出席会议并致辞。

12 月 6 日，商务部在北京召开贸易救济与产业发展座谈会，商务部部长助理任鸿斌出席会议并讲话，周晓阳参会并作工作交流。相关国家部委、部分地方商务主管部门、行业商协会、企业、律所等 39 家单位 50 余名代表参加。

12 月 6 日，郁冰滢率队参加商务部在广西南宁召开的多渠道拓宽贫困地区农产品营销渠道工作会议。

12 月 7 日—9 日，第二届中国（江苏）老字号博览会暨中国大运河与中华老字号高峰论坛在南京举办，商务部流通司副司长尹虹、副厅长周常青出席开幕式并致辞。

12 月 8 日，孙津在省商务厅会见吉尔吉斯共和国投资促进保护署署长阿迪尔贝克・苏卡贝克先生。

12 月 10 日，省商务厅在南京举办中白工业园、中阿（联酋）产能合作示范园、哈萨克斯坦东门特区联合推介会，旨在加强江苏与白俄罗斯、阿联酋、哈萨克斯坦的经贸合作，深化吴政隆出访成果，推动江苏企业赴“一带一路”沿线重点境外园区投资，陈晓梅出席会议并致辞。

12 月 10 日，孙津在省商务厅会见斯洛伐克驻沪总领事伊凡娜・瓦拉・玛格托娃（Ivana Vala Magatova）、斯洛伐克驻沪总领馆商务参赞雅若斯拉夫・瓦拉（Jaroslav Vala）一行。

12 月 11 日，朱益民陪同郭元强在省政府会见上海美国商会会长季瑞达一行。

12 月 12 日，马明龙陪同吴政隆在南京会见德国欧绿保集团董事会主席史伟浩一行。

12 月 12 日，省商务厅在南京举办江苏省—纽约州生物及医药产业交流会，美国纽约州经济发展厅副厅长 Jeff Janiszewski 一行、省商务厅和南京市商务局、省药物研究与开发协会及 13 家生物制药企业负责人出席会议。会后，孙津会见 Janiszewski 一行。

12 月 12 日，孙津在省商务厅会见辽宁省商务厅副厅长唐审非率领的对口交流调研组。

12 月 13 日，周晓阳率队赴南京海关开展工作对接，双方围绕替代市场研究、进出口贸易数据统计、信息共享、联合调研等事项进行交流。

12 月 14 日，省商务厅召开信用体系建设工作会议，郁冰滢出席会议并讲话。

12 月 15 日，中国（扬州）淮扬菜美食文化国际创新发展大会在扬州举行，姜昕出席会议并致辞。

12 月 18 日，全省单用途商业预付卡管理工作座谈会在南京召开，郁冰滢出席会议并讲话。

12 月 19—20 日，周晓阳带队拜访商务部外贸司及国家六大进出口商会并进行工作交流。

12 月 19 日，省委常委、省纪委书记、省监察委主任蒋卓庆到省商务厅调研，马明龙汇报省商务厅全面从严治党工作。蒋卓庆在省商务厅召开阿里巴巴江苏总部项目推进会，马明龙、郁冰滢和省有关部门负责人参加。

12 月 19 日，郁冰滢参加省政府召开省金融稳定工作会议。

12 月 20 日，省商务厅组织召开“江苏省与韩国 SK 集团战略合作”研究小组第二次推进会议，马明龙主持会议，孙津、省发展改革委、省工业和信息化厅、省教育厅、省财政厅、省卫生健康委有关负责人，无锡市、常州市有关负责同志以及韩国 SK 集团的高管出席会议。

12 月 20 日，郁冰滢在南京参加加快改善苏北地区农民群众住房条件工作推进会。

12 月 21 日，姜昕率队赴南京经济技术开发区调研部分企业并召开座谈会。

12 月 22 日—23 日，全国商务工作会议在北京召开，马明龙参加会议并作交流发言。

12 月 22 日，马明龙、孙津陪同郭元强在南京会见韩国 SK 海力士无锡法人长徐根哲一行。

12 月 25 日，星巴克企业管理（中国）有限公司政府事务总监刘晓等拜会省商务厅，并赠送“优化营商环境　助力企业发展”的锦旗，孙津会见刘晓一行。

12 月 26 日，孙津赴智慧南京中心调研南京市智慧城市建设。

12 月 26 日，郁冰滢带队赴镇江开展肉菜流通追溯体系建设试点考核验收并开展专题调研。

12 月 27 日，长三角区域市场一体化工作座谈会在合肥召开，周常青出席会议并代表江苏做交流发言。

12 月 27 日，郁冰滢率队赴镇江开展专题调研。

12 月 29 日，马明龙在苏州会见统一俄罗斯党中央委员、俄罗斯莫斯科州州长顾问、中俄友谊和平发展合作委员会地方合作理事会秘书长阿尔乔姆·谢苗洛夫。

2018年江苏省相关经贸数据

2018年全省国民经济主要指标

金额单位:亿元

指　标	12月		1—12月	
	绝对值	同比	绝对值	同比
1. 规模以上工业增加值	—	—	92 595.4	6.7%
2. 全社会用电量(亿千瓦时)	552.6	3.9%	6 128.3	5.5%
工业用电量	423.5	0.0%	4 396.1	2.9%
3. 固定资产投资	—	—	—	5.5%
工业投资	—	—	—	8.0%
房地产开发投资	—	—	10 982.3	14.1%
4. 限额以上社会消费品零售总额	1 420.3	−3.5%	13 833.2	3.6%
5. 公共财政预算收入	778.8	−10.7%	8 630.2	5.6%
税收收入	485.5	−0.3%	7 263.7	12.0%
6. 公共财政预算支出	1 613.1	18.5%	11 658.2	9.8%
6. 金融机构人民币存款余额(月末)	—	—	139 718.0	7.5%
7. 金融机构人民币贷款余额(月末)	—	—	115 719.0	13.3%
8. 居民消费价格指数(上年同期=100)	102.2	上涨2.2个百分点	102.3	上涨2.3个百分点
9. 工业生产者出厂价格指数	100.5	上涨0.5个百分点	102.8	上涨2.8个百分点

2018年沿海兄弟省市商务主要指标完成情况

指标		广东	上海	浙江	山东	江苏	全国
1. 社会消费品零售总额(亿元)	1—12月	39 501.1	12 668.7	25 007.9	—	33 230.4	380 987.0
	同比	8.8%	7.9%	9.0%	8.8%	7.9%	9.0%
	占全国比重	10.4%	3.3%	6.6%	—	8.7%	100.0%
2. 进出口(亿美元)	1—12月	10 847.1	5 156.4	4 324.8	2 923.9	6 640.4	46 230.4
	同比	7.8%	8.3%	14.4%	10.5%	12.4%	12.6%
	占全国比重	23.5%	11.2%	9.4%	6.3%	14.4%	100.0%
3. 出口(亿美元)	1—12月	6 466.8	2 071.7	3 211.5	1 601.4	4 040.4	24 874.0
	同比	3.8%	7.0%	12.0%	8.9%	11.3%	9.9%
	占全国比重	26.0%	8.3%	12.9%	6.4%	16.2%	100.0%
4. 进口(亿美元)	1—12月	4 380.3	3 084.7	1 113.2	1 322.5	2 600.0	21 356.4
	同比	14.1%	9.2%	22.2%	12.5%	14.2%	15.8%
	占全国比重	20.5%	14.4%	5.2%	6.2%	12.2%	100.0%
5. 直接合同外资(亿美元)	1—12月	—	469.4	430.6	277.1	605.2	4 469.7
	同比	—	16.8%	—	10.6%	9.2%	20.1%
6. 实际利用外资(亿美元)	1—12月	—	173.0	186.4	123.9	255.9	1 349.7
	同比	—	1.7%	4.1%	6.5%	1.8%	3.0%
7. 实际利用外资(亿元)	1—12月	1 450.9	—	—	—	—	8 856.1
	同比	4.9%	—	—	—	—	0.9%
8. 境外中方投资(亿美元)	1—12月	99.6	168.7	85.9	70.3	94.8	1 205.0
	同比	−18.6%	57.0%	3.3%	25.7%	1.7%	0.3%

注:1. 广东、山东、浙江境外中方投资为实际对外投资额,江苏为协议投资额。

2018年全省社会消费品零售总额

金额单位:亿元

指　标	12月		1—12月		
	绝对值	同比	绝对值	同比	比重
社会消费品零售总额	2 881.4	4.2%	33 230.4	7.9%	100.0%
限额以上社会消费品零售总额	1 420.30	−3.5%	13 833.2	3.6%	100.0%
限额以上批发和零售业	1 329.68	−3.7%	12 915.7	3.5%	93.4%
粮油、食品、饮料、烟酒类	183.12	−1.1%	1 901.34	4.4%	13.7%
服装、鞋帽、针纺织品类	163.67	11.2%	1 329.97	7.6%	9.6%
化妆品类	19.36	2.7%	201.05	3.0%	1.5%
金银珠宝类	31.32	−16.9%	318.34	1.8%	2.3%
日用品类	56.94	20.2%	529.62	9.5%	3.8%
五金、电料类	16.80	−33.7%	171.00	−6.3%	1.2%
体育、娱乐用品类	4.16	−4.2%	46.54	−24.8%	0.3%
书报杂志类	17.86	34.1%	170.40	15.9%	0.3%
电子出版物及音像制品类	0.85	−24.6%	8.83	−10.7%	0.1%
家用电器和音像器材类	97.82	10.0%	898.46	0.6%	6.5%
中西药品类	36.76	7.0%	363.14	2.7%	2.6%
文化办公用品类	36.45	−23.4%	364.89	5.3%	2.6%
家具类	22.67	10.4%	219.63	11.8%	1.6%
通信器材类	37.94	−17.2%	432.29	30.8%	3.1%
煤炭及制品类	5.56	−22.6%	52.22	−20.7%	0.4%
木材及制品类	—	−100.0%	—	−100.0%	0.0%
石油及制品类	137.44	2.0%	1 558.85	12.2%	11.3%
化工材料及制品类	—	−100.0%	—	−100.0%	0.0%

（续表）

指　标	12月		1—12月		
	绝对值	同比	绝对值	同比	比重
金属材料类	—	−100.0%	—	−100.0%	0.0%
建筑及装潢材料类	52.51	−9.2%	503.88	2.9%	3.6%
机电产品及设备类	9.38	−8.2%	94.16	−17.6%	0.7%
汽车类	384.10	−12.1%	3 618.01	−2.9%	26.2%
种子饲料类	—	−100.0%	—	−100.0%	0.0%
棉麻类	0.38	−11.7%	5.42	6.4%	0.0%
限额以上住宿和餐饮业	90.63	−0.8%	917.5	4.7%	6.6%

2018 年全省各设区市及直管县(市)进出口情况

金额单位:亿美元

指　标	进出口			出口			进口		
	金额	同比	比重	金额	同比	比重	金额	同比	比重
全　省	6640.4	12.4%	100.0%	4040.4	11.3%	100.0%	2600.0	14.2%	100.0%
南　京	6549.%	7.6%	9.9%	378.8	10.8%	9.4%	276.1	3.4%	10.6%
无　锡	9344.%	15.0%	14.1%	567.8	14.7%	14.1%	3666.%	15.5%	14.1%
徐　州	1174.%	50.6%	1.8%	97.1	53.3%	2.4%	20.4	38.8%	0.8%
常　州	3439.%	10.0%	5.2%	250.7	9.3%	6.2%	931.%	11.9%	3.6%
苏　州	3541.1	12.0%	53.3%	2068.3	10.5%	51.2%	1472.8	14.2%	56.6%
南　通	3859.%	10.8%	5.8%	254.5	2.1%	6.3%	131.4	33.0%	5.1%
连云港	955.%	16.3%	1.4%	41.5	6.3%	1.0%	54.0	25.4%	2.1%
淮　安	50.1	8.1%	0.8%	33.7	12.1%	0.8%	16.4	0.6%	0.6%
盐　城	955.%	10.4%	1.4%	60.3	3.3%	1.5%	352.%	25.1%	1.4%
扬　州	1199.%	11.1%	1.8%	85.4	8.6%	2.1%	345.%	17.7%	1.3%
镇　江	118.4	12.4%	1.8%	79.8	14.2%	2.0%	386.%	8.7%	1.5%
泰　州	1473.%	13.8%	2.2%	95.3	16.0%	2.4%	52.0	9.9%	2.0%
宿　迁	36.0	22.1%	0.5%	27.2	25.1%	0.7%	88.%	13.8%	0.3%
苏南地区	5592.7	11.9%	84.2%	3345.4	11.2%	82.8%	2247.3	12.8%	86.4%
苏中地区	6531.%	11.5%	9.8%	435.3	6.1%	10.8%	2179.%	24.2%	8.4%
苏北地区	3945.%	22.3%	5.9%	259.8	22.2%	6.4%	1348.%	22.6%	5.2%

2018年全省外商直接投资分国别/地区情况表

金额单位:万美元

国别	实际使用外资			协议注册外资			项目数		
	1—12月	同比	占比	1—12月	同比	占比	1—12月	同比	占比
全　省	2 559 248	1.8%	100.0%	6 052 217	9.2%	100.0%	3 348	2.9%	100.0%
亚洲	1 899 277	4.7%	74.2%	4 322 599	13.4%	71.4%	2 410	14.9%	72.0%
欧盟	146 057	21.9%	5.7%	255 951	18.6%	4.2%	307	1.0%	9.2%
东盟	152 113	19.6%	5.9%	277 619	−22.9%	4.6%	188	9.3%	5.6%
中国香港	1 497 385	3.0%	58.5%	3 387 475	17.0%	56.0%	1 202	20.2%	35.9%
新加坡	140 160	17.4%	5.5%	192 389	−30.7%	3.2%	123	16.0%	3.7%
韩国	106 170	12.4%	4.1%	306 015	43.6%	5.1%	225	0.9%	6.7%
英属维尔京群岛	92 181	−26.3%	3.6%	13 503	−92.4%	0.2%	42	−30.0%	1.3%
日本	72 855	−7.6%	2.8%	72 663	−33.5%	1.2%	120	10.1%	3.6%
中国台湾	64 626	24.5%	2.5%	242 197	15.9%	4.0%	606	26.8%	18.1%
萨摩亚	44 091	11.5%	1.7%	88 974	3.8%	1.5%	52	−10.3%	1.6%
美国	36 246	−35.6%	1.4%	166 086	219.2%	2.7%	237	15.6%	7.1%
德国	27 730	11.5%	1.1%	58 896	11.1%	1.0%	105	16.7%	3.1%
开曼群岛	25 063	−29.1%	1.0%	75 137	138.4%	1.2%	13	0.0%	0.4%
英国	15 458	0.5%	0.6%	54 506	69.1%	0.9%	62	37.8%	1.9%
澳大利亚	8 720	218.1%	0.3%	31 755	−75.4%	0.5%	68	36.0%	2.0%
加拿大	7 958	−27.0%	0.3%	264 584	571.9%	4.4%	90	32.4%	2.7%
毛里求斯	5 563	−51.3%	0.2%	−42	−100.3%	0.0%	5	400.0%	0.1%

2018 年全省各设区市及直管县(市)外商直接投资情况

金额单位:万美元

省辖市(直管县)	实际使用外资			本期新批及净增资3 000 万美元以上企业			本期外商投资企业					
	1—12 月金额	同比	占比	企业数	同比	占比	企业数	同比	占比	协议外资	同比	占比
全省	2 559 248	1.8%	100.0%	1 074	8.4%	100.0%	3 348	2.9%	100.0%	6 052 216	9.2%	100.0%
南京	385 339	4.9%	15.1%	112	7.7%	10.4%	439	11.1%	13.1%	911 374	50.2%	15.1%
无锡	369 133	0.7%	14.4%	90	25.0%	8.4%	287	4.7%	8.6%	922 528	46.4%	15.2%
徐州	189 848	14.4%	7.4%	169	74.2%	15.7%	263	39.9%	7.9%	571 690	34.3%	9.4%
常州	242 189	9.3%	9.5%	90	−4.3%	8.4%	225	−10.0%	6.7%	534 095	4.9%	8.8%
苏州	452 498	0.9%	17.7%	183	11.6%	17.0%	1 013	2.8%	30.3%	1 072 523	19.8%	17.7%
南通	258 140	6.6%	10.1%	140	−12.5%	13.0%	294	−15.5%	8.8%	700 633	30.7%	11.6%
连云港	60 345	−11.0%	2.4%	21	5.0%	2.0%	72	−1.4%	2.2%	106 824	−10.5%	1.8%
淮安	118 213	0.3%	4.6%	72	26.3%	6.7%	168	−5.6%	5.0%	283 185	−39.9%	4.7%
盐城	91 313	15.8%	3.6%	46	4.5%	4.3%	144	−8.3%	4.3%	198 505	−34.8%	3.3%
扬州	122 044	12.3%	4.8%	47	−19.0%	4.4%	135	10.7%	4.0%	251 464	6.1%	4.2%
镇江	86 774	−35.8%	3.4%	29	−27.5%	2.7%	85	−16.7%	2.5%	99 490	−64.2%	1.6%

（续表）

省辖市（直管县）	实际使用外资			本期新批及净增资3 000万美元以上企业			本期外商投资企业					
	1—12月金额	同比	占比	企业数	同比	占比	企业数	同比	占比	协议外资	同比	占比
泰州	150 731	−6.8%	5.7%	54	−18.2%	5.0%	129	−8.5%	3.9%	294 280	−37.4%	4.9%
宿迁	37 684	3.7%	1.5%	21	40.0%	2.0%	94	118.6%	2.8%	105 653	63.6%	1.7%
昆山	71 589	−1.3%	2.8%	39	50.0%	3.6%	276	15.5%	8.2%	229 851	62.3%	3.8%
泰兴	36 886	2.5%	1.4%	13	−27.8%	1.2%	28	−3.4%	0.8%	106 405	−27.7%	1.8%
沭阳	9 168	27.6%	0.4%	6	200.0%	0.6%	12	50.0%	0.4%	42 236	280.7%	0.7%
苏南地区	1 535 933	−0.2%	60.0%	504	6.3%	46.9%	2 049	2.1%	61.2%	3 540 010	21.3%	58.5%
苏中地区	525 912	3.6%	20.5%	241	−15.1%	22.4%	558	−8.4%	16.7%	1 246 349	0.7%	20.6%
苏北地区	497 403	6.5%	19.4%	329	41.2%	30.6%	741	16.0%	22.1%	1 265 857	−8.6%	20.9%
沿海地区	409 798	5.4%	16.0%	207	−7.6%	19.3%	510	−11.8%	15.2%	1 005 962	4.8%	16.6%

注：1. 泰州市数据中含靖江园区数

2. 沿海地区包括：南通市、连云港市、盐城市

2018 年全省进出口分贸易方式情况

金额单位:亿美元

指标	进出口			出口			进口		
	金额	同比	比重	金额	同比	比重	金额	同比	比重
全　省	6 640.4	12.4%	100.0%	4 040.4	11.3%	100.0%	2 600.0	14.2%	100.0%
一般贸易	3 238.3	13.9%	48.8%	2 032.2	15.7%	50.3%	1 206.1	11.0%	46.4%
加工贸易	2 605.1	7.0%	39.2%	1 549.7	2.4%	38.4%	1 055.4	14.7%	40.6%
来料加工	233.7	−18.3%	3.5%	117.5	−12.5%	2.9%	116.2	−23.5%	4.5%
进料加工	2 371.4	10.4%	35.7%	1 432.2	3.9%	35.4%	939.2	22.2%	36.1%
其他贸易	797.0	26.1%	12.0%	458.6	27.%	11.3%	338.5	24.8%	13.0%
外资企业	4 063.8	8.3%	61.2%	2 231.6	6.1%	55.2%	1 832.2	11.2%	70.5%
一般贸易	1 388.3	7.9%	42.9%	723.8	11.2%	35.6%	664.5	4.5%	55.1%
加工贸易	2 379.1	6.3%	91.3%	1 392.0	1.1%	89.8%	987.2	14.4%	93.5%
来料加工	218.1	−18.9%	93.3%	107.7	−12.7%	91.7%	110.3	−24.2%	95.0%
进料加工	2 161.1	9.7%	91.1%	1 284.2	2.5%	89.7%	876.8	22.3%	93.4%
其他贸易	296.4	31.2%	37.2%	115.9	52.0%	25.3%	180.5	20.7%	53.3%
外投设备	10.3	−37.8%	100.0%	0.0	—	—	10.3	−37.8%	100.0%

注:“外资企业”及项下指标所列的“比重”为该指标占全省对应指标的比重

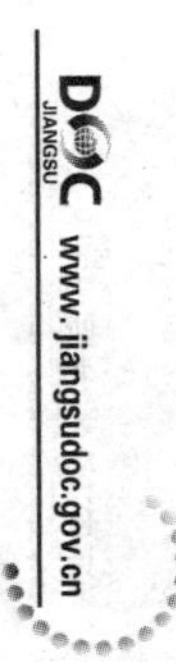

2018 年全省进出口分大类商品情况

金额单位:亿美元

指　标	进出口			出口			进口		
	累计金额	同比	比重	累计金额	同比	比重	累计金额	同比	比重
全　省	6 640.4	12.4%	100.0%	4 040.4	11.3%	100.0%	2 600.0	14.2%	100.0%
一、按 SITC 分类									
初级产品	497.0	11.8%	7.5%	58.9	4.0%	1.5%	438.1	12.9%	16.8%
食物	151.5	11.3%	2.3%	27.7	−0.3%	0.7%	123.8	14.2%	4.8%
原料	134.5	9.7%	2.0%	22.9	7.0%	0.6%	111.6	10.3%	4.3%
矿业产品	211.0	13.5%	3.2%	8.4	11.0%	0.2%	202.6	13.6%	7.8%
铁矿砂及其他矿	115.4	7.4%	1.7%	2.4	58.4%	0.1%	113.0	6.7%	4.3%
矿物燃料	95.6	21.8%	1.4%	6.0	−0.9%	0.1%	89.6	23.7%	3.4%
工业制成品	6 136.6	12.3%	92.4%	3 975.6	11.2%	98.4%	2 161.0	14.4%	83.1%
有色金属	91.7	26.1%	1.4%	34.7	24.1%	0.9%	56.9	27.3%	2.2%
钢铁	149.8	10.2%	2.3%	113.2	12.4%	2.8%	36.5	4.0%	1.4%
化学产品	760.0	15.8%	11.4%	344.2	16.4%	8.5%	415.8	15.3%	16.0%
其他半成品	302.5	11.9%	4.6%	233.0	13.2%	5.8%	69.6	7.4%	2.7%

（续表）

指　标	进出口			出口			进口		
	累计金额	同比	比重	累计金额	同比	比重	累计金额	同比	比重
机械及运输设备	3 602.3	14.5%	54.2%	2 291.5	12.8%	56.7%	1 310.8	17.6%	50.4%
纺织品	260.4	10.6%	3.9%	236.8	11.0%	5.9%	23.6	6.6%	0.9%
服装	272.5	4.2%	4.1%	265.0	3.6%	6.6%	7.5	29.4%	0.3%
其他制成品	697.4	1.8%	10.5%	457.1	3.2%	11.3%	240.2	−0.8%	9.2%
二、按其他分类									
高新技术产品	2 601.5	12.9%	39.2%	1 498.6	10.5%	37.1%	1 102.9	16.2%	42.4%
机电产品	4 218.7	12.6%	63.5%	2 671.0	11.7%	66.1%	1 547.7	14.2%	59.5%
纺织服装	532.7	7.2%	8.0%	501.7	7.0%	12.4%	31.0	11.4%	1.2%
农产品(商务部口径)	196.3	13.5%	3.0%	40.1	4.8%	1.0%	156.2	16.0%	6.0%

2018 年全省进出口分国别地区情况

金额单位:亿美元

指　标	进出口			出口			进口		
	累计金额	同比	比重	累计金额	同比	比重	累计金额	同比	比重
全　省	6 640.4	12.4%	100.0%	4 040.4	11.3%	100.0%	2 600.0	14.2%	100.0%
亚洲	3 601.1	14.4%	54.2%	1 800.1	13.4%	44.6%	1 801.0	15.4%	69.3%
中国香港	368.8	19.4%	5.6%	355.4	20.8%	9.0%	3.4	−48.2%	0.1%
日本	599.1	6.8%	9.0%	295.7	8.3%	7.3%	303.4	5.4%	11.7%
中国台湾	442.3	10.5%	6.7%	115.2	10.2%	2.9%	327.1	10.6%	12.6%
韩国	787.6	22.7%	11.9%	224.5	21.7%	5.6%	563.2	23.2%	21.7%
东盟	783.3	15.0%	11.8%	454.6	16.2%	11.3%	328.7	13.3%	12.6%
新加坡	127.5	12.5%	1.9%	71.7	15.0%	1.8%	55.8	9.5%	2.1%
非洲	132.1	23.2%	2.0%	99.3	14.9%	2.5%	32.7	58.3%	1.3%
欧洲	1 168.4	10.2%	17.6%	829.4	10.1%	20.5%	339.0	10.4%	13.0%
欧盟	1 062.5	10.0%	16.0%	753.3	9.6%	18.6%	309.2	10.9%	11.9%
荷兰	190.4	7.8%	2.9%	170.6	7.2%	4.2%	19.7	14.0%	0.8%
德国	269.9	13.1%	4.1%	138.5	9.9%	3.4%	131.4	16.7%	5.1%

（续表）

指　标	进出口			出口			进口		
	累计金额	同比	比重	累计金额	同比	比重	累计金额	同比	比重
英国	114.8	3.3%	1.7%	97.5	4.6%	2.4%	17.3	−3.2%	0.7%
法国	76.9	11.0%	1.2%	51.6	9.9%	1.3%	25.3	13.1%	1.0%
拉丁美洲	349.3	16.4%	5.3%	215.3	12.8%	5.3%	133.9	22.8%	5.2%
北美洲	1 162.3	6.8%	17.5%	989.4	8.5%	24.5%	173.0	−2.1%	6.7%
加拿大	86.8	6.7%	1.3%	59.3	5.8%	1.5%	27.4	8.6%	1.1%
美国	1 075.4	6.8%	16.2%	929.9	8.7%	23.0%	145.5	−3.9%	5.6%
大洋洲	227.0	11.4%	3.4%	106.9	5.9%	2.6%	120.1	16.8%	4.6%
澳大利亚	189.4	13.1%	2.9%	86.4	13.6%	2.1%	103.1	12.7%	4.0%
新西兰	19.6	20.1%	0.3%	8.8	7.0%	0.2%	10.7	33.6%	0.4%

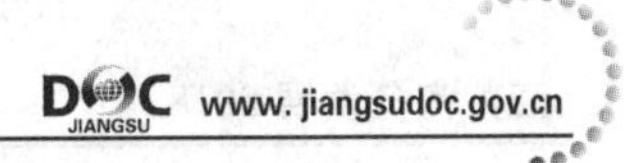

2018年全省各设区市及直管县(市)境外投资累计情况

金额单位:万美元

指标	新批项目数			中方协议投资		
	1—12月	同比	比重	1—12月	同比	比重
全省	786	24.4%	100.0%	948 423.9	1.7%	100.0%
南京市	143	26.6%	18.2%	210 087.3	12.6%	22.2%
无锡市	103	22.6%	13.1%	152 300.2	26.4%	16.1%
徐州市	21	−4.6%	2.7%	20 066.9	−49.5%	2.1%
常州市	84	25.4%	10.7%	84 151.9	1.5%	8.9%
苏州市	239	52.2%	30.4%	268 150.3	15.7%	28.3%
南通市	68	21.4%	8.7%	104 837.7	−22.9%	11.1%
连云港市	22	29.4%	2.8%	43 347.8	23.8%	4.6%
淮安市	7	−22.2%	0.9%	8 604.7	−49.8%	0.9%
盐城市	8	−52.9%	1.0%	23 547.0	−25.6%	2.5%
扬州市	19	18.8%	2.4%	7 457.1	19.5%	0.8%
镇江市	28	0.0%	3.6%	13 898.4	−47.2%	1.5%
泰州市	35	−7.9%	4.5%	11 426.8	8.5%	1.2%
宿迁市	9	12.5%	1.2%	547.9	−93.7%	0.1%
昆　山	22	−26.7%	2.8%	7 247.2	23.6%	0.8%
泰　兴	7	−22.2%	0.9%	762.8	−77.5%	0.1%
沭　阳	5	150.0%	0.6%	294.7	235.5%	0.0%
苏南地区	597	33.0%	76.0%	728 588.1	12.4%	76.8%
苏中地区	122	10.9%	15.5%	123 721.6	−19.0%	13.0%
苏北地区	67	−8.2%	8.5%	96 114.2	−27.3%	10.1%

2018年全省各设区市及直管县(市)对外承包工程累计情况

金额单位:万美元

指 标	新签合同额			完成营业额		
	1—12月	同比	比重	1—12月	同比	比重
全 省	659 004	−39.1%	100.0%	832 664	−12.6%	100.0%
南 京	274 527	−55.4%	41.7%	348 375	−12.6%	41.8%
无 锡	37 182	550.3%	13.5%	21 768	649.1%	6.2%
徐 州	21 682	−36.3%	3.3%	13 586	34.8%	1.6%
常 州	37 781	−56.6%	5.7%	43 827	−18.5%	5.3%
苏 州	41 760	−76.9%	6.3%	33 932	−72.7%	4.1%
南 通	150 417	117.3%	22.8%	146 392	−3.9%	17.6%
连云港	—	—	—	—	—	—
淮 安	940	−77.4%	0.1%	17 060	11.1%	2.0%
盐 城	—	—	—	—	—	—
扬 州	34 369	39.4%	5.2%	89 482	8.3%	10.7%
镇 江	5 326	−74.0%	0.8%	42 955	30.2%	5.2%
泰 州	55 020	35.7%	8.3%	75 287	−4.3%	9.0%
宿 迁	—	—	—	—	—	—
昆 山	2 524	−69.1%	0.4%	23 184	−31.8%	2.8%
泰 兴	14 100	−18.5%	2.1%	29 392	3.2%	3.5%
沭 阳	—	—	—	—	—	—
苏南地区	396 576	−56.4%	60.2%	490 857	−19.9%	59.0%
苏中地区	239 806	78.4%	36.4%	311 161	−0.8%	37.4%
苏北地区	22 622	−40.8%	3.4%	30 646	19.7%	3.7%

2018年全省各设区市及直管县(市)对外劳务合作累计情况

金额单位:万美元

指　标	新签劳务人员合同工资总额			劳务人员实际收入总额		
	1—12月	同比	比重	1—12月	同比	比重
全　省	54 217	23.1%	100.0%	79 653	10.4%	100.0%
南　京	11 422	246.5%	21.1%	11 488	−6.2%	14.4%
无　锡	1 415	1 287.3%	2.6%	643	1 431.0%	0.8%
徐　州	—	—	—	—	—	—
常　州	2 355	75.1%	4.3%	1 483	−20.7%	1.9%
苏　州	1 492	39.6%	2.8%	3 906	−22.2%	4.9%
南　通	22 141	−16.1%	40.8%	31 549	9.8%	39.6%
连云港	9 498	32.6%	17.5%	6 542	70.0%	8.2%
淮　安	—	—	—	182	−27.8%	0.2%
盐　城	1 363	355.9%	2.5%	764	−40.0%	1.0%
扬　州	738	156.3%	1.4%	7 356	−13.4%	9.2%
镇　江	2 082	26.3%	3.8%	218	−50.9%	0.3%
泰　州	1 313	−45.3%	2.4%	15 282	54.1%	19.2%
宿　迁	398	1 037.1%	0.7%	240	788.9%	0.3%
昆　山	—	—	—	—	—	—
泰　兴	713	100.0%	1.3%	2 138	−7.5%	2.7%
沭　阳	—	—	—	—	—	—
苏南地区	18 766	151.6%	34.6%	17 738	−9.6%	22.3%
苏中地区	24 192	−16.8%	44.6%	54 187	14.9%	68.0%
苏北地区	11 259	50.2%	20.8%	7 728	43.1%	9.7%

2018 年中国出口 200 强江苏省企业

金额单位:亿元

序号	全国排名	经营单位	出口金额
1	3	苏州得尔达国际物流有限公司	1 200.7
2	8	名硕电脑(苏州)有限公司	853.4
3	13	世硕电子(昆山)有限公司	610.7
4	17	戴尔贸易(昆山)有限公司	545.6
5	24	仁宝资讯工业(昆山)有限公司	303.0
6	25	江苏富昌中外运物流有限公司	302.0
7	35	达富电脑(常熟)有限公司	249.3
8	42	吴江海晨仓储有限公司	206.6
9	46	吉宝通讯(南京)有限公司	202.9
10	51	纬新资通(昆山)有限公司	188.9
11	62	苏州佳世达电通有限公司	156.5
12	71	海太半导体(无锡)有限公司	136.4
13	84	三星电子(苏州)半导体有限公司	119.2
14	97	江苏沙钢国际贸易有限公司	108.8
15	106	希捷国际科技(无锡)有限公司	103.0
16	116	仁宝信息技术(昆山)有限公司	96.4
17	121	昆山叶水福物流有限公司	90.4
18	122	牧田(昆山)有限公司	88.5
19	125	SK 海力士半导体(中国)有限公司	87.3
20	130	纬创资通(昆山)有限公司	84.4
21	131	捷普电子(无锡)有限公司	83.6
22	154	南京 LG 新港新技术有限公司	71.6

（续表）

序号	全国排名	经营单位	出口金额
23	155	江苏天晨船舶进出口有限公司	70.4
24	157	苏州三星电子电脑有限公司	69.7
25	159	江苏扬虹船舶进出口有限公司	69.5
26	163	高创(苏州)电子有限公司	66.7
27	179	佳能(苏州)有限公司	61.1
28	187	江苏永钢集团有限公司	59.4
29	190	江苏新时代造船有限公司	59.2
30	192	微盟电子(昆山)有限公司	58.2

来源：中国海关杂志

2018 年中国进口 200 强江苏省企业

金额单位:亿元

序号	全国排名	经营单位	进口金额
1	2	三星电子(苏州)半导体有限公司	1 578.9
2	21	名硕电脑(苏州)有限公司	417.1
3	34	中粮四海丰(张家港)贸易有限公司	343.8
4	52	江苏中石油国际事业有限公司	236.7
5	60	苏美达国际技术贸易有限公司	220.4
6	70	SK 海力士半导体(中国)有限公司	200.5
7	77	海太半导体(无锡)有限公司	186.0
8	83	世硕电子(昆山)有限公司	174.4
9	86	昆山飞力仓储服务有限公司	171.7
10	90	乐金化学(南京)信息电子材料有限公司	162.5
11	108	苏州新宁公共保税仓储有限公司	134.3
12	111	江苏沙钢国际贸易有限公司	132.7
13	131	阿斯利康制药有限公司	119.1
14	141	乐金显示(南京)有限公司	111.3
15	150	友达光电(苏州)有限公司	106.4
16	151	博世汽车部件(苏州)有限公司	106.0
17	175	无锡夏普电子元器件有限公司	95.8
18	177	张家港保税区沙钢资源贸易有限公司	93.0
19	178	纬新资通(昆山)有限公司	92.9
20	189	苏州通富超威半导体有限公司	89.3

来源:中国海关杂志